三峯集

삼봉집

정도전 지음
심경호 옮김

한국고전번역원

한국고전선집을 펴내며

근대화, 산업화를 거치면서 멀어졌던 우리 고전이 근래에 들어 새롭게 독자들의 관심을 끌고 있습니다. 더 이상 우리의 것이기에 알아야 한다고, 우리 고전이기에 읽어야 한다고 강변하지 않아도 될 만큼 인식이 많이 변하였습니다.

그러나 우리 고전에 다가서기는 여전히 어렵습니다. 일단 지금은 쓰지 않는 한문이라는 장벽이 앞을 가로막습니다. 망망대해와 같은 방대한 양도 독자들의 선택을 방해하고 주눅이 들게 합니다.

선집은 그러한 장벽을 넘기 위한 사다리입니다. 광활한 바다에서 배를 인도해 줄 등대와 나침반이기도 합니다. 한 점의 고기만 먹어 보아도 그 솥 전체의 음식 맛이 어떤지를 알 수 있다는 말처럼, 잘 만들어진 번역 선집은 그 저자와 작품을 이해하는 훌륭한 길라잡이가 될 것입니다.

'한국고전선집' 시리즈는 저자의 방대한 저작 가운데 역사적, 현대적으로 의의가 있는 작품을 골라 그 인물의 삶과 사유의 흐름을 따라가며 엮은 평전 성격의 선집입니다. 학계의 연구 성과를 반영한 상세한 해설과 정확한 번역, 전문 감수를 거친 신뢰도 높은 판본으로서 청소년부터 일반 교양인에 이르기까지 누구나 쉽게 읽을 수 있습니다. 또한 사상, 철학, 문학, 과학, 역사 등 서종을 폭넓게 아우름으로써 독자들의 인성 함양과 통합적인 사고 형성에 기여하는 바가 클 것입니다.

한국고전번역원은 전신인 민족문화추진회 이래로 지난 수십 년 동안 한문으로 쓰인 수많은 우리 고전을 정리, 번역해 왔습니다. 학계는 물론이고 일반인에게도 많은 도움이 되었다는 것은 자타가 공인하고 있습니다. 한국고전번역원이 번역한 조선왕조실록이 한류의 원천이 된 드라마, 영화 등에 다양한 상상력을 제공한 것은 널리 알려진 사례입니다.

한국고전번역원이 기획하여 펴내는 '한국고전선집'에는 이런 경험과 전문성이 오롯이 담겨 있습니다. 오랜 경력을 지닌 국내 최고 수준의 전문가들이 선집 번역의 품질을 관리하여 가장 정확하고 유익한 책을 만들 것입니다.

고전은 언제나 우리 곁에 있었습니다. 먼지를 뒤집어쓰지도 않았고, 서고 속에 갇혀 있지도 않았습니다. 아무리 밝고 아름다운 달도 고개를 들어 쳐다보지 않으면 그 존재를 알 수 없듯이, 우리가 돌아보지 않았을 뿐입니다. 이 선집 시리즈가 여러분이 고전으로 돌린 시선을 계속 사로잡을 수 있으면 좋겠습니다.

한국고전선집 기획위원

| 차례 |

제2장

유랑
流浪

제3장

혁명
革命

제4장

조국
肇國

제5장

사상 思想

제6장

경복 景福

제7장

평가와 논쟁

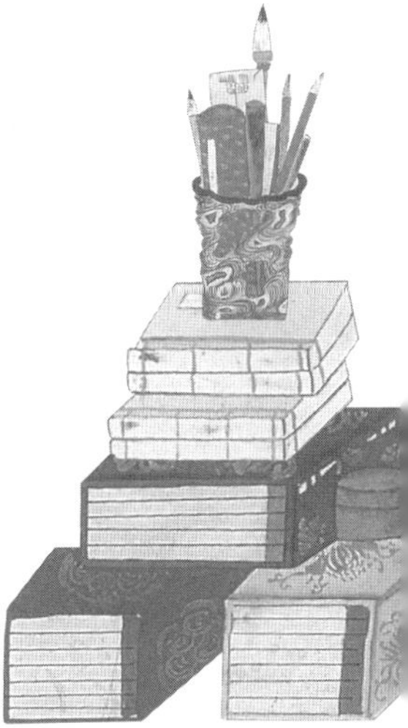

정도전은 누구인가

14세기 말은 한국 역사의 일대 전환기였다. 이 시기에 국가의 통치 이념을 제시하고 그 이념에 맞는 정책을 실행하기 위해 온 힘을 다한 인물이 정도전鄭道傳, 1342~1398이다. 그는 조선이라는 위대한 나라를 설계하고 그 기반을 닦았다. 그러나 그의 막대한 공적은 무인난1398, 제1차 왕자의 난으로 그가 죽음을 당한 이후 대원군에 의해 복권될 때까지 5백 년 내내 제대로 평가받지 못하였다.

정도전은 고려 말인 1362년, 과거에 급제해 관직 생활을 시작하였다. 당시 고려는 원나라의 지배에서는 벗어났으나 새로 일어난 명나라와 우호적인 관계를 맺지 못한 상태였다. 왜구와 홍건적의 침입이 잦은 데다 권세가들이 토지를 겸병해서 농민들의 삶은 극도로 피폐해졌다. 승단이 타락해 불교가 제 역할을 하지 못하는 상황에서 주술을 믿는 밀교나 예언의 힘을 과장하는 도참사상이 극성을 부렸다.

정도전의 본관은 봉화, 호는 삼봉三峯이다. 아버지 정운경鄭云敬, 1305~1366과 어머니 영천 우씨禹氏 사이에서 첫째 아들로 태어났다. 아버지는 검교군기관 정균의 아들이고, 어머니는 우연의 딸이다. 출생 시기에 관한 확실한 기록은 없지만 1342년 무렵에 태어난 것으로 추정된다. 정도전은 1386년우왕 12에 작성한 「포은봉사고서圃隱奉使藁序」에서 "내가 16, 17세 때 성률聲律을 공부하느라 대우對偶를 만들고 있었다."고 한 후, 당시 민안인閔安仁이 삼각산에 있는 정달가정몽주 선생을 뵙고 『대학』과 『중용』을 공부하고 있다는 말을 해서 자신도 그 책들을 공부하게 되었다고 술회하였다. 또한 "그때 마침 국가에서 빈흥과를 베풀어서, 선생은 삼각산에서 내려와 연속 삼장三場, 초장·중장·종장에서 장원하여 명성이 자자하였다."라고도 하였다. 정몽주의 연보를 확인하면 그는 1360년공민왕 9의 문과시험에서 삼장에서 모두 수석을 차지하고 장원으로 뽑혔다고 한다. 이것을 근거로 보면 정도전의 16세는 1357년이나 1358년일 것이고, 그의 출생은 1341년이나 1342년일 것이다. 한국학중앙연구원 한국민족문화대백과사전도 정도전의 출생연도를 1342년으로 보고 있다. 여기서는 이 설을 따른다.

정도전의 정치 경력은 21세 때인 1362년공민왕 11의 진사시에 동진사로 급제함으로써 시작되었다. 그 후 그는 충주 사록, 전교시 주부, 성균관 박사, 예조 정랑 등을 역임하였다. 새로운 학문이었던 성리학을 공부하면서 정치 현실의 변화를 꿈꾸었지만 구세력과의 갈등으로 오랫동안 입지가 안정되지 못하였다.

비주류로 떠돌던 정도전은 1383년 동북면 도지휘사 이성계의 막료가 되면서 원대한 계획을 구상하기 시작하였다. 이듬해에는 정몽주의 사행에 서장관으로 참가해 명나라 금릉남경에 가서 동아시아의 질서가 변모한 것을 절실하게 느끼고, 고려의 정치 사회적 체제를 혁신해야 한다는 생각을 굳혔다.

1389년 밀직 부사로 승진한 후 창왕을 폐위하고 공양왕을 옹립하는 데 앞장섰다. 뒤이어 조민수 등 구세력을 몰아내고, 조준과 함께 전제 개혁을 추진하였다. 그 이듬해 이성계가 군사권을 장악하여 삼군도총제부를 설치하자 우군 총제사가 되었다. 당시 이성계는 홍건적·왜구·나하추의 토벌에 무공을 세우면서 세력을 형성했으며, 위화도 회군을 계기로 정권을 잡았다.

이 무렵 정당문학의 지위에 오른 정도전은 구세력을 일소하려 하였으나 거꾸로 탄핵을 받아 관직을 빼앗기고 유배되었다. 특히 정몽주와 크게 대립하였다. 1392년 정몽주가 살해된 뒤 풀려 나와 조준·남은 등과 함께 이성계를 추대하여 조선 건국의 주역이 되었다.

이성계는 국왕으로 6년 2개월 동안 재위했는데, 국호를 조선으로 정하고 도읍을 한양으로 정할 때 정도전과 조준의 힘에 상당히 의존하였다.

정도전은 여말·선초의 변혁기에 전제 개혁, 역성 혁명 및 배불 정책 등을 주도하였다. 북악산 밑을 궁궐 터로 잡은 것도 그였으며, 한양 49방의 이름을 정한 것도 그였다. 태조의 명을 받들어 함흥의 능들을 보살펴 조선 왕실에 대한 충성심을 극진하게 드러내는 한편, 우리나라의 동북 지역을 국토로 확정하는 데 지대한 공헌을 하였다. 『조선경국전』과 『경제문감』을 저술해서 통치 질서를 규정하고, 「심기리편」과 『불씨잡변』을 통해 이단을 배격하고 성리학을 통치 사상으로 천명하였다.

정도전은 맹자의 위민 사상과 왕도 정치를 주장하였고, 『주례』 등 고전에 근거하여 국가 제도를 재확립했으며, 『주역』의 정중正中의 도를 참고해 군주의 덕성론을 이념으로 제시하였다. 참된 유학자의 학문을 바탕으로 정치적 실천을 추구한 것이다.

정도전은 생전에 나주 유배 시절의 시문을 『금남잡영』과 『금남잡제』로 묶고, 명나라 사행 때 지은 시문을 『봉사록』으로 엮어 두었다. 아들 정진은 성석린에게 부탁해 부친의 시문을 선별하였고, 권근의 비점을 받아 1397년 태조 6 『삼봉집三峯集』을 처음 간행하였다.

그 후 1465년 세조 11 경상도 관찰사로 있던 증손 정문형이 『경제문감』, 『조선경국전』, 『불씨잡변』, 「심기리편」, 『심문천답』 들을 합해 안동에서 중간본을 간행하였다. 서문은 대제학이던 신숙주가 지었다. 1486년 정문형은 강원도 관찰사로 부임하여, 그동안 수집한 시부 100여 수와 『경제문감별집』을 합해 추각본을 출판하였다.

1791년에는 정조의 명으로 규장각에서 『삼봉집』을 재편집해 대구에서 14권 7책을 목판으로 간행하였다.

『삼봉집』은 시와 문을 따로 수록하고 각각 문체별로 구분을 하였다. 따라서 연차별로 정도전이 어떤 시와 문을 지었는지 잘 알 수가 없다. 다만 일부 시문에 대해 그 지은 시기를 후대 사람이 추정해 둔 것이 있다.

여기서는 정도전이 남긴 시문을 차근차근 읽어 연보를 재구성하고, 그의 시문 가운데 삶의 궤적을 알 수 있는 것들을 골라 연차별로 구성하였다.

그리고 『삼봉집』에는 없지만 『태조실록』과 『동문선』에 들어 있거나 금석문으로 남은 글, 다른 사람의 글로 알려져 온 글을 더 발굴해 내었다.

개인의 이념 혹은 의지가 반드시 현실과 일치할 수는 없다. 하지만 그 이념이 보편적인 가치를 지닐 때, 본인은 비록 생전에 제대로 대우받지 못했더라도 그 이념은 살아남아 현실을 개선하는 데 큰 힘을 발휘한다. 정도전의 삶과 이상은 그 사실을 우리에게 말해 준다.

정도전은 건국의 주역이자 정치 문화의 이념을 제시한 브레

인이면서도 왕실 분쟁의 와중에 무참하게 살해되었다. 따라서 조선 왕조 기간 내내 그에 대한 공식적인 평가는 지나치게 인색하였다. 하지만 조선의 지식인들은 그의 열렬한 삶의 궤적을 결코 잊을 수 없었다. 서거정 등이 왕명을 받아 편찬한 『동문선』에는 엄연히 그의 시문이 실려 있다. 그의 문집인 『삼봉집』도 여러 차례 간행되고 널리 읽혔다. 마침내 고종 때 이르러서는 정도전에게 문헌文獻의 시호가 내려졌다.

정도전이 구상한 현실 개혁의 이상은 14세기 말에만 유효했던 것이 아니라, 오늘날에도 많은 지침을 제공한다. 정도전은 천도天道와 인도人道의 뒷받침이 없으면 정권이 성립할 수 없다는 것을 반복하여 강조했으며, 그 가운데서도 특히 인도를 중시하였다. 그는 권력의 올바른 행사, 민생을 살피는 정책, 형벌의 정당한 시행 등에서 인도를 구현할 수 있다고 보았다. 현대의 민주주의 관념은 아니라 해도 민본주의民本主義의 높은 이상을 희구했던 것이다.

제1장

출세

出世

군자는 두려워하고 조심해서, 추호라도 미진하여 천명의 흐름을 막을까 염려한다. 어떤 행동도 함부로 하지 않는 것은 하늘의 운행에 화합하는 것이요, 잠깐 사이도 나태하지 않는 것은 하늘의 시각에 순응하는 것이다. 그렇게 되면 일상생활에서 참으로 하늘의 이치가 꿰뚫어 흘러 털끝만큼의 미진함도 없을 것이요, 마음 또한 무어라 표현할 수 없을 만큼 즐거움을 느끼게 될 것이다.

난리 뒤 송경의 버들빛

亂後還松京

천수문 앞 버들빛이 푸르러　　天水門前柳色青
옛 도성을 놀라 바라보네　　眼明驚見舊都城
어린 종은 중흥의 일을 모르고　　僕童不識中興事
지난 피난 때 일을 말하누나　　猶說年前喪亂行

이 시는 『삼봉집』에 실린 시문 가운데 지은 시기를 알 수 있는 가장 빠른 것이다. "공민왕 임인년1362에 홍건적의 난이 끝나고 이듬해 지은 것"이라고도 한다. 그런데 1362년 10월 정도전은 동진사에 합격했으므로 이 시는 난리가 끝난 해 봄에 송경개성으로 돌아와 지었을 것이다. 당시 정도전의 나이는 스물한 살이었다.

정도전은 열여섯 살인 1357년공민왕 6 강릉의 수령으로 나갔던 아버지를 따라 그곳에 가서 지방의 현실을 어느 정도 알게 되었다. 그리고 열예닐곱 살에는 과거 시험에 대비하여 근체시 형식을 익혔다. 이즈음 민안인으로부터 정몽주가 이존오와 함께 삼각산 절집에서 『대학』과 『중용』을 강의하고 있다는 말을 듣고 두 책을 구해 읽는다. 1360년공민왕 9 정몽주는 빈흥과賓興科의 삼장三場 모두에서 장원을 하며 유명세를 탔다. 정도전은 정몽주를 찾아가 공부하고, 그해 성균시에 합격한다.

1361년 10월 홍건적이 침입하자 왕이 복주안동로 피신하였다. 정도전도 송경을 벗어나 피신하였다. 이미 최습의 딸과 혼인한 뒤였다. 이듬해 정월 송경이 수복되었으나 한 달 후 조소생이 나하추를 이끌고 동북면을 침략해 다시 위기에 처하였다. 이때 부친의 뒤를 이어 동북면 병마사를 지내던 이성계가 함흥평야에서 나하추를 격퇴하였다.

비록 난리 뒤 송경으로 돌아가 중흥의 기운을 느끼기는 했지만, 정도전은 국가 안팎의 형세를 불안하게 여겼을 것이다. 그리고 이성계의 탁월한 무공에 감명을 받았을 것이다. **1362년(공민왕 11) 봄**

변방의 달
關山月

한 조각 관산 달이	一片關山月
만리 긴 하늘에 떠올라도	長天萬里來
변방의 바람 멎지 않자	塞風吹不盡
차가운 그림자만 배회하누나	冷影故徘徊
소무*는 어느 때 돌아오랴	蘇武何時返
이릉*도 가고 아니 왔더라	李陵亦未廻
성글어진 흰 깃발	蕭疎白旄節
적막했을 망향대	寂寞望鄉臺
기러기는 날아가지만	豈無南飛雁
님쪽 소식 요원하기에	音信何遼哉
저 달 보며 탄식하고	見月三歎息
머리만 긁적일 뿐	搔首有餘哀

* 소무는 한나라 무제 때 중랑장으로, 흉노에게 억류당해 북해에 살면서 깃발을 눈과 섞어 뜯어 먹는 등 갖은 고생을 겪다가 19년 만에 귀국하였다.
* 이릉은 한나라 무제 때 보병과 기병 오천 명을 거느리고 흉노와 싸우다가 항복한 장수이다.

1363년 봄 정도전은 충주사록에 임명되었다. 송경에 남아서 임무를 수행하는 직책이었다.

당시 고려 사신이 원나라에 가면 한 사람도 돌아오는 일이 없었다. 또 민간에서는 원나라가 충선왕의 셋째 아들 덕흥군타스티무르을 공민왕 대신 왕으로 삼으려 한다는 말이 떠돌았다. 1364년 덕흥군은 요양성의 1만 군대를 앞세워 본국에 침입해 평안북도 의주까지 왔으나 최영과 이성계 등에게 패해 원나라로 되돌아가 비참한 최후를 맞는다.

정도전은 노래 형식으로 시를 지어 조국을 떠나야 했던 옛 장수들을 상상하며 절박한 심경을 풀어 보였다. **1363년(공민왕 12) 봄**

옛 뜻을 이어
古意

길가의 푸른 솔은　蒼松生道傍
도끼로 찍힐 운명　未免斤斧傷
그 곧은 바탕으로　尙將堅貞質
타는 불만 도우리라　助此爝火光
어찌 하면 탈 없이 남아　安得無恙在
곧은 줄기 하늘로 솟아　直幹凌雲長
조정의 전각 짓는 그날　時來豎廊廟
우뚝한 대들보 되랴　屹立充棟樑
이 뜻을 누가 알아　夫誰知此意
산마루에 옮겨 주리오　移種最高岡

* * *

내가 지닌 태고의 거문고는　我有太古琴
줄도 없고 오동나무 통도 없다만　非絲亦非桐
시름 일 때 퉁기면　愁來方一彈
자리에 선들바람 일어난다　冷然滿座風

품물品物마다 본디 만남이 있으나	物固各有遇
때만은 서로 같지 않은 법	時也獨不同
풍성의 두 자루 신령스런 칼	豐城兩神劍
몇 해를 갑 속에 있다가	經年在匣中
기운이 견우성과 북두성 사이를 쏘아	有氣干牛斗
하루아침에 뇌환을 만났었지*	一朝遇雷公
백아는 어디 있는가	伯牙今何在
지음知音이 세상에 없구나*	知音四海空

* 춘추 시대에 북두성과 견우성 사이에 항상 붉은 기운이 있었다. 동진 때 장화張華는 천문에 밝은 뇌환雷煥을 초빙해 함께 천문을 보게 하였다. 뇌환은 보검의 정기가 하늘에 통하기 때문이라며, 그 보검이 풍성豐城에 있다고 하였다. 장화는 뇌환을 풍성의 수령으로 보임하였다. 뇌환은 감옥의 바닥에서 석함을 발굴해 그 안에서 용천龍泉과 태아太阿의 검을 찾았다.

* 거문고 명인 백아에게는 그의 음악을 이해해 주는 친구 종자기가 있었다. 종자기가 죽자 백아는 자기의 음악을 알아주는 사람이 없어졌다고 하여 거문고를 타지 않았다고 한다.

1364년 여름, 정도전은 전교시 주부로 개경에 머물렀다. 6품 벼슬에 지나지 않지만 경세제민의 포부를 지녔던 그는 자신을 큰 소나무에 빗대 장차 조정의 대들보로 쓰이게 될 꿈을 품었다. 또 자신을 풍성의 보검과 백아의 거문고에 비유하여 누군가 자신을 알아주길 바랐다. 이 무렵 이색李穡이 정도전을 두고 '천하를 다스리려는 뜻'을 지녔다고 지적한 것은 정말 일리가 있다. **1364년(공민왕 13) 여름**

나 떠나련다

遠遊歌

술잔치로 손님들 가득한데　置酒賓滿堂
일어나 춤추며 유랑 노래 부르나니　起舞歌遠遊
멀리 떠난다면 어느 곳으로 가랴　遠遊亦何方
세상을 돌고 또 돌련다　九州復九州
아침 동정호에서 배의 키를 잡고　朝枻洞庭波
저물녘 역수에 닻을 내리고는　暮泊易水流
사방을 돌아보고 멀리 바라보며　四顧騁遐矚
태평스럽던 때를 상상하리라　想像雍熙秋
요 임금과 순 임금의 도읍도　翼翼唐虞都
하나라와 은나라 언덕도　崇崇夏殷丘
세월이 아득하여　歲月曾幾何
찾을 길 없기에　邈矣不可求
수레에 올라 다시 길을 떠나　登車復行邁
훨훨 주나라로 향하리라　翩翩逝宗周
우뚝한 저 영대*에는　峨峨靈臺高
상서로운 구름 흐르고　靄靄祥雲浮

높은 언덕에선 봉황새 울며* 鳳凰鳴高岡
하수 물가에 물새 노닐어 關雎在河洲
천년 지난 뒤에도 綿綿千載後
영원토록 아름다왔건만 綽有無疆休
후대는 그걸 잇지 못하고 繼世何莫述
어진 정치가 나날이 문드러져 王風日以渝
조룡*이 입 벌려 祖龍呀其口
단번에 여섯 제후들 삼켰던가 一擧呑諸侯
아방궁이 하늘 높이 솟아 阿房與天齊
촉산 머리를 눌렀다만 兀盡蜀山頭
고기 속 글씨와 여우 울음 있더니* 禍在魚狐間
항우와 유방에게 지고 말았다 一朝輸項劉
문왕도 진시황도 백성을 동원했다만 孰非出民力
향초와 악풀처럼 성패가 달랐구나 得失如薰蕕
배회하며 옛일에 슬퍼하다가 徘徊感今昔

* 영대는 주나라 문왕이 만든 누대를 말한다.

* 『시경』 「대아·권아卷阿」에 "봉황은 저 높은 언덕에서 운다.鳳凰鳴矣, 于彼高岡"라고 하였는데, 주나라 성왕을 경계한 시이다.

* 조룡祖龍은 진시황을 가리키는 은어이다. 조는 처음을 뜻하고 용은 임금의 상징이다.

* 진나라 2세 초기에 진승이 여론을 조작했던 일을 가리킨다. 진승은 비단에 붉은 글씨로 '진승왕陳勝王'이라 써서 고기의 뱃속에 넣어 두어 그 고기를 삶아 먹은 군졸이 말을 퍼뜨리게 하였다. 또 진승은 부하를 시켜 사당 안에 숨어 있다가 밤중에 불을 피우고 여우의 울음소리를 내며 "대초가 일어나고 진승이 왕이 되리라.大楚興陳勝王" 라고 외치게 하였다.

저물녘에 돌아오면	日晏旋我輈
손님들은 아직 그대로	滿堂賓未散
술잔을 주고받다가	擧酒相獻酬
높은 노래 끝나기도 전에	高歌未終曲
두 줄기 눈물 그대로 인해 흐르누나	雙涕爲君流

시인은 손님이 가득 모인 술자리에서 문득 시공을 초월한 여행을 한다. 왕도 정치가 행해지던 주나라의 옛 지역을 거쳐 포학한 정치의 끝에 멸망한 진나라의 옛터를 돌아본다. 역사의 성패를 생각하며 슬픔에 잠겨 있을 때 홀연 현재로 돌아온다.

36구나 되는 이 시는 당나라 이백李白의 「원별리遠別離」에서 영향을 받은 것이다. 이백은 그 시에서 충직한 인물을 알아보지 못하여 방랑하는 심경을 노래하였다. 정도전은 이 시에서 올바른 정치가 이루어지지 않는 것을 서글퍼하여 방랑하는 심경을 노래하였다.

1365년에 노국 공주가 죽자 공민왕은 공주를 위해 영전을 지었는데, 당시 통례문 지후로 있던 정도전이 이 시를 지어 풍자했다고 한다.

1365년(공민왕 14)

나의 아버지

高麗國奉翊大夫檢校密直提學寶文閣提學 上護軍榮祿大夫刑部尙書鄭先生行狀

본관 안동부 봉화현

부친 검교 군기감 균均

조부 비서랑 동정同正 영찬英粲

증조부 호장 공미公美

선생의 성은 정, 이름은 운경云敬이다. 일찍이 어머니를 여의고 이모 집에서 자랐다. 열 살 남짓한 나이로 학문에 분발하여 영주 향교에 들어갔다가 복주목안동 향교로 올라갔다. 처음에는 여러 학생들이 만만하게 여겼지만 시험을 보면 번번이 일등을 하자 고을 사람들 모두가 대단하게 여겼다.

외삼촌 한림 안장원安壯元, 이름은 분을 따라 서울로 올라간 이후, 선생은 학문이 날로 나아갔다. 십이공도*의 사학에 유학하였는데 여러 학생들 가운데 단연 걸출하였다. 자라서는 한림 유

* 십이공도는 고려 때 개경에 있었던 열두 사학을 말한다. 곧 문헌공도·홍문공도·광헌공도·남산도·서원도·문충공도·양신공도·정경공도·충평공도·정헌공도·서시랑도·구산도 들이다.

공유동미과 문하찬성사 안 공안축한테서 칭찬을 받았다.

가정稼亭이 공이곡과는 나이를 떠난 지기가 되었다. 동방의 산수가 뛰어나다는 말을 듣고 이 공이 선생과 함께 가 보자고 하자, 선생은 천리 길을 멀다 하지 않고 걸어서 따라갔다. 선생은 영해부에 이르러 거기에서 서너 해 동안 공부를 하였다. 또 작고한 간의대부 윤 공윤안지과 삼각산에서 글을 읽었는데, 한번 보면 곧바로 암기하였으며 주제를 이해하고서야 그만두었다.

1326년 사마시에 합격하고, 1330년 10월 송천봉이 고시관으로서 실시한 과거에서 동진사에 오르고, 2년 뒤 정월에는 상주목의 사록이 되었다. 그때 어떤 사람이 용궁 감무가 뇌물을 받았다고 거짓으로 고발하자 안렴사가 선생에게 조사하게 하였다.

선생은 용궁에 가서 그 감무를 보고는 문초하지 않고 돌아왔다.

"관리의 탐학은 악덕이지만 법을 농락할 재주가 없고 남을 두렵게 할 위엄이 없으면 뇌물도 받지 못합니다. 저 감무는 너무 늙어 임무도 제대로 수행하지 못하거늘 사람들이 뭐가 두려워서 뇌물을 주겠습니까?"

뒤에 거짓 고발로 밝혀지자 안렴사가 감탄하였다.

"요즈음 관리들은 가혹하게 심문하는 것을 능사로 삼는데

사록은 진정한 관리로다!"

한번은 고을 출신의 환관이 원나라 천자에게 총애를 입고는 사신으로 상주에 들어와서 선생에게 무례하게 굴었다. 선생이 즉시 벼슬을 버리고 떠나니, 아전들과 선비들이 길에서 목 놓아 울었다. 부끄러움을 느낀 환관은 밤에 용궁 고을까지 선생을 따라가 이마에서 피가 흐르도록 머리를 조아리며 돌아가길 간청하였다.

1337년 4월 전교시에 들어가 교감이 되었다. 이듬해 3월에는 주부에 임용되었다가 윤8월 낭郎의 품계에 올라 도평의사사 녹사를 겸하였다.

당시 원나라 관리 장해張海가 어향사御香使로 오는데 나라에서 선생에게 접대하도록 명하였다. 어향사는 자신이 사랑하는 강릉 기생을 데리고 다녔다. 선생이 공무를 아뢰는데도 기생이 자리를 비키지 않자, 선생은 기생을 꾸짖어 내려 보냈다. 어향사는 처음에 화를 냈으나, 얼마 후 찾아와 사과를 하였다. 선생은 추하게 여겨 사직하였다.

1339년 9월에 삼사 도사三司都事로 옮겼다. 이듬해 10월에는 통례문 지후를 제수받고, 1341년 6월에는 전의와 주부가 되었다. 품계는 모두 승봉랑이었다. 이듬해 8월 덕직랑에 올라 홍복도감 판관이 되었다가 밀성군 지사로 나갔다. 이때 재상 조영휘趙永暉가 밀성 사람에게 받을 빚이 있어서 어향사 안

우安祐를 통해 밀성에 공문을 보내어 받아 보내도록 하였다. 선생은 묵살하고 시행하지 않았다.

밀성의 영접 아전이 어향사가 교외까지 마중 나오지 않았다고 김해 부사를 매질하는 것을 보고는 급히 달려와 아뢰었다.

"김해 부사가 까닭 없이 욕을 당하고 있으니 명을 따르지 않으면 어떤 욕을 당할지 모릅니다."

선생이 귀 담아 듣지 않자 온 고을 사람들이 걱정하였다. 마침내 어향사가 고을에 들어와서 영접례를 마치고는 선생을 다그쳤다.

"전번에 공문 보낸 일은 어찌 되었소?"

"밀성 사람이 빚진 것이 있다고 하여도 조 승상이 스스로 받을 일이지, 어르신께서 물을 일이 아닙니다."

어향사는 성을 내며 좌우 사람들에게 선생을 포위하게 하였다.

"지금 교외에서 춤추고 발 구르듯 기쁘게 천자의 명령을 받들어 맞았거늘 어찌하여 나를 벌하십니까? 어르신께서는 덕음德音을 펴서 먼 지방 백성들에게 은혜를 베풀지 않고 감히 이런 일을 하십니까?"

선생이 정색을 하며 꾸짖자 어향사는 굴복하고 말았다.

관직이 갈릴 적에 선생은 공무로 밖에 있다가 고을에 들어가지 않고 곧바로 떠났다. 밀성 사람들은 월급을 노자로 삼아야 마땅하다고 하였으나 선생의 부인은 끝내 받지 않았다.

1344년 9월 선생은 복주목안동 판관으로 옮겼다. 마침 호장으로 지내던 권원權援은 전에 향교에서 같이 공부하던 벗이었다.

그가 선생이 부임하던 날 저녁 술과 안주를 들고 왔다. 선생은 그와 함께 술을 마시고는 이렇게 타일렀다.

"지금 내가 자네와 더불어 술을 마시는 것은 옛정을 잊지 않아서라네. 그러나 자네가 내일 법을 어기는 일이 있으면 나는 판관으로서 자네를 용서하지 않을 걸세."

당시 고을의 승정승려의 벼슬이 옹천 역로에서 도둑에게 해를 당하여 겨우 숨만 붙어 있었다.

역리가 연유를 묻자 승정이 말하였다.

"내가 베 서너 필을 가지고 아무개 집으로 가던 길에 밭에 거름 주던 일꾼들이 술 마시는 것을 보았고, 아무 곳에 이르러서는 밭에서 김매는 사람을 보았습니다. 서너 걸음쯤 가는데 뒤에서 큰소리로, '내가 아까 밭에서 김맬 때 이야기하려고 불렀는데 왜 대답하지 않았느냐?' 하더니 다짜고짜 나를 때리고는 베를 빼앗아 갔습니다."

역리가 그를 부축하고 집으로 들어갔으나 얼마 안 가서 죽었다. 아전들은 김매던 자를 잡아다가 목사에게 알렸고, 김매던 자도 자백하여 옥사가 이루어졌다.

그때 선생이 다른 곳에서 돌아왔다.

"승정을 죽인 자는 이 사람이 아닐 것입니다."

"이미 자백하였소."

"어리석은 백성이 국문의 고초를 견디지 못하여 겁을 먹고 거짓 자백한 것입니다."

목사는 이 일을 선생에게 알아서 처리하라고 맡겼다. 선생은 밭에 거름 주던 사람을 불러 물었다.

"네가 일꾼들에게 술을 먹일 적에 승정이 지나가자 승정의 베에 대해 말한 자가 있다고 들었다. 숨기지 말고 이르거라."

"좌중의 한 사람이 말하기를, 승정의 베로 술값을 삼자고 하였습니다."

이에 그 사람과 그의 아내를 붙잡아 왔다. 우선 남편을 밖에 두고 먼저 아내부터 심문하였다.

"아무 달 아무 날에 네 남편이 베 몇 필을 너에게 주었다고 하던데 그 베가 어디서 생겼다고 하던가?"

"아무 달 아무 날 남편이 베를 가지고 와서는, 전에 빌려 주었던 베를 받아 왔다고 하였습니다."

이어 남편을 불러 베를 빌려 주었다던 사람이 누구냐고 문초하자, 말이 막혀 죄를 자백하였다.

목사와 아전들이 놀라서 어떻게 진범을 알았는지 물었다.

"도둑이란 종적을 감추고 누가 알까 두려워하기 마련이오. 그런데 그자가 '나는 김매는 사람이다.'라고 했다는 것은 거짓이 아니겠습니까?"

1345년 선생은 조정으로 들어가 삼사 판관이 되었다. 이듬해 10월 봉선대부 서운부에 올랐고, 겨울에 하정사의 서장관으로 연경 대도에 갔다. 황후 기씨가 원나라 황제의 사랑을 독차지하고 내시들 중에 우리나라 사람이 많은 때였다. 그들에게 술과 안주를 대접하는데 아주 거만하게 굴었다. 선생은 얼굴빛을 엄숙하게 하고 말하였다.

"오늘 대접하는 것은 옛 임금 때문입니다."

내시들이 놀라면서 말하였다.

"우리를 가르쳐 주셨습니다. 그대는 큰 수재이십니다."

1347년 3월 성균 사예가 되고, 12월 봉상대부 전교 부령 직보문각 지제교에 올랐다. 이듬해 2월 양광도 안렴사로 나가고, 다시 이듬해 10월에는 교주도 안렴사로 나갔다. 풍채 있는 선생이 임하는 곳마다 고을에 기강이 서서 경내가 숙연하게 되었다.

선생이 양광도에 머물 적에 가정 이곡은 선조의 분묘를 참배하기 위하여 한주韓州, 경기도 광주에 돌아와 있었다. 선생이 찾아가 뵙고는 버슬하기 이전처럼 웃고 이야기하였다.

선생이 술에 취하여 비스듬히 누워서 가정을 돌아보며 말하였다.

"우리 둘은 현달하였다고 할 만하오."

"나는 네 번이나 재상 자리에 있었어도 나보다 높은 지위에 다른 사람이 있었네. 자넨 겨우 4품의 안렴사로 현달하였다고 말하는가?"

"동쪽으로 유람하던 때를 생각하지 않으시오?"

가정이 무릎을 치며 크게 웃었다.

1350년 4월 전의 부령이 되었다. 이듬해 정월에는 전법 총랑이 되었는데, 옥사를 잘 처리하여 원통하거나 지체된 소송이 없었다. 1352년 9월 전주 목사로 나가 봉순대부 판전교시사의 직함을 임시로 띠었다. 당시 전주는 늦은 봄에서 초여름에 이르기까지 가뭄이 심했는데, 선생이 부임하는 날 큰 비가 와서 아전과 백성들이 매우 기뻐하였다.

이보다 앞서, 아내를 맞아들여 살림을 차렸던 한 승려가 상처를 입고 산길에서 죽은 사건이 있었다. 승려의 아내가 목사에게 고소하였으나 증거가 없어서 오래도록 판결이 나지 않았다. 선생이 도임하던 날 그 아내가 와서 호소를 하자, 선생은 즉시 그 아내를 심문하였다.

"사통한 남자가 있느냐?"

"없습니다. 다만 이웃에 사는 홀아비 하나가 저를 희롱하여 '늙은 중이 죽으면 된다.'라고 한 적이 있습니다."

선생은 홀아비와 그 어미를 잡아오게 하였다. 그리고 홀아비는 밖에 두고 그 어미를 문초하였다.

"아무 달 아무 날 아들이 집에 있었느냐, 밖에 있었느냐?"

"그날 아들이 밖에서 들어와, '아! 고되다. 친구와 술을 너무 마셔서 취했다.'라고 했습죠."

즉시 그 홀아비에게 같이 술을 마신 자가 누구냐고 추궁하자, 그 홀아비는 말이 막혔다. 과연 그자가 중을 죽인 범인이었다.

당시 횡포가 심한 어향사 노 아무개는 가는 곳마다 수령들을 능욕하였다. 고을로 서둘러 달려 들어와서는 교외까지 영접하러 나오지 않았다고 죄를 삼았다. 선생이 예법을 근거로 들어 굴하지 않고 그날로 벼슬을 버리고 떠나려 하자 고을 사람들이 슬퍼하였다. 어향사가 탄복하고 부끄러워하여 만류하였으나 듣지 않았다. 그 뒤 조정에서 여러 번 불렀으나 선생은 끝내 나아가지 않았다

1356년 공민왕 5 7월 선생은 중산대부 병부시랑으로서 무반의 관리를 선발하였다. 9월에는 서해도 찰방을 겸하여 군수품 관리를 맡았다. 당시 처음으로 군대를 정비했으므로 군량을 조달하는 일이 가장 시급하였다. 선생이 곡식 수십만 석을 한 달만에 운반하니, 나라에서 여러 도에 독촉할 때 서해도를 모범으로 들었다.

이듬해 2월 중대부 비서감 보문각 직학사가 더해지고, 4월에는 존무강릉 겸 삭방도채방사가 되었다. 삭방도의 고을들은 오랫동안 여진의 세력권에 들어 있어서 국경이 분명히 나

누어 있지 않았고, 걸핏하면 전투가 벌어져 백성들이 이리저리 흩어졌다. 선생이 논밭의 경계를 공평하게 정하고 경제를 돌보니 백성들이 평화로워졌다. 이를 칭송하여 고을 어른들 수백 명이 조정에 추천의 글을 올렸다.

7월에 대중대부를 제수받은 데 이어 이듬해 2월에는 본직으로서 형부의 일을 맡게 되었다. 이때 도평의사사에서 내려온 송사가 있었다. 선생은 재상에게 항의하였다.

"백관의 차례를 정하여 유능한 자를 쓰고 무능한 자를 물리치는 것이 재상의 일입니다. 법을 집행하는 일은 별도의 관원이 맡도록 되어 있습니다. 일마다 모두 조정에서 간섭한다면 백관의 직분을 침해하게 됩니다."

선생은 처음에는 폭주하는 소송을 전혀 유념하지 않는 듯하다가, 고소인과 피고자가 송사를 하면 사안을 정밀하고 온당하게 분석하여 처리함으로써 이긴 쪽이나 진 쪽이 모두 공평하다고 칭송하였다. 공민왕은 이를 치하해 1359년 3월 영록대부 형부 상서에 제수하였다.

이듬해 겨울에 공민왕이 남쪽으로 순행하였다. 선생이 뒤따라가서 충주에서 알현하니 공민왕이 크게 기뻐하며 인견하고 격려를 하였다. 1363년 7월 봉익대부 검교밀직제학 보문각제학 상호군에 제수하였다. 선생을 편하게 해 주려고 그렇게 한 것이다.

1365년 겨울에 선생은 병으로 관직을 사양하고 영주로 돌아왔다. 이듬해 정월 23일에 집에서 돌아가시니 향년 62세였다. 선영의 묘 아래에 장사를 지냈는데, 영주 관아에서 동쪽으로 10리쯤 떨어진 곳이다.

이해 12월 18일 부인 우씨가 돌아가서 선생의 묘에 부장하였다. 우씨는 영주의 선비 집안 출신으로 산원 벼슬을 지낸 우연의 딸이다.

선생은 평소에 집안 살림을 일삼지 않았고 세상의 공리에도 담백하였다. 하지만 손님이 오면 반드시 술자리를 벌였다. 부인도 재물의 있고 없음을 헤아리지 않고 반찬과 안주를 제대로 갖추어, 선생이 어진 이를 친히 하고 착한 이를 벗하는 그 뜻에 순응하였다.

아들은 셋이다. 큰아들 도전道傳은 임인년 과거에 진사로 합격하여 지금은 선덕랑 통례문 지후이다. 둘째는 도존道存, 셋째는 도복道復이다. 모두 글 읽은 선비이다 외동딸은 선비 황유정黃有定에게 시집갔다. 성균 사예 황근黃瑾의 아들이다. 어린 손자 둘의 이름은 진津과 담澹이다.

아들 도전이 삼가 행장을 씁니다.

정도전이 돌아가신 아버지 정운경의 일생을 서술한 글이다. 이런 글을 행장行狀이라 한다. 국가에 시호를 청하거나 다른 사람에게 묘비명을 청하기 위해 작성하였을 것이다. 정도전은 자신이 통례문 지후라고 밝혔는데, 부친상을 당해 관직에서 물러나기 직전의 관직이다.

정운경이 죽은 뒤 그의 친구들은 그에게 '염의 선생'이라는 시호를 지어 주었다. 정운경은 청렴한 인물이었다. 1352년 공민왕은 전법사 좌랑 서호徐浩와 함께 당시 총랑으로 있던 정운경을 내전으로 불러 술을 내렸다. 이는 두 사람이 법을 지킴에 있어 엄정하여 권력 앞에서도 흔들림이 없기에 이를 장려하기 위함이었다.

후에 정약용은 『흠흠신서欽欽新書』에서 정운경이 복주 판관과 전주 목사로 있으면서 그때마다 살인 사건을 심리하여 진범을 찾아낸 사실을 높이 평가하였다.

삼봉에 올라

登三峯憶京都故舊

홀로 있다가 먼 그리움 일어나	端居興遠思
삼봉 마루에 올라	陟彼三峯頭
서북쪽으로 송악산 바라보니	松山西北望
검은 구름 높게 떠 있다	峨峨玄雲浮
그 아래 벗님 있어	故人在其下
밤낮으로 어울려 놀았지	日夕相追遊
날아가는 새는 구름을 뚫거늘	飛鳥入雲去
나의 그리움은 아득하기만 하고	我思終悠悠
지초를 캐어도 한 줌도 안 되니	採芝不盈匊
길가에 내버려 누노라	寘彼道之周
다녀옴이 어려운 일 아니건만	一往諒非難
어째서 이렇게 망설이나	胡爲此淹留
도성이 아무리 즐거워도	城闕豈不樂
그윽한 바윗골을 사랑해서라네	亦愛巖壑幽
계수나무 가지 잡고 노래 부르며	浩歌攀桂枝
한 세월 마치도록 유유자적하리라	卒歲以優游

1366년 정월 부친상을 당하여 영주에 내려가 있던 정도전은 그 해 12월 모친상까지 당하는 바람에 3년 더 영주에 머물며 상기를 마쳤다. 상중에 정몽주가 『맹자』 한 부를 보내 주었다. 정도전은 초하루와 보름에 제사를 지내고 다른 날에는 『맹자』를 읽었다.

1369년 삼봉의 옛 집으로 돌아온 정도전은 옛 은둔자들이 그랬던 것처럼 깊은 바윗골에 살면서 유유자적하리라 마음먹었다. 삼봉은 지금 서울의 삼각산을 가리킨다. 정도전이 살며 학문을 하던 집이 있던 곳이다. 그의 호가 삼봉인 것은 여기서 비롯되었다. **1369년(공민왕 18)**

석탄을 생각하다

石灘

바위 면은 쇠 깎아 세운 듯	石面立削鐵
여울물은 긴 무지개가 내달리는 듯	灘流奔長虹
여울머리에는 고깃배 묶여 있고	灘頭橫漁艇
여울 가에는 초가집 하나	灘上起茅宮
높은 선비가 산수 사랑의 병을 앓아	高人抱淸疾
거기로 돌아와 누워서는	歸來臥其中
아침이면 호탕한 물 흐름을 좋아하고	朝遊欣浩蕩
저녁이면 봉우리의 명멸에 놀라네	夕眺驚明滅
더운 날에는 상쾌한 기운 감돌고	天炎挹孤爽
장마 뒤에는 흰 달이 흐르며	潦盡流皓月
봄물은 쪽빛보다 푸르고	春水碧於藍
삭풍에 날리는 눈은 또 어떤가	何如飄朔雪
가만히 기이한 변화를 즐기니	燕坐玩奇變
시냇물은 멈추지 않고	逝者無停時
쌍쌍이 노니는 갈매기는	獨有雙白鷗
곁에 늘 날아오리라	飛來長在玆

아아, 나는 새만도 못해 嗟我不如鳥
부질없이 그리워할 뿐 未去空相思

석탄은 이존오李存吾의 호이다. 이존오는 정몽주와 함께 삼각산 절집에서 『대학』과 『중용』을 공부하였다. 1362년 사한史翰에 선발되었을 즈음에는 정몽주·박상충·이숭인·김구용 등과 친하게 지냈다. 그런데 신돈의 횡포를 규탄하다 장사 감무로 좌천되었고, 이후 부여 석탄에 은둔하다가 3년 뒤 울분으로 병이 나서 죽고 말았다.

이존오는 장편고시 「석탄행」을 지어 석탄의 풍광과 역사를 노래하고 인간사의 부질없음을 한탄하였다. 정도전은 이존오의 시상詩想에 동조하여 자연의 순환은 그침이 없다는 사실을 노래하였다.

1369년(공민왕 18)

경술년 보름달 아래서

庚戌中秋之夕李順卿自扶餘過于三峯與之翫月別後却寄

평소 밝은 달을 좋아하지만	平生愛明月
달이 항상 둥글지만은 않누나	明月不長圓
달을 대하니 그 사람 그리워라	對月思故人
벗이 저 하늘가에 있도다	故人天一垠
오늘밤은 무슨 밤인가	今夕是何夕
달이 사람과 어울리는 날	月與人共適
희디흰 달빛은 서리와 같고	皎皎月如霜
따스한 사람은 옥과도 같아라	溫溫人似玉
달이 져도 사람은 잠 못 이루고	月落人未眼
사람이 돌아가도 달은 또 솟으리	人歸月又生
사람은 만났다간 헤어지고	人固有會散
달도 찼다가는 이지러져선	月亦有虧盈
사람이 달과 어긋나	人與月相違
아름다운 기약 지키지 못하다니	佳期相參差
이번 달도 어김없이 둥글건만	一月月一圓
달을 마주하여 그댈 그리워하오	對月長相思

정도전은 이존오와 함께 보름달을 구경하고 헤어진 후 다음 달에 이 시를 썼다. 달과의 교감을 친우와의 교감에 빗대어 노래하였다. 이해 여름 성균관이 중건되자 정도전은 성균관 박사에 임명되어 이색·정몽주·이숭인 등과 성리학을 강론한다. 정도전은 그들을 방문한 즐거운 심경이나 이별 후의 아쉬운 감정을 시로 표현하곤 하였다.

1370년(공민왕 19) 9월

가을밤
秋夜

나는야 산야 사람	以我山野人
산에 살고픈 뜻을 못 이루고	未償丘壑心
먼지 세상에서 쏘다니다	營營塵土間
지칠 대로 지쳐 버렸다	倦矣不能任
어스름에야 쉬게 되어	嚮晦方就休
깊은 밤까지 앉았노라니	宴坐到夜深
홀연 들리는 청상곡 소리	忽有淸商聲
창 북쪽 숲으로 몰아치누나	廻薄牕北林
학이 왔나 솔깃해하고*	初疑笙鶴來
교룡*이 우는가 귀 기울이다가	又訝虬龍吟
일어나 보면 아무것도 없고	起視竟無有
맑은 기운만 옷에 엄습한다	灝氣襲衣衿
이윽고 산에 달이 솟고	少焉山月上

* 주나라 영왕의 태자 진晉이 칠월 칠석에 하얀 학을 타고 피리를 불며 구산緱山 마루에 나타나 손을 흔들어 사람들에게 인사를 하였다고 한다.
* 교룡은 뱀과 같이 생긴 상상 속 동물로 때를 못 만난 영웅호걸을 비유한다.

정원 나무들이 성긴 그늘을 펼 때	庭柯布疎陰
묵은 병은 씻은 듯 사라지고	恍然沈痾痊
맑은 기운이 가슴에 우러난다	冲澹生胸襟
문득 옛 동산이 그리워	因之懷舊山
자리맡 거문고를 뜯어서	彈我牀上琴
남쪽으로 가는 가을바람에	秋風吹南去
이 곡조를 부친다오	託此寄遺音

* * *

오늘은 어제와 다른 날	今日非昨日
내일은 또 어떤 날인가	明朝復何時
음양이 쉬지 않고 운동하여	陰陽無停機
사계절이 서로 밀고 당기니	四時相推移
인생 백 년에 며칠이나 즐거우랴	百年能幾何
생각하면 마음만 슬프구나	徒令我心悲
아아, 사람들은 욕망에 절어	哀哉名利人
지각 없이 늙어가서	至老猶未知
귀한 자는 교만하고	貴者自驕固
천한 자는 아첨을 일삼는다만	卑者多詭隨
부귀는 번갯불	榮華逐電光
죽은 뒤엔 비난만 쌓이리	身後有餘譏

아름다운 군자는	彼美君子士
엷어지지도 검어지지도 않아	中心無磷緇
운월雲月의 정취 높디높고	高高雲月情
빙설의 자태 희디희어	皎皎氷雪姿
불후의 이름을	庶將垂不朽
천년토록 드리우려 한다네	千載以爲期
북받쳐 긴 노래를 부르니	感此發長謠
가을바람만 스산하여라	秋風颯凄其

1371년 7월 신돈이 처형당했다는 기별을 듣고 정도전은 송경으로 달려갔다. 정도전은 태상시 박사가 되었으며, 이후 5년간 관리 선발을 주도하였다.

정도전은 선비의 모습을 달, 눈, 맑은 바람 들에 비유하였다. 그리고 『논어』 「헌문」 편에 실린 공자의 말을 인용하였다. 공자는 '갈아도 얇아지지 않고 검게 물들여도 검어지지 않는 덕이 군자의 이상'이라고 하였다. 어질지 못한 사람을 멀리해야겠지만 그 사이에 있더라도 그들을 선도할 수 있는 적극적인 실천가가 군자라는 것이다. 정도전은 선비의 실천 정신을 자각하고 있었다. **1371년(공민왕 20) 7월**

정몽주에게 보내는 서한
上鄭達可書

이단異端이 날로 성하고 우리의 도道는 날로 쇠하여, 백성들은 짐승 같은 지경에 몰리고 도탄에 빠졌습니다. 온 천하가 거센 물살에 휩쓸리듯 하여 일정한 기준이 없으니, 아아! 통탄스럽습니다. 이것을 누가 바로잡겠습니까? 사람들이 믿고 따를 만큼 학식이 올바르고 덕과 지위가 높은 사람이어야만 바로잡을 수 있습니다.

더구나 백성들은 어리석어서 취할 것과 버릴 것을 구분하지 못합니다. 이 시대의 가장 뛰어난 자가 물리치면 백성들은 버리고, 제창하면 뇌동할 것입니다. 이는 백성들이 뛰어난 자를 믿고 따를 줄만 알지, 그 사람이 믿는 도가 옳은지 그른지 모르기 때문입니다.

옛날 맹자는 궁하여 낮은 지위에 있었지만, 끝내 양주와 묵적을 물리치고 공자를 높이자 천하 사람들이 그를 따랐습니다. 이것은 그의 덕이 뛰어나서 그 덕이 천하 사람들을 믿고 따르게 할 수 있었기 때문입니다. 한편 양나라 무제 소연蕭衍은 지각이 없었으나, 불교를 일으켜 풍속을 바꾸자 천하 사람들이 그를 따랐습니다. 이것은 그의 지위가 높아서 그 지위가 천하 사람들을 믿고 따르게 하였던 것입니다.

공자가 "군자의 덕은 바람이요 소인의 덕은 풀이니, 풀 위에 바람이 불면 풀이 반드시 눕는다."라고 하였으니, 이 사실을 두고 한 말이 아니겠습니까.

그 후로 위에는 어진 임금이 없고 아래에는 참된 선비가 없어서, 세상의 교화는 쇠퇴하고 사악한 설說이 횡행하게 되었습니다. 이때 위에 높이 있는 자마저 이 기회를 타서 이단의 설을 제창하였으니, 아아! 그 폐단은 이루 말할 수 없을 정도였습니다.

그러다가 송나라가 흥하게 되면서 참된 선비들이 번갈아 일어나서 남은 경서를 옆에 끼고 끊긴 도통을 계승하여 우리 도를 붙들고 이단을 물리치자 학자들이 쏠리듯 따랐습니다. 이것은 역시 그들의 덕이 뛰어나서 사람들이 그들을 믿고 따랐기 때문입니다. 다만 애석하게도 그들은 덕만 있고 지위가 없어서, 도를 세상에 크게 퍼뜨려 사악한 설의 뿌리를 뽑지는 못하였습니다. 그래도 중국의 학사들은 참된 선비들의 설에 힘입어 우리 도를 붙들고 이단을 물리치는 것을 자기 책임으로 삼았습니다. 비록 깊숙이 파고든 폐단을 급작스레 단절하지는 못하였지만, 우리 도를 다시 떨치게 할 희망을 갖게 되었습니다.

우리 동방은 그 폐단이 아주 심하여 사람들이 모두 이단을 독실하게 믿고 근실하게 받들고 있습니다. 또 큰 학자라고 불리는 사람까지도 찬송하고 노래하여, 사악한 설의 세력을 도와 고무시키고 있습니다. 그러니 뛰어난 사람들이 좋아하는 것을 따라서 좋아할 뿐인 어리석은 백성들이야 어떻겠습니까?

선왕의 학문은 적막해져 들리지 않게 되고, 귀와 눈에 보고 듣는 것은 이단 아닌 것이 없게 되었습니다. 포대기에 싸인 어린아이가 처음 말을 배울 적에도 이단의 말을 외고, 소꿉장난할 적에도 그 의식을 베풉니다. 습관이 성품으로 이루어져 그 잘못을 모르고 태연히 여깁니다. 사악한 것이 마음에 익숙해져 단단해서 깨뜨릴 수가 없습니다.

총명한 선비라 할지라도 그 공허하고 현묘한 말에 현혹되고, 패악한 자들은 그 화복의 설을 두려워해서 따르지 않는 이가 없습니다. 그래서 인륜이 망가지고 이치는 무너졌고, 풍습이 타락하고 풍속은 패망하여, 가세를 기울이고 재산을 부수며, 아비와 아들이 서로 헤어져서는, 짐승같이 되어 도탄에서 고통받게 됩니다. 이런 일은 이루 다 적을 수가 없을 정도입니다.

다행히 사람의 본성은 하늘이 다할 때까지 없어지지 않아서, 물결이 무너지듯 혼란한 상황이라 해도 경전에 밝은 선비가 한두 사람은 존재하기 마련입니다. 그리하여 피해를 깊이 알고 가만히 모의하고 혼자 통탄하다가 이따금 사람들에게 명확하게 분석해 주면, 그 말을 들어 믿고 깨우치는 자도 간혹 있게 됩니다. 이는 사람마다 의리의 마음을 지니고 있기 때문입니다. 하지만 그 사람의 지위가 높지 않으므로 백성들이 결국 따르지 않습니다.

불교를 잘못 믿는 자와 시비를 따지면, 그자도 의리의 마음을 지녔기에 스스로 잘못을 알아 거듭 말이 궁해지지만 굴복하는 것을 수치로 여겨 이기려고만 힘씁니다. 그래서 그자는 높은 분들이 존숭하고 큰 학자들이 찬송한 이단의 말을 이끌어다가 상대방을 꺾으려고 합니다. 그자는 "의롭지 못한 것을 아무 분께서 어찌 믿겠는가? 저분은 지위도 높고 덕도 높으신데 이렇게 존숭하고 찬송하거늘 그대는 도리어 그릇되다 여기니, 그대가 그분보다 낫단 말인가?"라고 합니다.

논쟁자가 만약 "지위는 높아도 도는 배우지 못했거나 큰 학자라 해도 바르지 못할 수 있다. 본심을 따져서 사악한지 정직한지 구별할 따름이지, 어찌 그분이 믿는다고 해서 덮어놓고 옳다고 하겠느냐?"라고 한다면 논리가 통하기는 할 것입니다.

하지만 이것은 아랫사람으로서 윗사람을 비방하는 죄를 저지를 뿐만 아니라, 사람들이 도리어 믿지 않고 미쳤다고 여겨서 비웃고 헐뜯어 용납할 곳이 없게 만듭니다. 그래서 논쟁자는 반론을 듣고도 묵묵히 말하지 않게 되고, 그러면 불교를 그릇되이 믿는 자들은 의기양양해서 자기가 이겼다고 여기게 됩니다.

그러니 이단이 사악하다는 점은 말로 다툴 수가 없으며, 백성들이 현혹된 뒤에는 의리로 깨우칠 수가 없습니다. 오직 학술이 바르고 덕과 지위가 뛰어나서 사람들이 믿고 따를 사람이어야만 바로잡을 수 있다는 사실을 알 수 있습니다.

나의 벗 달가達可, 정몽주의 자는 참으로 적격자라 하겠습니다. 달가가 비록 그만한 지위는 없다 하더라도 학문은 학자들이 평소 바르다고 감복하였고, 덕은 학자들이 본디 뛰어나다고 감복하였습니다. 어리석은 제가 조롱과 물의를 아랑곳하지 않고 분개하여 이단을 물리치는 데 뜻을 두게 된 것은 달가를 의지처로 여기기 때문입니다. 하늘이 달가를 내신 것은 참으로 우리 도의 복이라 하겠습니다.

그런데 요즈음 떠도는 말을 들으니, "달가가 『능엄경』을 본다. 불교에 현혹된 것 같다."라고 합디다. 나는 "『능엄경』을 보지 않으면 어찌 그 설이 사악함을 알 것인가? 달가가 『능엄경』을 보는 것은 병통을 파악해서 치료하자는 것이지, 그 도를 좋아하여 정진하자는 것이 아니다."라고 하였습니다.

얼마 후 나는 혼잣말로, "달가는 분명히 부처에게 아첨하지 않을 것이다. 하지만 옛날 한유가 승려 태전과 한 번 이야기한 것이 후세에 비난의 구실로 된 것을 보면, 달가는 사람들이 믿고 따르는 사람이어서 그 행동거지에 우리 도의 흥폐가 달렸으므로 자중하지 않을 수 없다."라고 하였습니다.

더구나 백성들은 어리석어서 의혹되기는 쉽고 깨치기는 어렵습니다. 달가는 부디 그 점을 헤아리시기 바랍니다.

이 글은 공민왕 말년 혹은 우왕 초 나주 회진현으로 귀양 가기 전에 지은 것이다. 우왕 원년인 1374년 정몽주는 우사의대부로 있다가 성균 대사성으로 옮겼는데, 당시 그는 불교 서적을 읽고 있었다. 정도전은 그에게 이단과의 관계를 의심받지 않도록 불경을 읽지 말라고 권하였다.

조선 후기의 황덕일은 이 글에 대한 독후감에서 정도전이 정몽주를 제거할 뜻을 품고 사실을 호도했다고 비난하였다.

목은 선생이 박의중을 전송한 글을 읽고
李牧隱送子虛詩序卷後題

나는 목은牧隱, 이색의 호 선생께서 자허子虛, 박의중의 자를 전송한 시의 서문에 붙인 글을 열람하다가, 선생이 자허를 일컬어 "치밀하고 정확하여 털끝만큼이라도 미진하면 제대로 얻지 못하여 서운한 듯이 한다."라고 쓴 부분을 보고 하루에 세 번 반복해 외우면서 다음과 같이 말하였다.

『시경』에 "오직 하늘의 명은 아! 심원하여 그치지 않는다."라고 하였다. 이것은 오묘한 도道가 하늘과 땅 사이에 가득하고 옛날부터 지금까지 꿰뚫어 존재하여 한순간도 그침이 없이 운행하고 발현한다는 말이다. 그리고 사람의 마음이 어둡지 않고 신령스러워 도의 본체가 아닌 것이 없어 천지와 더불어 두루 흘러서 틈새가 없다는 뜻이다. 다만 기질이 편중되거나 물욕에 가리워서 신령한 마음을 거두어 붙잡아 두지 못하고 풀어놓아 버려두는 때가 있을 뿐이다. 그래서 나의 마음에 뿌리를 내린 도가 일상생활에서 나타나는 것이 밝게 이어지지 못하고 어두워져 끊어지기도 하는 것이다.

그러므로 군자는 두려워하고 조심해서, 추호라도 미진하여 천명의 흐름을 막을까 염려한다. 어떤 행동도 함부로 하지 않는 것은 하늘의 운행에 화합하는 것이요, 잠깐 사이도 나태하지 않는 것은 하늘의 시각에 순응하는 것이다.

공부하는 사람으로서 이런 경지에 이르려 한다면 어찌 다른 방도가 있겠는가? 추호라도 미진함이 있으면 제대로 터득하지 못해 서운해하는 마음을 가져야 할 뿐이다. 이 마음을 채워서 넓히면 남이 보거나 듣기에 앞서 경계하고 두려워하며, 드러나지 않고 혼자 있을 때 삼가고 신중히 하여, 그만둘래야 그만둘 수 없게 될 것이다.

그렇게 되면 일상생활에서 참으로 하늘의 이치가 꿰뚫어 흘러 털끝만큼의 미진함도 없을 것이요, 마음 또한 서운해할 바 없이 넓고 크며 너그럽고 평온해져서 무어라 표현할 수 없을 정도의 즐거움을 느끼게 될 것이다.

또한 이렇게도 생각해 보았다.

도道라는 것은 심오하고 황홀한 물건은 아니지만, 그 미묘한 특성은 범범하게 구할 수가 없다. 도라는 것은 평소 일상생활에 드러나 있지만 그 원대한 특성은 비근한 데서 얻을 수가 없다. 오직 고명하고 탁월한 재주와 심오하고 독실한 자질을 지닌 후에야 행할 수 있고 또 이를 수 있다.

따라서 우리 도의 흥망은 인재에 달려 있는 것이다. 천하 인재는 옛날부터 얻기 어려웠으니, 하늘이 하는 것이지 사람이

할 수 있는 일이 아니기 때문이다.

목은 선생은 우리 도의 맹주로서 유학의 흥기를 자신의 임무로 삼아 이 점을 근심한 지 오래되었다. 이제 달가정몽주를 칭찬하여 "씩씩하고 시원하며 탁월하다." 하고, 자허에 대해서는 "치밀하고 정확하다." 하니, 대개 영재 얻는 것을 즐거워해서 몹시 기뻐하여 한 말이다.

옛 사람들은 유학의 흥망을 하늘의 뜻에 미루면서 인재 얻는 것이 어렵다고 여겼다. 이 두 사람이 목은 선생을 만난 것은 하늘의 운이요, 목은 선생이 이들을 얻은 것 또한 하늘의 운이다. 목은 선생은 "유학을 일으킬 때 자허와 처음을 함께 하였으므로 자허와 더불어 끝을 함께할 것이다. 이는 하늘의 운수이다. 우리 두어 사람은 하늘의 명을 들을 따름이다."라고 하였다. 기뻐하는 바가 아주 지극하고 기대하는 바도 원대하기에 이렇게 말한 것이다. 두 사람은 힘쓸지어다.

자허子虛는 박의중朴宜中, 1337~1403의 자字이다. 이색은 그에게 「정재기貞齋記」정재는 박의중의 호를 써 주어 그의 군자다운 태도를 칭송하였다. 정도전은 「정재기」를 매일 세 번씩 읽으며 왼다고 밝혔다. 정도전은 이색이 칭찬해 마지않는 박의중과 정몽주에게 유학의 발전에 큰 역할을 해 달라고 당부하였다.

박의중은 1362년 공민왕 11 문과에 장원으로 급제해 전의 직장으로 등용되었다. 1388년 우왕 14 에는 명나라에 사신으로 가서 그들이 옛 영토라고 주장하면서 설치한 철령위를 철폐할 것을 주장하였다. 훗날 이익은 『성호사설』에서, "박의중이 항변을 잘하지 않았다면 우리 영토의 절반을 잃어버릴 뻔하였다."라고 썼다.

그 뒤 박의중은 예문관제학 겸 대사성이 되었고, 1392년 태조 1 정도전·조준과 함께 『고려사』를 엮었다. **1375년(우왕 원년)**

감흥
感興

수레 타고 길을 떠나　膏車邁行役
태항산을 오르니　登彼太行山
황하 물이 아래로 내달리기에　黃流奔其下
삼박三毫[*]을 멀리 보았다만　顧瞻三毫間
옛 나라 간데없고　茫茫皆異國
두 무덤만 우뚝하다　雙墳對巍然
어느 시대 사람인가　且問何代人
하나라의 용방과 비간[*]이라네　龍逄與比干
조국의 멸망을 차마 볼 수 없어　不忍宗國墜
충의의 심장이 찢어져　忠義裂心肝
궐문을 밀치고 들어갔고　手排閶闔門

* 삼박은 하나라 탕 임금의 도읍지인 곡숙남박, 탕 임금이 천명을 받은 경박북박, 하나라의 후대 임금인 반경이 천도한 언사서박 세 지역을 말한다.

* 하나라 충신 관용방關龍逄과 은나라 충신 비간比干을 가리킨다. 관용방은 걸 임금의 정치를 비판한 일로 불로 굽고 지지는 형을 받았다. 비간이 주 임금에게 사흘이나 간언을 하자, 주 임금은 "성인의 심장에는 구멍이 일곱 개 있다고 하더라." 하고는 배를 열어 보게 했다고 한다.

폭군에게 직간을 하였다네　抗辭犯主顏
사람은 언젠가 죽는 법　自古有一死
구차한 삶을 어이 바라랴　偸生非所安
아득한 천년 후 가을　寥寥千載下
늠름한 기운이 하늘에 가득하다　英烈橫秋天

정도전은 성균 사예로 있으면서 북원 사신의 영접을 반대하다가 남원으로 유배를 떠나게 되었다. 그는 끓는 충분을 이 오언고시에 토로하였다. 상상 속에서 태항산에 올라가 삼박을 내려다보며 하나라 충신 관용방과 은나라 충신 비간의 옛일을 회상하였다.

이보다 앞서 명나라 사신과 함께 요동에 갔던 김의가 공민왕이 죽었다는 소식을 듣고는 사신을 죽이고 북원으로 달아났다. 정도전은 정몽주와 함께 최원을 타일러 명나라에 들어가 사태를 무마하게 하였다. 하지만 이인임 등은 1375년 열 살의 우왕1364~1389을 즉위시키고 북원에 알려 그 지위를 굳히려 하였다. 고려 32대 왕에 오른 우왕은 신돈의 계집종 반야의 소생이다.

이해 8월 북원의 사신이 조칙을 반포한다는 명목으로 고려에 오자, 정도전은 김구용·이숭인·권근과 더불어 도당도평의사사에 글을 올려 북원 사신을 맞아들여서는 안 된다고 주장하였다. 하지만 이인임과 경복흥천흥은 정도전에게 북원의 사절을 맞아오라고 강요하였다.

정도전은 경복흥에게 "사신의 머리를 베어 오든지 그를 묶어 명나라로 보내리라."고 하였다. 경복흥은 "반역자 김의와 무엇이 다르냐?"라며 화를 냈다.

정도전은 태후에게도 북원 사신을 맞이해서는 안 된다고 아뢰었다. 그러자 이인임과 경복흥은 조정에 나오지 않았다. 이에 우왕은 정도전을 전라도 나주 회진현 거평 부곡의 소재동전남 나주시 다시면 운봉리 백동마을 서쪽으로 유배를 보냈다.

정도전은 '미치광이'를 자처하였다. 『맹자』에 보면 뜻은 크지만 일은 서툰 사람을 광사狂士라고 하였다. 곧 정도전은 세상과 어울리지 못하지만 결코 당초의 바른 뜻을 버리지 않겠다고 선언한 것이다.

1375년(우왕 원년) 여름

제2장

유랑
流浪

내 친구들은 평소 형제보다 정이 깊었는데, 내가 패망한 것을 보더니 뜬구름같이 흩어집디다. 그들이 나를 걱정해 주지 않는 것은 세력으로 맺은 관계였지 은혜로 맺은 관계가 아닌 까닭이었소. 성취하여 영광을 얻거나 실패하여 모욕을 받는 것은 하늘의 일이지 사람에게 달려 있는 것이 아니오. 그러니 무엇을 근심하겠소.

나주의 부로들에게
登羅州東樓諭父老書

간언을 올렸다가 재상의 뜻에 거슬려 회진현으로 추방되었다. 회진현은 나주의 속현이다. 가는 길이 나주*를 지나게 되어 동루에 올랐다. 배회하며 둘러보니, 산천이 빼어나고 인물이 풍부하여 남방의 일대 큰 도읍이다.

나주가 주州로 된 것은 우리 왕조고려 초기의 일이다. 나주는 우리 왕조에 공로가 있었다. 태조왕건가 삼한을 통일할 적에 군국이 차례로 평정되었는데, 후백제만은 지세가 험하고 송경에서 멀리 떨어져 있는 데다 인마와 양곡이 많아 강성한 것을 믿고서 즉각 귀의하지 않았다.

나주 사람들은 무엇이 순리인지 잘 알았기에 솔선하여 도왔다. 태조가 백제를 취하는 데는 나주 사람들에게 힘입은 바가 컸다. 그래서 태조는 이 고을에 행차하여 남쪽 여러 고을의 으뜸으로 삼았다. 기리는 뜻에서 그런 것이었다. 그때 혜종왕건의 둘째 부인의 아들 승건은 몸소 갑옷과 투구를 걸치고 태조를

* 나주의 본래 이름은 금성인데, 고려 태조가 903년에 공격했을 때 즉시 항복함으로써 나주가 되었다. 그 후 고려 현종 때 목으로 승격되었다.

전후좌우에서 도와 여러 아들 가운데 공로가 가장 컸다.

대업이 정해지고, 혜종이 왕위를 이어받게 되었다. 혜종은 창업을 도운 일과 대업을 보존한 공로로 태묘종묘에서 제사를 받아 백세가 넘도록 신주가 옮겨지지 않는다. 그런데도 혼령이 자신이 태어난 고을을 연연해하여 이곳 나주 고을 흥룡사에 있는 사당에서도 제향을 받고 있다.

훗날 현종이 거란을 피하여 남쪽으로 순행하다가 여기에 이르러 거란 군사를 물리치고 나라를 부흥시키는 공훈을 이루었다. 그리하여 나주에서 팔관례*를 거행해도 좋다고 허락하였는데, 그 의식이 서울의 그것과 견줄 만하였다.

아! 나는 두 번이나 예부 정랑이 되어, 그때마다 태상 박사의 직을 겸해 종묘와 조회의 일을 관장하였다. 지금 불측한 죄를 짓고 송경을 멀리 떠나 남쪽으로 귀양을 오게 되었으니, 한 번만이라도 종묘와 조회의 일을 맡아보아 담당 관리 축에 끼려 한들 어찌 그럴 수 있겠는가. 그러나 마음속으로는 이를 잊은 적이 없다.

지금 천리 밖의 고을에서 역대 군주의 성대한 공덕을 듣고, 누대에 올라 사방을 바라보니 산천은 옛날과 다름이 없다. 당

* 팔관례는 고려 때 중경과 서경에서 토속 신에게 제사 지내던 의식이다. 중경에서는 추수 이후 음력 11월에, 서경에서는 10월에 등불을 찬란히 밝히고 술과 다과를 베풀며 가무와 백희를 진설하여 나라와 왕실의 태평을 빌었다.

시 수많은 수레와 기마가 여기에 주둔했던 광경을 상상하고, 또 사당에 걸린 초상이 환하게 비추고 있는 것을 보면서 고신孤臣, 군주의 곁을 떠난 신하의 애타는 마음을 위로할 수 있게 되었으니, 이 얼마나 다행한 일인가!

아아! 나주 사람들이 자기 밭을 갈고 자기 집에 살면서 거처에 편안해하고 생업에 즐거워한 것이 지금까지 벌써 오백 년이 되었다. 이 모든 것이 역대 군주께서 백성들을 편안히 쉬게 하면서 잘 길러준 은혜가 아니겠는가! 이것은 부로들도 알고 있을 것이다.

그러나 이 고을은 바다와 인접해 있는 아주 먼 변두리 지역이므로 왜구의 노략질이 크게 걱정된다. 연해의 다른 고을들은 혹 포로로 잡혀 갔거나 혹 이사를 가서 소란이 그치지 않고, 사는 사람이 없으므로 토지를 지키지도 못하고 공물을 바치지도 못한다. 백성들이 집과 호적과 토지를 내버리고 떠나, 그들이 살던 곳은 풀이 무성하게 자라고 여우와 토끼의 굴처럼 되었다. 그들이 떠돌다가 굶어 죽는 것도 아랑곳하지 않는 것은 모두 왜구 때문이다.

그런데 나주는 그 사이에 끼여 있으면서도 평소같이 번창하여 뽕과 삼이 풍부하고 벼와 곡식이 들을 덮고 있다. 백성들은 낮에는 일하고 밤에는 쉬어 밝은 표정으로 자신들의 산업을 즐기고 있다. 그리하여 이 나그네가 누대에 올라 산천과 들판을 돌아보고는 유람의 즐거움을 한껏 누리고, 인물이 번성하고 물자가 풍부한 것을 보고 성군의 덕을 우러르며 유풍을 노래하니, 행역의 고달픔과 귀양살이의 감회도 잊게 된다.

이 고을은 극악한 왜구가 침략하여 사방이 결딴나고 주민들이 뿔뿔이 흩어지는 지역의 한가운데 위치하면서도 홀로 온전하여 편안하다. 그 모습이 마치 크고 긴 둑이 거센 물결을 가로막고 서서 아무리 내닫는 물살이 격동하고 내리쏘면서 분노한 기세를 있는 대로 드러내어도 태연자약하듯 한다.

백성들이 이에 힘입어서 아무 두려움이 없는 것은 역대 선왕들의 덕이 사람들 마음속에 깊이 들어가서, 다른 고을 백성들이 일정한 산업이 없어 일정한 마음을 지니지 못하는 상황과는 사뭇 다르기 때문이 아니겠는가. 또한 고을 지키는 목사가 적임자라서 군주의 덕을 선포하여 백성들의 마음을 묶어 흩어지지 않게 하기 때문이 아니겠는가. 그것이 아니면 평소 부로가 늘 교육하여 백성들이 의리로 향할 줄을 알기 때문일 것이다. 아아, 훌륭하도다!

그러나 요사이 왜구의 기세가 쇠하기는커녕 더욱 날뛰어 날로 심해지니 부로들은 지금까지의 무사함에 빠지지 말고, 자제를 격려하고 기계를 수리하고 봉화를 정비하여 고을과 현을 굳건히 지켜 국가에서 남쪽을 걱정함이 없게 하라.

내가 비록 지은 죄가 무겁지만 내 삶이 끝날 때까지 이곳에서 편안히 지내며 살아가게 된다면, 그것은 나주 사람들이 나에게 베풀어 준 큰 은혜가 아니겠는가!

이 글은 『삼봉집』에 묶이기 전에 나주 회진현 귀양지에서 지은 산문을 모은 『금남잡제』에 들어 있었다.
정도전은 회진현으로 유배 가는 길에 나주성 동루에 올랐다. 당시 전라도 지역은 왜구가 창궐하여 피해가 컸지만 나주만은 활기찼다. 정도전은 나주의 역사를 환기하며 고을의 풍습에 흡족해하였다. 나주의 역사를 거론하면서 선왕들의 각별한 은총을 언급한 것은 우왕의 정치를 은근히 비판하는 의미를 지닌다. **1375년(우왕 원년) 여름**

도깨비들아!

謝魑魅文

나주 회진에는 큰 산과 무성한 숲이 있고 외져서 바다에 가까우며, 인가가 드문드문하고 이내가 물씬 오르고 장기瘴氣가 새어 나와서, 쉽게 음습해서 비가 자주 내린다. 산과 바다와 음陰과 허虛의 기운, 그리고 풀과 나무와 흙과 바위의 정기는 뒤섞이고 어우러져 도깨비와 두억시니로 변화한다. 이들은 사람도 아니요 귀신도 아니며 저승의 것도 아니고 이승의 것도 아니되, 역시 하나의 품물이다.

정 선생이 방에 홀로 앉아 있으려니 하루가 길기만 하고 찾아오는 사람이 아무도 없다. 어쩌다가 지팡이 짚고 문을 나서 뒷짐 지고 멀리 바라보니, 산과 강이 얼키설키하고 풀과 나무가 서로 이어져 있으며 하늘은 음산하고 들은 어둑어둑하여, 눈에 보이는 것이 모두 스산하며, 음습한 기운이 상하게 하여 몸이 찌뿌드드해진다.

이에 돌아와 다시 방으로 들어왔지만 갑갑하고 답답하고 흐릿하고 어지러워 너무 피곤해서 잠을 청하려고 머리를 낮추고 눈을 감았다. 잠이 들 듯 말 듯한 참에, 앞서 말한 도깨비와 두억시니 무리가 서로 더불어 야유하고 탄식하며 왔다 갔다 하기를 번개처럼 한다. 킬킬거리는 듯이 하는 놈도 있고 슬퍼하는 듯이 하는 놈도 있으며 웃는 듯이 하는 놈도 있어서, 펄쩍 뛰고 냅다 부딪치고 벌떡 넘어치고 방탕하게 밀친다.

정 선생은 놈들이 시끄럽게 구는 것이 성가시고 또 상서롭지 못한 것이 싫어서 손을 휘저어 내쫓았으나 놈들은 갔다가는 다시 돌아왔다. 분을 못 이겨 크게 소리를 지르다가 문득 잠이 깨고 보니, 형체가 사라지고 자취가 없어져서 휑하니 아무것도 없었다.

정 선생은 정신이 떨리고 두려워서 마치 혼이 나간 듯이 하다가 한참 뒤에야 안정을 찾았다. 정신을 집중하고 생각을 고요하게 하며 기운을 엄숙하게 하고 호흡을 가늘게 하여 가수면 상태로 앉아 있으려니, 다시 그놈이 생겨나서 친구들을 데려오고 무리들을 이끌고 와서, 구물구물 떼를 지어 몰려오기를 앞서 한 것처럼 하였다.

선생이 말하였다.

"너희는 음물陰物이라서 나와는 부류가 다르거늘, 무엇 때문에 왔느냐? 또 너희는 무엇 때문에 슬퍼하고 무엇 때문에 즐거워하고 웃느냐?"

말이 끝나자 어떤 놈인가가 앞으로 나와 말을 하는 자가 있는 듯하였다.

"사통팔달의 도성과 번화한 고을은 저택이 서로 이어지고 갓 쓴 높은 양반들이 날마다 노니니, 곧 사람들이 거처하는 곳이다. 어둑어둑 음산한 터와 황량하고 인적이 끊긴 들판은 도깨비가 극성한 곳이다. 그대가 우리에게 온 것이지, 우리가 그대에게 간 것이 아니거늘 어째서 우리 보고 떠나라 하느냐?

그대는 능력을 헤아리지 못하고 나라의 기휘법에 저촉되고 금법을 범해서 밝은 시절에 쫓겨났으니, 이게 어찌 우습지 않으냐?

공부에 힘을 쓰고 뜻을 독실하게 가지며 올바르게 행동하고 제대로 실천했다가 마침내 벼슬을 빼앗기고 귀양을 와 자신의 본심을 밝힐 길이 없게 되었으니, 이는 슬퍼할 만하다.

우리는 음산한 곳에 숨어 있고 으슥한 곳에 거처하여 세상에 우리를 알아주는 자가 아무도 없는데, 그대는 깊은 이치를 파내고 심오한 뜻을 찾아서 어떤 미세한 것이든 끝까지 탐구하지 않는 것이 없거늘, 지금 거칠고 후미진 땅에서 그대와 상종할 수 있게 되었으니, 이는 기뻐할 만하다.

그대는 사람들 축에 끼지 못하고 먼 곳으로 쫓겨났으므로, 그대를 만나는 사람은 눈동자가 흔들리고 그대와 말하는 사람은 마음이 두렵게 되어, 모두 손사래를 쳐 거절하고 발걸음을 뒤로 물리며 등을 돌려서 가건만, 오직 우리들만이 그대가 오는 것을 반겨서 그대와 함께 놀아 주거늘, 지금 우리가 그대의 부류가 아니라고 우리를 배척한다면 우리 말고 어느 누가 그대와 벗이 되어 준단 말인가?"

정 선생은 그의 말에 부끄러워하고, 또 그들의 뜻을 고맙게 여겨 글을 지어 사례하였다.

산의 기슭이여, 바다의 구석이여
천기가 짙게 음산하여, 초목이 그 때문에 그윽하여라
인가 드문 곳에 홀로 거처하니, 너희 말고 누구와 놀 것인가
아침에 같이 나서고 저녁에도 함께 지내, 노래하면 화답하며
봄도 가을도 그러하노라
세상과 맞지 않아 세상이 버렸거늘, 달리 또 무엇을 구하랴
풀숲에서 덩실덩실, 너희들과 한비탕 놀자꾸나

정도전은 당나라 한유韓愈의 「송궁문送窮文」 형식을 빌려, 유배되어 인간도 아니고 귀신도 아닌 상태로 살아가는 자신의 처지를 가련해하고 자조하였다. 1376년(우왕 2) 겨울

가난
家難

내가 죄를 지어 남쪽으로 쫓겨나자, 비방이 벌떼처럼 일어나고 구설이 퍼져서 장차 어떤 화가 미칠지 알 수 없을 정도였다. 아내는 두려워하며 인편으로 편지를 보냈다.

"당신은 평소 글을 읽으시느라 아침밥을 하는지 저녁밥을 짓는지 알지 못하였습니다. 방 안에는 아무것도 없어 텅텅 비었고 항아리에는 쌀 한 톨 없어서, 방에 가득한 어린 자식들은 춥다 외치고 배고프다 울었습니다.

저는 가계를 맡아 꾸려 나가면서 오로지 당신이 열심히 공부해서 입신양명하여 처자식들의 우러름 속에서 문호를 빛낼 날을 기대하였습니다. 하지만 당신은 끝내 국법을 어겨 이름이 더럽혀지고 행적이 깎였으며 몸은 남쪽에 귀양을 가서 독기를 들이마시게 되었고, 형제들은 나뒹굴고 가문은 망가져서 세상의 웃음거리가 되었습니다. 어진 군자도 정녕 이러하단 말입니까?"

나는 아래와 같이 답장을 보냈다.

"그대 말이 참으로 옳소. 내 친구들은 평소 형제보다 정이 깊었는데, 내가 패망한 것을 보더니 뜬구름같이 흩어집디다. 그들이 나를 걱정해 주지 않는 것은 세력으로 맺은 관계였지 은혜로 맺은 관계가 아닌 까닭이었소. 하지만 부부의 도는 한 번 혼인하면 죽을 때까지 바꾸지 않는 법이니, 그대가 나를 꾸짖는 것은 사랑해서이지 미워해서가 아닐 것이오.

아내가 남편을 섬기는 것은 신하가 임금을 섬기는 것과 같으니, 이 이치는 허망하지 않으며 모두 하늘에서 정한 것이오. 그대가 집을 근심하고 내가 나라를 근심하는 것은 이것 말고 다른 뜻이 어디 있겠소? 각각 직분을 다할 뿐이외다. 성공하여 이익을 보거나 패망하여 불이익을 보고, 성취하여 영광을 얻거나 실패하여 모욕을 받는 것은 하늘의 일이지 사람에게 달려 있는 것이 아니오. 그러니 무엇을 근심하겠소?"

이 글은 본래 운문 형식의 글이다. 한유의 「진학해」 수법을 빌려오되, 아내의 힐문에 답하는 가운데 친우들의 배신을 비난하고 자신은 세상의 비난에 흔들리지 않겠다는 뜻을 토로하였다.

하을지의 시에 붙임
河相國春亭詩序

재상 하 공하을지이 전라도 원수로 부임하여 영을 내렸다.

"우리 백성을 괴롭혀 국가에 근심을 끼치기로는 왜구가 가장 심하다. 그들은 물길에 익숙하여 손쉽게 진격했다가 재빨리 퇴각하므로 방어하는 요령을 잡기 어렵지만 나는 그 요령을 알았다."

그러고는 즉시 말 위에서 군사들과 맹세한 뒤에 그들을 인솔하여 길을 떠났다. 종과 북을 울리고 큰 깃발과 작은 기를 앞세우고서 바다를 따라 오르내리며 병력을 과시하자, 왜적들은 군세가 어떤지 알지 못하여 차차 물러갔다. 이후로도 하 공은 무사하다고 해서 게을리하지 않고 늘 야외에 머물면서 요충지를 거점으로 삼아 왜적의 기습에 대비하였다.

때는 마침 6월이요 지역은 남쪽 변방이니, 바다 안개가 무더운 기운을 내뿜고 구름이 타는 듯 뜨거워서 위는 찌고 아래는 습하였다. 하 공은 빈객과 장교들이 더위로 병들까 염려하였다.

하루는 높은 곳에 올라가 바라보니 구름이 걷히고 안개가 흩어져 전망이 탁 트였다. 긴 강이 아래로 흐르고 산봉우리들이 그 바깥을 에워쌌으며 섬들이 얽혀 있어, 뜨거운 기운이 서늘해지고 찌고 습한 기운이 가벼워졌다. 더웠던 몸이 시원한 물에 씻긴 듯 상쾌하고, 긴 바람을 타고 맑은 공기를 몰아 허공으로 튀어 오르는 듯 황홀하였다.

빈객과 장교들이 모두 즐거워하면서 공에게 그곳에 정자를 지으라고 권하였다. 하 공은 여러 사람의 뜻을 어기기 어렵다고 여겨, 일 하지 않는 수졸을 시켜 재목을 가져오고 띠를 베게 하니, 하루가 채 지나지 않아 낙성을 알렸다.

한 빈객이 정자의 이름을 지으라고 청하자, 하 공은 "내가 전에 춘정春亭이라 호를 지었는데, 이 정자는 내가 지은 것이므로 춘정으로 하시오." 하였다.

빈객이 다른 이에게 이렇게 말하였다.

"하 공이 정자 이름을 지은 것이 이상도 하구려! 정자를 낙성한 것이 여름철이라서, 맑은 바람을 하늘에서 끌어다가 상쾌한 기운을 옷깃과 소매 속에 넣어 주니, 살갗이 경쾌하고 심신이 평온하여 날씨가 더운지 지역이 남방 끝인지를 모를 정도입니다. 이제 금풍가을바람이 불기 시작하여 달이 흰빛을 드날리면, 날아가는 기러기는 긴 모래톱에서 울고 외로운 돛배는 먼 포구에 머물 것이오. 그리고 음산한 구름이 잔뜩 들어차고 강과 하늘이 가없을 때면 도롱이 입은 어부가 눈을 맞고 있을 것이오. 이것도 이 정자의 멋진 경치가 될 것입니다. 그러니 들에 풀이 아름답고 산에 꽃이 피어나며 들새가 지저귀고 산새가 우짖는 것은 겨우 한 계절의 경치일 뿐이지요.

사철 내내 정자에서 보는 경치가 이렇게 다양하거늘, 하 공이 봄 한 철의 경치만 취한 것은 무슨 까닭이오?"

해명하는 자가 이렇게 말하였다.

"하늘은 사계절을 두어 한 해를 이루고 사람은 사단四端, 인·의·예·지이 있어 본성을 다스립니다. 사계절이 각각 한 철을 차지하지만 봄은 어느 철에고 들어 있습니다. 이것은 사단이 각각 하나의 덕을 차지하지만 그 각각에 모두 인仁이 내포되어 있는 것과 같습니다. 그래서 봄이란 봄의 출생이고 여름이란 봄의 성장이며 가을이란 봄의 성숙이고 겨울이란 봄의 갈무리라 합니다. 또 인仁이란 인의 사랑이고 의義란 인의 제제이며 예禮란 인의 공경이고 지智란 인의 지혜라고 합니다. 자연의 사계절에서 봄이 갖는 의미나 인간의 본성에서 인仁이 갖는 의미는 서로 같습니다.

그러므로 하늘에서는 가득 차 흘러흘러 잠시의 끊어짐도 없어, 흩어 놓으면 사계절이 되고 섞어 놓으면 만물이 되어, 변화가 끝이 없고 생성이 그치지 않습니다. 그렇기에 봄이 천지의 인입니다.

사람에게서는 공평하고 평화로워 털끝만큼의 사사로운 뜻이나 원망하는 허물조차 없으므로, 쌓임이 온화하고 발양發

揚이 영화롭습니다. 몸에 체득하면 몸이 편안해지고, 가정에 미루어 행하면 부자 사이가 돈독해지며, 일에 대처하고 사물에 응하는 데에도 마땅하지 않은 것이 하나도 없게 됩니다. 그렇기에 인이 곧 봄입니다.

북송 때 주광정朱光庭은 정호를 만나 본 후 그를 두고 봄바람이라고 하였는데, 그 말이 거짓이 아닙니다. 봄과 인은 그 덕이 깊고도 지극합니다. 도를 아는 자가 아니면 누가 여기에 참여하겠습니까.

하 공이 마음을 두고 있는 바는 이 정자에 오르는 사람이 유람의 즐거움만을 취하지 말고 군자가 인을 본질로 삼는 뜻을 추구하라고 독려하고, 나아가 천지가 만물을 낳는 마음을 추구하라는 것입니다. 그런 뒤에야 정자의 이름을 춘정이라 하는 까닭을 알게 될 것이며, 하 공의 즐거움을 함께 즐길 수 있을 것입니다."

빈객이 "네, 그렇군요!"라고 하였다.

이에 모두 시를 지어 읊었다.

계절은 서로 밀어내어 사계절을 이루는데	節序相推自四時
춘정의 멋들어진 취향을 아는 이 적구나	一亭佳趣少人知
느긋하게 천기의 오묘함을 홀로 알았기에	悠然獨得天機妙
강산을 마주하여 즐거이 시를 짓노라	坐對江山賦好詩

하을지河乙沚, 1318~ ?가 전라도 원수로 부임해 오자, 정도전은 그의 시축에 이 서문을 써 주었다. 당시 하을지는 57세였다. 정도전은 그를 내면 수양의 군자로 그려 보였다. 실상 정도전은 자신이 추구하는 군자의 상을 투영했을 따름이다.

하을지는 홍건적의 침입 때 개경을 수복한 공로로 1363년에 전공 정랑으로 있으면서 일등 공신이 되었다. 하지만 그 후 장군으로서 직무를 제대로 보지 못하였다. 1376년 전라도원수 겸 도안무사가 되었으나 권세가에게 뇌물을 주어 그 직을 얻었다는 비난이 따랐다. 그러다가 군적을 편성하면서 정원 외에 연호군과 별군을 편성한 죄로 파직되었다.

한편 『삼봉집』에는 「하 공의 생남을 축하하는 시의 서賀河公生子詩序」가 실려 있다. 하을지의 아버지가 일흔여섯 나이에 하을지의 아우를 낳은 것을 축하해서 진주의 선비들이 시를 짓자 그 시축에 서문을 써 준 것이다. 1376년(우왕 2)

소재동 사람들
消災洞記

나는 소재동에 있는 황연黃延의 집에 세 들어 살았다. 이곳은 나주에 속한 부곡部曲, 천민 집단 부락인 거평居平 땅인데, 소재사란 절이 있어서 마을을 소재동이라 불렀다. 동네의 주위는 온통 산으로 둘러싸여 있다. 북동쪽은 첩첩 봉우리와 겹겹 고개들이 잇달아 있고, 서남쪽은 여러 봉우리가 낮고 작아서 멀리까지 바라볼 수 있다. 남쪽은 들판이 넓게 깔렸고 숲 사이로 밥 짓는 연기가 피어 오르는 초가기 열 채가량 있다. 이곳이 바로 회진현이다.

유명한 산수로는 첫째가 금성산錦城山이다. 단정하고 우람하게 동북쪽에 웅거하고 있으니 곧 나주의 주산이다. 둘째가 월출산月出山이다. 맑고 수려하게 우뚝 솟아 동남쪽을 가로지르고 있으니 곧 영암군과의 경계이다. 셋째가 금강錦江이다. 나주의 동남쪽을 휘돌아 회진현 남쪽을 지나 서쪽 바다로 흘러 들어간다. 동네에서 바다까지는 수십 리이다. 산의 아지랑이와 바다의 독기가 살에 부딪히면 금세 병을 일으키지만, 아침저녁으로 밝고 어두울 때마다 기상이 천 가지 만 가지로 변화하기에 역시 사랑스럽다.

동네 안에는 별다른 초목이 없고, 누런 띠풀과 큰 대나무만이 소나무며 느티나무 사이에 있다. 가옥의 문과 울타리는 간혹 대나무로 만들었는데, 그 시원하고 깨끗하며 맑고 시린 모습이 타지 사람이라도 정겨움을 느끼게 한다.

주민들은 명리를 사모하지 않고 순박하며, 힘써 농사짓는 일을 업으로 삼는다. 그 중에서도 황연은 더욱 그러하다. 그의 아내는 술을 잘 빚었으며 그는 술 마시기를 좋아하였다. 술이 익으면 반드시 나를 먼저 청하여 함께 마셨다. 손님이 오면 술을 내지 않은 적이 없으며, 친해질수록 더욱 공손하였다.

김성길金成吉이란 이는 문자깨나 알았고, 아우 천天도 담소를 즐겼는데, 이들은 모두 술을 잘 마셨으며 한집에 살았다. 늘그막에 중이 된 서안길徐安吉이란 사람은 안심安心이라 불렸다. 코가 높고 얼굴이 길쭉하며 용모와 행동이 괴이하였다. 사투리며 속담, 마을과 거리의 일들을 모르는 것이 없었다. 김천부金千富와 조송曹松이란 이도 김성길이나 황연에 못지않게 술을 잘 마셨다. 이들은 날마다 나를 따라 노닐었으며, 철마다 토산물을 얻으면 반드시 술과 함께 가지고 와서 한껏 즐기고서야 돌아갔다.

나는 옷이라고는 겨울에 갖옷 한 벌과 여름에 갈옷 한 벌이었고, 일찍 자고 늦게 일어났으며, 집에 있든 바깥에 나가든 아무 구속이 없었고, 음식도 내키는 대로 먹었다. 학자 두엇과 토론을 하다가는 개울을 따라 걷다가 돌아오고, 바위산을 올라갔다가 내려오곤 하였다. 지치면 쉬고 흥이 나면 걸었으며, 멋진 경치를 만나면 배회하며 휘파람 불고 시를 읊느라 돌아갈 줄 몰랐다. 어떤 때는 농사꾼이나 시골 사람을 만나 풀을 깔고 앉아서 옛 친구를 만난 듯이 날씨를 묻고 노고를 위로하기도 하였다.

하루는 뒷산에 올라가 내려다보다가 서쪽에 조금 평평하고 아래로 너른 들이 펼쳐져 있는 곳이 눈에 들어왔다. 그곳이 마음에 들어서 종에게 묵은 덤불을 베어 내고 띳집 두 칸을 짓도록 하였다. 지붕의 이엉은 가지런히 자르지 않았고, 기둥의 나무는 다듬어 깎지 않았으며, 흙을 쌓아 계단을 만들고, 갈대를 엮어 울타리를 만들었다. 일이 간단한 데다가 동네 사람들이 도와주어 며칠 만에 다 끝냈다. 편액을 초사草舍라 쓰고는 거기에 거처하였다.

아! 두보는 서촉사천성 성도에 있을 때 초당을 짓고 겨우 한 해를 지냈을 뿐인데도 초당의 이름이 천년이나 전한다. 나는 이 초사에 얼마나 거처할 것인가? 내가 떠난 뒤 초사가 비바람을 맞아 무너지고 말 것인가? 들불에 타거나 썩어 흙덩이가 되고 말 것인가? 아니면 후세에 알려질 것인가, 알려지지 않을 것인가? 이 모두 알 수 없는 일이다.

다만 내가 찬찬하지 못하고 고지식하여 세상의 버림을 받아 멀리 귀양 와 있는데도 마을 사람들이 나를 이렇듯 후하게 대접하니, 궁한 처지를 불쌍하게 여겨서 나를 거두어 준 것인가? 아니면 그들이 먼 지방에서 나고 자라 세상에서 이러쿵저러쿵 떠드는 소리를 듣지 못하여 내가 죄인인 줄 몰라 그러는 것인가? 아무튼 모두 후의가 지극하였다.

한편으로는 부끄럽고 한편으로는 감동하여 일의 본말을 적어 나의 마음을 표시한다.

금성산은 북쪽에 있으면서 나주 일대를 감싸는 나주의 주산이다. 그곳의 거평 부곡나주시 다시면 백동마을이 정도전이 귀양 가서 살았던 곳이다. 처음에는 농부 황연의 집에 세 들어 살다가 뒷산의 서쪽에 두 칸 띳집을 짓고 거처하였다.

정도전은 친구를 잃었지만 민중을 발견하였다. 마을의 하층민들과 어울려 살면서 자신의 내면을 되돌아보게 되었고, 고려 사회가 안고 있는 모순을 잘 알게 되었다. 소재동은 30대 중반의 정도전에게 배움터가 되어 주었다.

농부에게 답하다

答田夫

세 들어 사는 집이 낮고 기울고 좁고 더러워서 마음이 갑갑하고 답답하였다. 하루는 들에 나가 노닐다가 농부 한 사람을 보았는데, 눈썹이 기다랗고 머리가 하얬다. 그는 등에 진흙을 묻힌 채 호미로 김을 매고 있었다.

내가 다가가 옆에 서서 말하였다.

"노인장 수고하십니다."

농부는 나를 물끄러미 보더니 호미를 밭에 두고는 언덕으로 올라가 앉았다. 두 손을 무릎에 얹고는 턱짓으로 오라고 하였다. 나는 그가 늙어서 그러려니 여기고 종종걸음으로 다가가 공손하게 손을 모으고 섰다.

농부가 물었다.

"그대는 어떤 사람이오? 옷이 해지기는 했지만 옷자락이 길고 소매가 넓으며 행동거지가 의젓한 것을 보니 선비가 아니신가? 손발이 트지 않고 뺨이 풍성하고 배가 나온 것을 보니 조정의 벼슬아치가 아니신가? 무슨 일로 여기에 이르렀소? 난 노인이오. 여기서 나서 여기서 늙었소. 거칠고 후미진 들과 독기

가득 찬 궁벽한 시골에서 도깨비와 함께 지내고 물고기와 더불어 살고 있소. 조정의 벼슬아치라면 죄짓고 추방된 사람이 아니고서야 여기에 오지 않을 것이오. 그대는 죄를 지었소?"

"그렇습니다."

"무슨 죄를 지었소? 입과 배를 채우고 처자식을 먹여 살리며 말과 수레, 큰 집을 구하는 일로 불의를 따지지 않고 한없이 욕심을 채우다가 죄를 얻은 것이 아니오? 아니면 벼슬을 꼭 해야겠다고 마음먹고는 스스로 이룰 능력이 없자 권세가를 가까이하고 세도가에 빌붙어 수레 먼지와 말발굽 사이를 내달렸소? 찌꺼기 술이나 남은 고기 같은 것을 얻어먹으려고 어깨를 움츠리고 비굴하게 웃으며 구차하게 꾸며서 환심을 사려고 애썼소? 그러다가 한 직급을 얻고 보니 사람들이 모두 성을 내어 하루아침에 권세가 사라져 결국 이렇게 죄를 얻은 것이 아니오?"

"그런 게 아닙니다."

"그렇다면 말을 곱게 하고 얼굴빛을 바르게 하여 겉으로 겸손한 체하며 헛된 이름을 훔쳤소? 어두운 밤에 분주하게 다니면서 새가 사람에게 의지하는 태도를 지어 애걸하고, 동정을 사려고 몸 굽혀 권세가에게 영합하고 그들과 겉으로 맺어 지위를 낚아서는, 혹 관직을 지키거나 혹 언관의 직에 있으면서 그저 녹봉만 먹고 직책은 돌아보지 않고 말이오. 그러면서 국가의 위기와 백성의 불행과 정치의 잘못과 풍속의 더러움에 대해서는 덤덤하게 마음을 두지 않아 마치 진나라 사람이 월나라 사람의 살찌고 여윈 것을 보듯이 하여서 자기 몸만 온전히 하고 처자를 보호하는 계책으로 세월을 보낸 것이 아니오?

충직한 사람이 몸을 돌보지 않고 나라의 급한 일에 달려가 직분을 지키고 바른말을 하거나 곧은 도를 행하다가 화를 당하는 것을 보면, 안으로는 그 이름을 꺼리고 밖으로는 그가 패한 것을 다행으로 여겨 그를 비방하고 모욕하며 스스로 계책을 잘 썼다고 여긴 것이 아니오? 그러다가 공론이 비등하고 천도가 밝아져서 간사한 짓이 드러나고 죄지은 것이 발각되어 이런 지경에 이른 것이 아니오?"

"그것도 아닙니다."

"그렇다면 장군이 되고 원수가 되어 제 부하들을 깔아 앞에서 몰고 뒤에서 옹위하게 하며, 평소 일이 없을 때에는 큰소리로 공갈을 치면서 왕의 은총을 바라서 관직과 녹봉, 작위와 포상을 뜻대로 이루어 자만심이 가득하고 기세가 극성하여 조정 인사들을 경멸했소? 그러다가 적이 쳐들어오자, 범 가죽을 쓰고 있지만 양의 바탕을 지녀* 겁을 내어 교전을 하지

* 한나라 양웅揚雄의 『법언法言』에 "양의 바탕에 범의 가죽을 쓰고 있어서, 풀을 보면 좋아하고 승냥이를 보면 벌벌 떤다.羊質而虎皮, 見草而說, 見豺已戰"라는 말이 나온다. 겉으로 큰소리를 치지만 실제로는 힘이 없어서 두려워할 것이라는 말이다.

않고 적을 멀리 바라보기만 하고도 먼저 달아나서 생령을 적의 칼날 앞에 버리고 국가의 대사를 그르친 것이 아니오?

그것도 아니면 경대부가 되고 재상이 되어서 괴팍한 짓을 마음대로 하고 남의 말을 돌아보지 않으며, 자기에게 아첨하는 이는 좋아하고 자기에게 붙는 이는 승진시키며, 곧은 선비가 간언을 하면 성을 내고 바른 선비가 도를 지키면 배척하였소? 임금이 내리는 작위와 복록을 훔쳐 자기의 사사로운 은혜로 만들고 국가의 형벌과 법전을 자기의 사사로운 소용으로 삼다가 악행이 쌓여 앙화가 닥쳐서 이런 죄에 걸린 것이 아니오?"

"그것도 아닙니다."

"그렇다면 그대의 죄를 나는 알겠소. 힘이 부족함을 헤아리지 않고 큰소리를 좋아하고, 시절의 불가함을 알지 못하고 바른말을 좋아하며, 지금 세상에 살며 옛 사람을 사모하고 아래에 거처하면서 윗사람을 거스른 것이 죄를 얻은 이유가 아니겠소?

옛날 한나라 가의賈誼는 큰소리를 좋아하고 초나라 굴원屈原은 곧은 말을 좋아하며, 당나라 한유韓愈는 옛 것을 좋아하고 관용방은 윗사람에게 거스르기를 좋아하였소. 이 네 사람은 모두 도道 있는 선비였는데도 유배되거나 죽어서 자기 몸을 보전하지 못하였소.

그대는 한 몸으로 여러 가지 금기를 범했는데도 유배되기만 하고 목과 허리는 온전하니, 내가 비록 촌사람이라 하여도 국가의 은전이 너그럽다는 걸 알겠소. 지금부터라도 조심하면 화를 면하게 될 것이오."

나는 그 말을 듣고서야 그가 도 있는 선비임을 알았다. 그래서 부탁하였다.

"노인장께서는 숨어 사는 군자이십니다. 집에 모시고 가르침을 받고 싶습니다."

노인이 말하였다.

"나는 대대로 농사짓는 사람이오. 밭을 갈아 나라에 세금 바치고 나머지로 처자를 양육할 뿐, 다른 것은 내 알 바가 아니오. 그대는 물러가오. 날 어지럽히지 미오."

노인은 더 말하지 않았다.

나는 물러나 탄식하였다.

"저 노인은 공자 시대의 은둔자였던 상저長沮와 걸닉桀溺* 같은 사람이로다!"

* 장저와 걸닉은 춘추 시대의 은둔자이다. 하루는 둘이서 같이 밭을 갈고 있는데, 초나라에서 채나라로 향하던 공자가 자로子路를 시켜 그들에게 나루터가 어딘지 물었다. 그들은 공자가 세상일에 깊이 간여하는 것에 불만을 품고 끝내 말해 주지 않았다.

정도전은 농부와의 문답 형식으로 자신의 속마음을 토로하였다. 정도전은 관리의 신분으로 지을 수 있는 죄를 크게 네 가지로 언급하면서 마지막 것이 자신의 죄목이라고 하였다.
이 글은 농부의 말을 빌려 당시 벼슬아치의 잘못됨을 비난한 것이기도 하다. 정도전은 유학의 이념을 실현해야 할 문신들이나 외적을 물리쳐야 할 무신들이 모두 소인배임을 꾸짖었다.

금남의 야인
錦南野人

유학자 담은談隱 선생이 금남나주에 살았다. 하루는 유학자란 이름을 지니지 않은 금남의 야인이 선생을 찾아와 선생의 시종에게 말했다.

"우리는 야인이라 비천하여 원대한 식견이 없습니다. 다만 '위에 거처하여 국정 맡은 이를 경대부라 하고 아래에 거처하여 밭 가는 이를 농부라 하며 기계 만드는 이를 공인이라 하고 물품 사고파는 이를 상인이라 한다.'는 말은 들어 보았으나, 유학자라는 것이 있는 줄은 몰랐소.

어느 날 고을 사람들이 떠들썩하게 '유학자가 왔다, 유학자가 왔다.' 하였는데 바로 선생이었소. 선생은 무엇을 전문으로 하시기에 사람들이 유학자라 하는 것이오?"

시종이 답하였다.

"선생이 맡아 하시는 일은 아주 넓습니다. 학문이 천지와 관계하는 것으로 말하면, 음양의 변화와 오행의 분포와 일월성신의 비춤으로부터 산악이 솟고 하해가 흘러감이며 초목이 무성하고 시듦이며 귀신의 실정과 이승·저승의 일까지 두루 꿰뚫고 있습니다.

윤리를 밝힘으로 말하면, 임금과 신하 사이에 의리가 있고 부자간에 은혜가 있으며 부부간에 분별이 있고 어른과 아이 사이에 차례가 있으며 친구 사이에 믿음이 있어야 함을 알아서 공경하고 친애하고 법도를 지키고 차례를 따지고 믿음을 지니게 합니다.

고금에 통달함으로 말하면, 처음 문자가 있을 때부터 지금에 이르도록 세상 도리의 오르내림과 풍속의 아름답고 추악함, 명군과 폭군, 간신과 충신 들이 남긴 언어·행사의 잘잘못, 예악·형정의 역사와 득실, 현인·군자의 공적과 일생 등을 관통하지 않은 것이 없습니다.

지향의 올바름으로 말하면, 본성이 천명에서 비롯되어 사단四端·오륜五倫, 만사·만물의 이치가 모두 본성 속에 통괄되어 있으므로 불교에서 말하는 공空이 잘못임을 알고 있습니다. 또한 도道가 인생의 일상생활에 갖추어 드러나 천지의 큰 형체들까지 포괄하므로 도가에서 일컫는 무無가 잘못임을 알고 있습니다.

그래서 불교와 도교의 사악하고 도망치듯 하는 해악을 변별하여 백세토록 무지했던 의혹을 깨우쳤으며, 세속에서 공리를 우선시하는 설을 꺾어 도의道誼의 올바름으로 돌아가게 하였습니다.

군주가 이를 사용하면 위가 편안하고 아래가 안온해지며, 자제가 따르면 덕이 높아지고 학문이 향상됩니다. 만일 궁하여 때를 만나지 못하면 글을 닦아 후세에 전할 것입니다.

믿음이 독실함으로 말하면, 차라리 세속에서 비방을 당할지언정 성인의 가르침을 저버리지 않으며, 차라리 굶주려 쓰러져 곤경에 빠질지언정 불의를 범하여 마음에 부끄러움이 있게 하지는 않습니다. 이것이 유학자의 전공이며 선생께서 하시는 바입니다."

"말이 많군. 너무 떠벌리는 것이 아닌가? 마을 어른께 들으니, '실상이 없으면서 이름만 있으면 귀신도 미워하고, 실상이 있더라도 자기가 밖에 죄다 드러내면 남들이 성낸다.' 하였소. 어질다 자처하며 남을 내하면 남이 인정하지 않고, 지혜롭다 자처하며 남을 대하면 남이 도와주지 않는 법이오. 그래서 군자라면 스스로 조심한다오.

그대는 담은 선생을 따라 배워 발까시 장황하니, 선생이 어떤 줄 알 만하오. 귀신이 미워하지 않더라도 남의 노여움을 살 것이 분명하오. 아아! 선생은 위태하오. 만나고 싶지 않소. 화가 미칠까 두렵소."

야인은 이렇게 말하고 소매를 뿌리치며 가 버렸다.

정도전은 초나라의 굴원屈原이 지은 「어부가漁父歌」의 형식을 빌려 자신의 고뇌를 표현하였다. 「어부가」는 어부와의 대화를 통해 작가의 생각을 드러낸 글이다. 「금남의 야인」은 담은 선생의 태도를 그 시종이 밝히고 변호하게 한 뒤 그것을 야인이 비판하게 하였다. 담은이란 은둔에 대해 담론한다는 뜻이니, 은둔하겠다고 말만 앞세울 뿐 세상에 나서길 바라는 욕망을 버리지 못한 것을 자조적으로 말한 것이다. 야인은 "실상이 없으면서 이름만 있으면 귀신도 미워하고, 실상이 있더라도 자기가 밖에 죄다 드러내면 남들이 성낸다."는 경구를 인용하였다. 본래 송나라 왕우칭의 「대루원기待漏院記」 등에서 사용되어 온 말이다. 「대루원기」는 재상의 책임을 논했지만, 「금남의 야인」은 유학자의 직분을 논하였다. 특히 이 글에서 정도전은 유학자라면 스스로를 독실하게 믿고 더 나아가 내실이 있어야 한다고 지적하였다.

김 거사를 찾아가다가

訪金居士野居

가을 그늘 막막하고 사방 산 비었는데	秋陰漠漠四山空
낙엽은 소리 없이 떨어져 온 땅에 붉구나	落葉無聲滿地紅
시내 다리에 말 세우고 돌아갈 길 묻노라니	立馬溪橋問歸路
자신이 그림 속에 있는 줄 깨닫지 못하네	不知身在畵圖中

김 거사를 방문하러 가는 만추의 산길. 사방은 고요해 자신의 말굽 소리만 들리는데 소리 없이 지는 잎이 온통 땅을 붉은빛으로 물들여 놓았다. 그림을 시로 옮겨 놓은 듯하다.

첫 구와 둘째 구는 어두운 색조와 붉은 색조를 대비시켰다. 허균은 이 두 구절이 "그림 같다."고 평하였다. 하지만 셋째 구도 한 폭의 그림과 같이 시각적 이미지가 생생하다.

단, 이 시는 단순히 풍경을 그린 것이 아니다. 침울함 속에서 오히려 희망을 찾는 밝은 심경을 드러낸 것이다. 1376년(우왕 2)

시골 생활

村居卽事

띳집 두어 칸	茅茨數間室
세상 먼지 하나 없이 그윽하다	幽絶自無塵
낮이 길어 글 보기 게으르고	晝永看書懶
바람 맑아 두건을 자주 기울인다	風淸岸幘頻
푸른 산은 때때로 방에 들고	靑山時入戶
밝은 달은 밤이면 이웃이 되는 곳	明月夜爲隣
우연히 여기에서 번뇌를 그칠 뿐	偶此息煩慮
세상 피하는 것 아니로다	原非避世人

정도전은 1375년부터 8~9년 동안 유배와 유락流落의 세월을 보냈다. 이유李濡는 「정삼봉금남잡제서」에서 정도전의 유배 생활의 한 단면을 다음과 같이 쓰고 있다.

"이때 나는 자주 선생의 집을 찾아갔는데, 선생은 집을 빌려 좌우에 책을 두고 한 벌의 갖옷과 베옷으로 겨울과 여름을 났다. 아침과 저녁에 거친 음식으로 식사를 하면서 성현들의 인의와 도덕에 관한 학설을 담론하고 하늘의 이치와 인간 욕망의 구분을 분명히 밝히니, 남방의 학자들 가운데 선생을 좇아 배우는 사람이 많았다."

정도전은 불안과 불만의 마음을 이길 수 없었지만, 차츰 시골 생활에서 잔잔한 재미를 느끼게 된다. 안연顔淵과 도연명陶淵明의 즐거움을 상상하면서 전원시를 짓기도 하였다. 안연은 춘추 시대의 유학자인 안회顔回이다. 공자의 수제자로 학덕이 뛰어났다. 도연명은 동진의 시인으로 자연을 노래한 시를 많이 썼다. 안연은 가난 속에서도 본성을 길러 즐거움을 느꼈으며, 도연명은 시대 현실을 바꿀 수 없음을 알고 고향으로 돌아가 참된 본성을 길렀다.

정도전은 그들을 닮고자 하였다. 다만 은둔자 같은 삶을 스스로 바란 것은 아니었다. 현실에 대해 관심을 두고 그것을 개혁하려는 의지를 지니고 있었기에 은둔자와는 다르다고 확인하였다. 1376년(우왕 2)

무열산인의 극복루 기문을 읽고

無說山人克復樓記後說

여황艅艎, 나주의 속현, 광주시 광산구 운수동에 사는 조박趙璞*이 극복루克復樓 기문記文을 가지고 와서 나에게 보이며 물었다.

"이 기문은 용진사湧珍寺*의 누각을 두고 무열산인無說山人이 쓴 글입니다.* 사람들이 누각을 귀하게 여기는 것은 높은 데 올라 먼 데를 바라보고 마음과 눈을 휴식하고 산천과 풍월을 구경하며 노니는 즐거움을 보조하려는 데 있을 뿐이지, 학문과는 아무 관계가 없습니다. 그런데 이 누각을 극복이라고 이름 한 것은 대체 무슨 뜻을 취한 것입니까?"

"아니오. 그렇지 않소. 사람의 근심과 즐거움은 마음에 달려 있어서 경우에 따라서 발하는 것이 다르오. 마음이 근심에 매

* 조박1356~1408은 여황으로 유배 왔던 부친을 따라와 정도전에게 가르침을 청하였다. 뒷날 개국 공신 일등에 오른다.
* 용진사는 용진산 남쪽의 산록광주시 광산구 왕동에 있던 절로 상원사上元寺라고도 불렸다. 구한말 오준선1851~1931이 절터에 용진정사를 짓고 후학을 양성하였다. 현재 광주광역시문화재자료 제7호이다.
* 무열산인은 무열대사로 이색이 한림학사로 존중하며 교유했던 승려인데, 정도전은 장성 백양사에서 그를 만났다. 그가 안연의 '극기복례'에서 따와 용진사의 누각을 극복루라 이름 지었다.

여 있으면 아무리 좋은 산천과 아무리 아름다운 풍월을 만나더라도 슬픈 느낌을 줄 뿐이오. 중국의 영릉산은 남방에서 가장 수려하지만 귀양 가는 신하들은 감옥이라 생각하고, 악양루는 천하의 장관인데도 좌천된 사람은 슬프게 생각하였소. 진실로 본심을 잃는다면 어디를 가나 슬프지 않은 데가 없는 것이니, 비록 누각이 있더라도 어찌 즐거울 수 있겠소?

자기의 사욕을 이겨 없애고 천리를 회복한다면, 마음이 툭 트여 천지와 더불어 큰 것을 함께하고 만물과 더불어 화함을 같이하여, 넓고도 커서 만나는 것마다 모두 즐거울 것이오. 그러므로 도시락밥과 표주박 물을 마시며 궁벽한 시골에 살아도 즐거움을 놓치지 않은 경우가 있으니, 안연이 말한 극기복례克己復禮가 바로 그것이오. 어진 뒤에야 그 즐거움을 즐길 수 있는 것이니, 극복으로 누의 이름을 한 것은 그 근본을 제대로 파악했다고 할 만하오."

극복루는 조계종 승려 윤倫의 누각이다. 정도전은 이 글을 통해 마음 다스리는 공부에 대해 깊이 성찰하였다. 이 글을 쓰고 난 뒤에는 극복루를 찾아가 「용진사 극복루에 오르다登湧珍寺克復樓」라는 시를 지었다.

탁광무 선생의 연꽃 사랑

景濂亭銘後說

겸부謙夫 탁광무卓光茂* 선생이 광주 별장에 못을 파서 연을 심고, 못 가운데 흙을 쌓아 작은 섬을 만들어 그 위에 정자를 짓고는 날마다 오르는 것으로 낙을 삼았다. 익재益齋 이 문충공이제현이 그 정자를 경렴景濂이라고 이름 하였다. 북송 때 학자 염계濂溪 주돈이周敦頤가 연꽃을 사랑했던 뜻을 취하여 그를 높이 우러르고 사모하고자 한 것이다.

무릇 물건을 보면 그 사람을 생각하고 그 사람을 생각하면 반드시 그 물건에 마음을 쓰게 되는 것은 깊이 감동하여 아주 도타와지기 때문이다.

일찍이 "옛 사람은 화초에 대해 각자 사랑하는 것이 있었다." 하고 생각하였다. 굴원의 난초와 도연명의 국화와 주돈이의 연꽃이 그것이다. 각각 마음에 둔 것을 사물에 붙였으니 그 뜻이 은미하다. 그런데 난초에는 향기로운 덕이 있고 국화

* 탁광무1330?~1410?는 고려 말기의 정치가로 벼슬이 예의판서에 이르렀다. 이제현, 정몽주, 이숭인 등과 교유하였다. 그가 광주 별장에 지은 '경렴정'은 주돈이가 연꽃을 군자에 비유해 쓴 「애련설愛蓮說」에서 이름을 따온 것이다.

에는 은일의 고상함이 있으므로, 두 사람의 뜻을 알 수가 있다. 주돈이는 "연은 꽃 중의 군자다." 하였고, 또 "연꽃을 나처럼 사랑한 사람이 누구인가?" 하였다.

자기가 좋아하는 것을 남과 함께하는 것이 성현의 마음씀씀이이다. 그런데 주돈이는 당시 사람들 가운데 알아주는 이가 없다고 탄식하여 미래의 무궁한 세상에 그런 사람이 있기를 기다렸다. 진실로 연꽃의 군자됨을 알면 주돈이의 즐거움을 알게 될 것이다.

그러나 사물로 인하여 성현이 무엇을 실제로 즐겼는지 아는 것이 어찌 쉬운 일이겠는가. 송나라 황정견은, "주돈이의 흉중은 맑은 바람과 갠 달처럼 상쾌하고 맑다." 하였다. 정이는 "주돈이를 본 뒤로는 공자와 안연이 즐겁게 여기던 곳과 즐거워하는 바가 무엇인지 알게 되었다. 그 후 바람을 노래하고 달을 읊으며 돌아오면서 공자가 '나는 증점을 허여한다'고 한 뜻을 지니게 되었다."라고 하였다.*

내가 생각하건대 주돈이를 높이 받들어 사모하는 데에는 방법이 있다. 곧 주돈이의 상쾌하고 맑은 기상에 증점을 허여한 뜻이 들어 있음을 터득한 뒤에야 경지에 이르렀다고 할 수

* 『논어』 「선진」 편에 "증점이 '늦봄에 봄옷을 차려입고 어른 대여섯 명, 아이 예닐곱 명과 함께 기수 가를 거닐고, 무우에 올라가 바람을 쐬고 노래 부르며 돌아올까 합니다.'라고 하니 공자가 '나는 너를 허여한다' 했다."는 말이 나온다.

있는 것이다.

이 문충공의 명銘 가운데 "발 걷고 곯어앉으니 풍월이 가없네鉤簾危坐, 風月無邊"라고 한 구절은 옛 사람의 공안公案, 화두을 끊어 온 것이다. 어떻게 해야 정자에 한번 올라가 탁광무 선생과 뜻을 같이할 수 있을지 모르겠다.

정도전은 황정견이 주돈이의 상쾌하고 맑은 흉중을 광풍제월光風霽月에 비유했던 고사를 인용하고, 주돈이가 정이로 하여금 매번 공자와 안연의 즐거움을 찾도록 한 사실, 정이가 음풍영월吟風詠月 자체에 증점을 허여한 공자의 뜻이 들어 있음을 알게 되었다고 언급한 사실을 말하였다.

정도전은 이제현이 옛 공안화두을 끊어 왔다는 명銘 하나를 들었다. 이제현의 명에서 발은 '가리는 물건'으로 인간의 본성을 가리는 욕망을 상징한다. 따라서 발을 걷는 것은 사사로운 욕망을 극복하고 본성을 회복함을 가리킨다. 풍월무변風月無邊에서 바람은 무애의 깨달음, 달은 진여의 광명을 은유한다. 유학의 관점에서 보면 바람과 달은 도체道體의 본연을 상징한다.

선승들은 공안을 붙들고 정진해 끝내 견성자각見性自覺하고자 한다. 정도전은 유학자도 이제현의 명을 화두로 삼아 정진한다면 참 이치를 깨달을 수 있다고 여겼다.

염흥방의 도연명 시 후서를 읽고

讀東亭陶詩後序

동진東晉으로부터 지금까지 천년이 지났는데 세상에서는 도연명이란 사람을 말하길 좋아한다. 나는 맹자가 말했듯이, 그 시대를 논하고 시를 읽으면 그 사람을 알 수 있다고 생각한다. 당시는 중국이 남과 북으로 나뉘어져 난리가 계속되어 백성들이 하루도 평안하지 못했으며, 내란이 일어나 나라가 기울어질 지경이었다. 이때야말로 의사나 지사가 일어날 때였다. 그런데 도연명은 시골로 놀아갔다.

그의 시를 보면, 「걸식乞食」·「빈사貧士」·「원시怨詩」·「음주飮酒」 등은 그저 초췌하고 무료함을 이기지 못하여 짐짓 술에 맡겨 속내를 풀었을 따름인 듯하다. 그런데도 후세 사람들이 그를 그토록 칭송하는 것은 무엇 때문인가?

두보는 "도연명은 세상을 피한 늙은이이니 반드시 도에 통달했던 것은 아니다. 그가 지은 시를 읽어 보면 역시 메마름이 한스럽다." 하였고, 한유는 「취향기醉鄉記」를 읽고 "완적과 도연명은 마음이 화평하지 못했는데, 외물과 시비가 격동시키자 술에 의탁하고 술로 도피한 자들이다." 하였다.

두보와 한유는 세상에서 이름난 선비이므로 인물을 잘 비평할 것인데 그들의 평이 이러했으므로 나의 의혹이 더욱 심해졌다. 그런데 지금 동정東亭 선생 염홍방의 「도연명 시 후서陶詩後序」를 읽으니, 거기에 "춥고 배고픈 고통에 시달리건만 유연한 즐거움이 있었으며, 술에 만취되어 세상을 몰랐지만 초연한 절개가 있었다." 하였다.

이 대목을 읽고 나도 모르게 감탄하여 이렇게 말하였다.

"이것이 도연명인 까닭이었도다! 천년 전 사람인데도 그 기침소리를 듣고 얼굴과 모습을 접견하는 듯하다. 춥고 배고픈 고통에 시달리고 누룩술의 혼몽에 빠져 세상을 모른 것은 외적인 자취일 따름이고, 유연한 즐거움과 초연한 절개를 지녔던 것은 내적인 마음이다. 바깥에 있는 것은 보기 쉬우나 안에 있는 것은 알기 어렵기에 후학들이 그 울타리 안을 엿볼 수 없었던 것은 당연하다. 앞에서 두보와 한유가 말한 것은 자신의 처지를 빗대서 그렇게 말한 데 불과하다."

동정 선생은 말하였다.

"그렇지 않소. 도연명은 말세에 태어나서 그 시대를 어찌할 수 없음을 알고서 높이 벗어나고 멀리 물러나서 횡목 하나만 문으로 삼은 초가집에서 참 본성을 길렀소. 높은 벼슬을 티끌처럼 보고 많은 녹봉도 푼돈으로 여겼으며, 의식이 넉넉하지 못하더라도 유연하게 즐겨서 근심을 잊었던 것이라오.

그 후 조국이 멸망하고 세대가 바뀌자 당대의 뛰어난 무리가 초빙되어 벼슬길에 나갔지만, 우리 도연명으로 말하면 그러지 않았소. 본래의 왕조를 연모하는 마음이 맑은 하늘의 밝은 해와 같아서 두 성씨를 섬기지 않고 시와 술 가운데 숨었으니, 그 높은 풍모와 준엄한 절개는 늠름한 가을서리로도 비교할 수 없을 정도였소.

그 시에 이르러서는, 근심스런 일을 당하면 근심의 시를 짓고 기쁜 일을 당하면 기쁨의 시를 지었으며, 술 마시는 일을 마주하면 술 마시는 시를 지었소. 그의 시에 '긴긴 여름날 배고픔 안고 있고, 추운 겨울밤 이불 없이 잠을 자네'라고 하였으니, 춥고 배고픈 고통이 어떠했겠소? '동쪽 마루 아래에서 호방하게 휘파람 부나니, 다시금 삶이 즐거움을 알았도다'라고 하였으니, 그 유연한 즐거움은 또 어떠하였겠소? '수수를 찧어서 좋은 술 빚고, 술 익으면 나 혼자 따라 마시네'라 하고, '아침에 인의를 행하면 저녁에 죽는다 해도 다시 무엇을 구하리'라고 하였으니, 이 어찌 술에 취해 멍멍한 가운데서도 초연한 절개가 있었던 것이 아니겠소.

도연명의 즐거움은 춥고 배고픔의 밖에 있지 않았으며, 그 절개 역시 술 취해 멍멍한 그 가운데 있었던 것이오. 어째서 그렇게 말하겠소? 도연명이 많은 녹봉을 의롭지 않다 여기고 전원을 달게 여긴 것은 춥고 배고픔이 곧 즐거움인 줄 알았기 때문이오. 그리고 누룩에 의탁해서 지조를 끝까지 취하여 멍멍한 것이 곧 절개임을 알았기 때문이오. 그러니 안과 밖을 달리 볼 수 없는 것 아니겠소?"

"잘 알겠습니다."

나는 물러나와 이 글을 쓴다.

염홍방?~1388의 「도연명 시 후서陶詩後序」를 읽고 쓴 독후감이다. 정도전은 염홍방을 위해 여러 편의 시를 지었다.

정도전이 염홍방과 인연을 맺은 것은 회진현에 유배되기 직전의 일이었다. 그가 유배 길에 개경의 동쪽 교외에 이르렀을 때 염홍방이 배상도를 보내, "내가 시중에게 말해서 노여움이 조금 풀렸으니 잠깐 기다리시오."라고 전하였다. 정도전은 분연히 말하기를, "나의 말이나 시중의 노여움은 각자 나라를 위해 견해를 고집한 것이오. 지금 왕명이 있거늘 어찌 공의 말로 그치게 할 수 있단 말이오?" 하고는 말에 올랐다. 이인임 등은 이 말을 듣고 정도전이 마음을 고치지 않았다고 분노하여 사람을 보내 매를 치려고 했다가 마침 석기釋器의 난이 일어나는 바람에 그만두었다.

정침 이야기
鄭沈傳

정침鄭沈은 나주 사람으로 고을에서 호장 벼슬을 지냈다. 말 달리기와 활쏘기를 잘하였고, 집안의 생계는 돌보지 않았다.

공민왕 20년1371 봄, 전라도 안렴사의 명으로 제주의 산천에 제사 지내는 축문과 폐백을 받들고 바다를 건너다가 왜적과 맞닥뜨렸다. 중과부적이어서 배에 탄 사람들은 모두 두려워하며 항복하자고 입을 모았다. 정침만은 그들과 싸우기로 결심하고 활을 쏘아댔다. 활시위 소리가 나기만 하면 곧 적이 거꾸러져 감히 다가오지 못하였다.

화살이 다 떨어지자, 정침은 일이 글렀다는 것을 알고는 도포를 걸치고 홀을 들고 반듯하게 앉았다. 적이 놀라 "저 사람은 관직이 높은 분이시다." 하고는 서로 경계하여 감히 해치지 못하였다. 정침은 의연히 일어나 바다에 몸을 던졌다.

배 안의 사람들은 모두 적에게 항복하였다. 죽은 사람은 정침뿐이었다. 한 고을 사람들은 그가 불행하게 죽은 것을 애석하게 생각했으나, 그가 스스로 죽은 것에 대해서는 어리석게 여겼다.

정 선생정도전 자신이 그 이야기를 듣고서 슬프게 여겨 그를 위해 전傳을 지어 이렇게 썼다.

아! 죽고 사는 것은 진실로 큰 문제이다. 그러나 어떤 사람은 종종 죽음을 마치 고향으로 돌아가는 것처럼 여기는데, 이는 의리와 이름을 위해서 그러는 것이다. 스스로를 보중하는 선비들이 의리상 죽어야 할 상황에 맞닥뜨리면, 아무리 끓는 가마솥이 앞에 있고 칼과 톱이 뒤에 설치되어 있으며 화살과 돌이 위에서 쏟아지고 흰 칼날이 아래에 서리고 있을지라도, 주저하지 않고 몸을 부딪치며 피하지 않고 밟는다. 이것은 의를 중하게 여기고 죽음을 가볍게 여겨 그런 것이 어찌 아니겠는가!

글 잘하는 사람이 뒤에 이것을 서술하여 책으로 낸다면, 그 영웅다운 명성과 의로운 강매함이 사람들의 이목에 밝게 드러나고 마음을 감동시킬 것이니, 그런 사람은 비록 몸은 죽었으나 이름은 죽지 않고 영원히 전할 것이다. 그러므로 명예를 좋아하는 사람은 한 번 죽는 것을 달게 여기고 후회하지 않는 법이다.

지금 저 정침의 죽음으로 말하면, 국가에서 알지 못하는데다가 글 잘하는 사람이 그를 위해 기록하여 후세에 전하지도 않았다. 따라서 정침의 충의는 물결 따라 흘러가 버리고 말 것이다. 아! 슬픈 일이다.

공자의 제자 자로子路같이 어진 이가 갓끈을 바로 매고 죽은 것*에 대해서도 사람들은 어려운 일이라 여겼다. 그런데 정침은 고작 시골의 아전 신분이거늘 적에게 항복함이 의가 아님을 알았으며, 다급한 때인데도 바른 자세를 잃지 않고 정장을 갖추고 죽음을 맞았다. 적이 그 모습을 보고서 감히 침범하지 못하였으니 정침의 충성되고 씩씩한 기백이 흉악한 그들의 마음을 굴복시킨 바가 있었다.

적이 해칠 수가 없었는데도 용감하게 스스로 죽음을 결단하여, 깊이를 알 수 없는 물에 몸을 던져 털끝만큼의 더럽힘도 없이 조용하게 의로 나아갔다. 그가 강개하여 자기 몸을 죽인 일은 옛 사람이라 할지라도 미치지 못할 것이다. 이는 모두 성품의 아름다움에서 나온 것이므로, 이름을 좋아하는 선비가 이름을 얻기 위하여 행한 것과는 비교도 되지 않는다.

매운 충의가 이러한데도 세상에 아는 사람이 없고, 같은 고을 사람들도 그가 어리석게 죽은 것을 애석해할 뿐이다. 아! 정녕 사람에게 죽음이 없다면 사람의 도리는 진작 없어지고 말았을 것이다. 적이 항복하라고 협박할 때에 충신이 스스로

* 춘추 시대 위衛나라 영공의 부인 남자南子가 음란하여 그 아들 괴외가 그녀를 죽이려 했으나 뜻을 이루지 못하고 망명하였다. 영공이 죽은 뒤 남자는 괴외의 아들 첩輒을 군주로 세웠다. 그가 출공出公이다. 출공은 부친 괴외가 입국하지 못하도록 저지했지만, 4년 뒤 괴외는 권신의 도움으로 출공을 몰아내고 군주가 되었다. 3년 뒤에는 다시 출공이 군주 자리를 탈환한다. 이때 자로는 출공 편에 가담하였는데, 괴외의 신하에게 칼을 맞아 갓끈이 끊어졌다. 자로는 "군자는 죽더라도 갓을 벗지 않는다." 하고는 갓끈을 바로 매고 죽음을 맞았다.

죽지 않는다면 어떻게 의를 온전히 행하겠는가? 강포한 자가 핍박할 적에 열녀가 스스로 죽지 않는다면 어떻게 절개를 보전할 수 있겠는가? 사람이 난처한 사태를 당하여 그 바른 도를 잃지 않는 것은 다행히 한 번 죽음이 있기 때문이다.

지금으로 말하면, 왜구의 우환이 벌써 30년이나 계속되어 양반집 선비와 여인들로서 그들에게 포로가 된 사람이 많다. 노예와 첩 노릇 하는 것을 사양하지 않고 달갑게 여길 뿐 아니라, 심지어는 그들을 위해 첩자 노릇을 하고 길을 인도하기까지 한다. 그들이 하는 짓을 보면 개돼지만도 못하거늘 스스로 부끄러워할 줄 모른다. 이것은 다름이 아니라 죽음을 두려워하기 때문이다. 그들을 정침의 죽음과 비교해 보면 과연 어떠한가?

그리고 평소 생활에서는 다른 사람의 의로운 행동을 들으면 늘 스스로 격앙되고 격려되어 만분의 일이라도 본받겠다고 생각하다가도, 하루아침에 직접 변고를 당하게 되면 겁내고 두려워하여 삶과 죽음의 이해관계에 뜻을 빼앗기고는 살기 위해 의리를 저버리는 자가 대부분이다.

하물며 죽음이 의롭다는 것을 모르고 어리석다고 여기는 경우에야 더 말해 무엇 하랴! 의롭게 죽은 자취가 전하지 않는 경우에야 더 말해 무엇 하랴! 아, 절조를 지녀 남이 실천하기 어려운 일을 행한 자취가 있는데도 이름이 흐릿해지고 또

세속 사람들의 조롱을 받는 일이 어찌 정침뿐이겠는가! 그래서 이 전傳을 쓰는 것이다.

정도전은 나주 유배지에서 사대부가 아닌 일반 백성에게서 충의의 본성을 재확인하였다. 제주도 앞 해상에서 왜구와 싸우다가 자결한 호장 정침이 그 인물이다. 정도전은 정침의 행적을 후대에 알리기 위해 붓을 들었다. 그리고 선비란 의리상 죽어야 할 일을 당했을 때 한 번 죽어야 하며, 구차하게 목숨을 부지하려 해서는 안 된다고 일갈하였다.

이호연의 호연지기

李浩然名字後說

객이 물었다.

"이원령李原齡 군이 이름을 집集이라 고치고 자를 호연浩然이라 한 것은 어째서입니까? 이 군이 전에 우환으로 고생하더니 평소에 하도 데어서 그리 한 것입니까?"

나는 이렇게 대답하였다.

"아니오, 그렇지 않소. 이 군은 의리 있는 선비입니다. 무슨 일이든 밖에서 오는 것은 그의 마음을 뒤흔들 수 없었거늘, 하물며 평소의 마음을 고치겠습니까?

이 군이 어떤 우환을 겪었는지 나는 잘 압니다. 역적 신돈이 권세를 부릴 때 이 군의 고향 사람으로 신돈의 문하에 있던 자가 있었는데, 이 군은 그자가 하는 짓을 의롭지 못하다고 여겨 그자의 뜻을 거슬렀지요. 그가 해치려 하자 이 군은 남쪽으로 피하였는데, 그때 늙은 부모는 부축하고 어린아이는 끌고 가면서 들에서 자고 풀잎을 먹었답니다. 바람과 서리, 비와 눈, 도둑·호랑이·뱀과 맞닥뜨릴 걱정, 굶주림과 추위, 근심과 고단함, 곤궁과 재액 등 사람들이 괴롭게 여기는 모든 것이

한 몸뚱이에 죄다 모였지요. 그런데도 이 군의 뜻은 조금도 쇠하지 않았습니다.

이는 마음속에 그동안 기른 것을 제대로 보존하였기 때문이 아니겠소? 우환이 닥쳐오는 때에도 의리에 거처하기를 마치 태산처럼 묵중하게 했으므로, 남들은 그가 뒤흔들려 허둥대는 것을 한 번도 보지 못하였다오. 또 그는 기러기 털이 불붙은 들판의 불길 속에 있듯이 용기 있게 벼슬자리에서 떠나, 전혀 자취를 남기지 않았지요. 곤액을 겪으면 겪을수록 뜻을 굳게 하기를 마치 금을 제련하고 옥을 다듬듯이 하여, 도가니 불로 녹이고 연마용 모래와 돌로 갈수록 정미하고 강건하며 온화하고 윤택한 바탕이 더욱 빛을 발하였소. 안에 길러 둔 것이 있지 않은 자라면 어떻게 이길 수가 있었겠소?

이렇게 볼 때 이 군이 이름과 자를 바꾼 것은 그 기른 본바탕을 확인하고 그것을 견고하게 지켜서 스스로 더욱 권면하자는 것입니다. 이것을 두고 우환에서 곤란을 겪은 끝에, 평소의 일에 데어 고쳤다고 운운한다면 이 군을 아는 것이 아닙니다."

"잘 알았습니다. 그런데 기른 것은 무엇이고 기르는 방법은 어떠했습니까?"

"지금 이 군이 집集을 이름으로 하고 호연浩然을 자로 하였는데, 이것은 맹자의 말에 뿌리를 두고 있어요. 근래에 성산

이씨이숭인가 이 군의 「명자서名字序」를 아주 자세하고 분명하게 지었으니 내가 더 붙일 것이 있겠습니까? 하지만 질문한 마음의 성의를 저버릴 수 없으므로 억지로 한마디 하겠소.

호연이라는 것은 곧 천지의 바른 기운입니다. 하늘과 땅 사이에 가득 찬 만물 모두가 이 기운을 얻어 체體로 삼았소. 그러므로 귀신에 있어서는 숨는 것과 드러난 것이 되고, 일월성신에 있어서는 내리비치고 임하는 것이 된다오. 삐걱거리면 우레와 벼락이 되고, 촉촉이 적시면 비와 이슬이 되오. 산악은 솟아나고 하해는 흐르며 조수와 초목은 번식하오.

그 체가 지극히 크고 지극히 강하여 우주를 감싸기에 그 바깥이 없으며, 털끝까지 들어가기에 더는 안이 없습니다. 행함에 쉬는 때가 없고 쓰임에 미치지 않는 곳이 없습니다.

그런데 사람은 그 가장 정精한 것을 얻어 태어났소. 그래서 사람에게서 귀로 밝게 듣고 눈으로 또렷하게 보며, 코로 들이마시고 입으로 내뱉으며, 손으로 잡고 발로 달리는 것이 모두 이 기운이 행하는 것이라오. 이는 본디 호연하여 부족하거나 이지러진 부분이 하나도 없으며, 천지와 더불어 서로 흘러 통합니다. 이것이 바로 이 군이 기른 것입니다.

호연의 기氣를 기르는 것도 사사로운 뜻에서 구차스럽게 해서는 안 됩니다. 버려두어도 안 되고 무리하게 도와서도 안 됩니다. 반드시 일삼아 하여 의義를 모아야 할 따름이오. 아!

이 기는 성대하게 흘러 운행하므로 쇠와 돌로도 막지 못하고, 물에 들어가도 젖지 않고 불에 들어가도 뜨겁지 않으며, 저촉하는 것은 부서지고 가로막는 것은 찢어져서 막을 수가 없습니다.

우리는 이미 그 가장 정한 것을 얻어 태어났고, 또 그 가장 정한 것을 몸속에서 길러 몸의 주인으로 삼았소. 사람이 괴로워하는 것은 모두 이 기운의 찌꺼기에서 생겨난 바깥 것들이거늘, 어찌 그 가장 정한 것을 해칠 수가 있겠습니까?

나는 단연코 이 군이 마음속에 기른 것이 있어 우환 때문에 평소 지닌 것을 바꾸지 않으리라고 믿기에 조금도 의심하지 않습니다."

객은 "예 예." 하고 물러갔다.

이 글을 이 군에게 주어 명자名字의 후서後序를 삼게 한다.

이원령은 신돈의 난리 때1368 아버지 당唐을 등에 업고, 낮에는 숨고 밤에는 걸어서 영천에 은신하고 있다가 신돈이 제거된 후1371 돌아왔다. 그리고 이름을 집集으로 바꾸고 자를 호연浩然으로 고쳤다. 이때 이숭인이 명자설名字說을 지어 주었는데, 정도전이 그것을 이어 후설을 지은 것이다.

이원령, 즉 이집1314~1387 은 정몽주의 친구이기도 하다. 이집은 판전교시사에 임명되었으나 곧 사직하고 책을 읽으며 소일하였다. 현재 경기도 성남시 중원구 하대원리 옛날 광주군 세촌면 에 그의 서원 터가 있다. 1377년 이후로는 지금의 서울 강동구에 은신처를 두었다. 둔촌동은 운둔해 살았던 그의 호에서 유래한 지명이다. **1377년(우왕 3)**

아름다운 막객, 김의경

贈典校金副令詩序

선비가 세상에 나서 출처와 거취가 어찌 일정하겠는가! 크게 쓰이면 크게 행할 것이고 작게 쓰이면 작게 행할 것이며 쓰이지 못하면 행하지 못할 것이니, 이와 같을 따름이다. 그렇지만 실제로 자기에게 원인을 두어서 안과 밖을 구분하고 경과 중을 구별할 줄 아는 자가 아니면 그렇게 할 수가 없다.

나의 벗 김의경金義卿 군은 유학을 공부해서 때를 기다려 행하려고 하였다. 공민왕 2년1353 익재 이 문충공이제현과 양파陽坡 홍 문정공홍언박이 노성한 덕과 중후한 명망으로 유림의 지도자 자리에 올라 선비 뽑는 권한을 잡았다. 그러자 선비들 가운데 뛰어난 지략과 식견을 품고도 깊이 묻어 두고 팔지 않던 자들이 모두 자신의 지략과 식견을 바치겠노라고 나섰다. 그들은 용약하고 분발하여 "때는 이때다!"라고 하면서 서로 어깨를 나란히 하고 발을 포개어 고시장으로 한데 나아가 자웅을 겨루었다.

김의경도 지금의 목은 선생이색과 함께 담소하면서 일어나 북소리에 맞추듯 걸음을 재촉하여 곧장 앞으로 나아갔다. 무리들은 손을 공손하게 모으고 물러서서 그를 에워싸고는, "우리는 당할 수 없다." 하였다. 이에 모여 있는 많은 선비들을 밀쳐 내고 앞줄로 나아가서 병과丙科로 높이 발탁되었으니, 어찌 대단하지 않은가!

그 후 문학에 능하다는 명망으로 교서관*에 들어가 서적의 교정 임무를 전담하였다. 얼마 있다가 충성스럽고 강직하다고 알려져 좌정언 지제교에 제수되었다. 좌정언으로 있으면서 정치의 잘잘못을 기탄없이 말하고, 인물을 등용할 때도 마땅한 인물인지 아닌지를 근거를 갖추어서 결정하였으니, 거의 크게 쓰였다고 하겠다. 그러나 김의경의 재주와 학문은 분명 여기에 그치지 않을 것이다. 이른바 큰 것은 아직 시험을 하지 못하였다.

그렇거늘 하루아침에 늙은 부모를 봉양한다는 이유로 사퇴하고 남쪽으로 돌아와서는 어버이의 곁을 지키며 아침저녁 문안을 거르지 않았다. 참으로 세상에 쓰이느냐 마느냐 하는 문제에 대하여 뜻을 두지 않았고, 재주와 학문을 응용하는 문제에 대하여도 뜻을 두지 않았던 것이다.

지금 하 상국하을지이 전라도 원수 직을 받고 부임해서는, "한 지방을 다스리는 책임도 중하려니와 군사와 백성을 통솔

* 교서관은 경서經書의 인쇄나 교정, 향축香祝, 인전印篆 따위를 맡아보던 관아이다.

하는 사무가 번잡하므로, 행정하는 방도와 정벌하는 계책은 어질고 식견 높은 사람에게 자문한 뒤에 실행해야 하겠다." 하였다. 그러고는 김의경을 청하여 막부에 두고 귀한 빈객으로 대우하였다.

김의경은 나라에서 으뜸가는 선비가 자신을 인정해 주는 것에 감동하여, 자문이 오면 말하지 않는 방도가 없었고 계획을 세울 때는 빠뜨리는 계책이 없었다. 이로써 삼군의 명령 체계가 가다듬어지고 한 지방의 세금 부과와 재판 판결이 공정해졌다. 군사들은 승전하여 공을 세우고 백성들은 편안한 생활을 누리게 되었다.

김의경이 "이렇게 이루어진 것은 주인지방관이 어질기 때문이다." 하자, 하 상국은 "나의 공이 아니오. 빈객이 도왔기 때문이오." 하였다. 이에 장계狀啓, 보고 문서로 아뢰어, 김의경을 봉선대부 전교 부령 보문각직제학에 제수하여 그 공로를 표창하였다.

김의경이 조정에서 시행하려던 것을 막부에서 시행하여 주인지방관이 공을 이루었으니, 어디에건 맞지 않는 데가 없음이 이와 같았다.

옛날 당나라 때는 노매·정여경·조종유·고소련 등이 모두 하남 지방의 막객으로 있다가 조정에 들어가 재상이 된 일이 있다. 이에 당시 사람들이 영광으로 여겼고 지금도 아름다운 명성이 넘쳐흐른다.

내가 들으니, "재상은 사람으로 임금을 섬긴다."*라고 한다. 뒷날 하 상국이 조정에 돌아가서 재야에 숨은 인재들을 차례로 논평하고 어진 자와 빼어난 인재를 천거하게 된다면, 김의경의 이름을 맨 먼저 들 것이다. 어찌 당나라의 하남 막객만이 아름다움을 독차지하겠는가? 나 도전이 비록 지금 버려져 있지만 요행히 죽지 않는다면 장차 김의경을 위하여 눈을 씻고 그가 크게 쓰이고 크게 행하는 것을 보리라.

* 사람으로 임금을 섬긴다는 것은 사람들을 잘 천거하여 군주를 섬긴다는 뜻이다. 채침의 『서집전』에서 재상의 임무에 대하여 한 말이다.

정도전은 왕도 정치를 실현하려면 사람을 제대로 써야 한다고 보았다. 그래서 전라도 원수 하을지가 김의경을 막객으로 등용해 정치에 실적을 올린 사실을 두고 조정에서 인재를 등용하는 것의 중요성을 논하였다.

근대 이전의 정치에서는 용인用人과 이재理財 두 가지 문제가 가장 중요하였다. 용인이란 사람을 쓰는 것, 이재는 재물을 다스리는 것이다. 『대학』의 '평천하平天下' 장은 이 두 가지 사안을 반복해서 말한다. 특히 소인배가 나라 정치를 맡으면 백성이 곤궁하게 되어, 마침내 천지의 평화로운 기운이 손상되어 하늘의 재앙과 사람의 앙화가 한꺼번에 닥치게 된다고 경고하였다. 정도전은 그 사상을 이어받아 이 글을 쓴 것이다. 1379년(우왕 5)

산중살이

山中

산 속 초가에서 앓다 일어나자　　山中新病起
아이가 얼굴이 안됐다 말하네　　穉子道衰容
밭일 배워 몸소 약초 가꾸고　　學圃親鋤藥
집 옮겨 와 어린 소나무를 심을 때　　移家手種松
저물녘 종소리는 어느 절에서 울리는가　　暮鍾何處寺
들불은 숲 너머 방앗간에서 일어나네　　野火隔林舂
산중살이의 맛을 알게 되어　　領得幽居味
근래는 온갖 일이 게으르구나　　年來萬事慵

* * *

삼봉 아래 낡은 집에 돌아오니　　弊業三峯下
소나무와 계수나무는 가을　　歸來松桂秋
집안은 가난하여 요양하기 힘들지만　　家貧妨養疾
마음은 고요하여 시름 잊을 만하다　　心靜足忘憂
대나무 상할까 길을 돌려 내고　　護竹開迂徑
산을 사랑하여 작은 누각을 세웠더니　　憐山起小樓

이웃 스님이 글자 물으러 와　　隣僧來問字
온종일 머물러 있네　　盡日爲相留

『청구풍아』와 『대동시선』에는 이 시의 둘째 수가 실려 있는데 몇몇 글자가 다르다.

1380년 경상도에 왜구가 창궐하자, 정도전은 영주를 떠나 삼봉의 옛 집으로 돌아왔다. 그는 이 시편들을 지어 산 속 집에서 자연을 벗하며 조용히 살아가는 은자의 삶을 묘사하였다.

둘째 수의 3, 4구에서 정도전은 가난해도 마음이 평화로워 시름을 잊을 수 있다고 말한다. 뒷날 허균은 "한적하고 담박하여 맛이 있다."고 평하였다. 산중살이의 고직함을 묘사한 4, 5구를 두고 허균은 "생각이 그윽하다."고 논평하였다. 한나라 때 양웅揚雄이 기이한 글자를 많이 알아서 사람들이 술을 가져와 글자를 물었다는 고사를 연상시킨다.

1380년(우왕 6)

이사를 하다
移家

5년 새 세 번 집을 옮기고　五年三卜宅
올해 또 옮기다니　今歲又移居
넓은 들에 초가는 자그마하고　野濶團茅小
긴 산의 고목은 가지가 성글구나　山長古木疎
농부와는 이름을 물어 보지만　耕人相問姓
옛 친구는 서신을 끊은 상태　故友絶來書
천지가 나를 받아 주니　天地能容我
가는 대로 내맡기련다　飄飄任所如

정도전이 삼봉의 서재에서 강의를 하자 사방 학자들이 따랐다. 이때 그 고장 사람으로서 재상이 된 이가 시기하여 서재를 철거하였다. 정도전은 부평 부사 정의鄭義의 도움을 받아 부평의 남촌으로 이사하였다. 그러자 전임 재상 왕 아무개가 그 땅을 별장으로 만들려고 또 서재를 철거하였다. 이번에는 김포 원당사 부근으로 옮겨야 했다. 정도전은 고통의 심경을 시를 지어 다독였다. 1382년(우왕 8)

철원에서

過古東州

장군 깃발 따라 동주철원를 지나니	遠隨戎旆過東州
화각 소리 높고 가을은 저물어간다	畫角聲高欲暮秋
영화롭던 지난날 물을 곳 없고	往事奢華無處問
찬 연기 시든 풀만 구릉을 덮었구나	冷煙衰草鎖荒丘

* * *

너른 벌에 하늘 가라앉고 초목은 가을인데	曠野天低草木秋
긴 강은 띠와 같이 성을 둘러 흐른다	長江女帶繞城流
이 땅은 오랑캐 무찌른 곳	將軍此地摧强虜
부절 잡고 다시 오니 머리 아직 검으시다	仗節重來尙黑頭

1383년 가을, 정도전은 동북면 도지휘사 이성계를 따라 북동면함경도 함주咸州의 군막으로 갔다. 당시 그는 권세가들의 박해 때문에 일정한 직위를 얻지 못하고 있었다. 이듬해 이성계의 후원으로 다시 벼슬길에 올라 승승장구하게 된다. 10년의 유랑 생활을 마친 것이다.

두 번째 시에서 정도전은 1373년 봄에 이성계가 함흥평에서 나하추를 크게 깨뜨렸던 일을 회상하였다. 이성계를 전쟁 영웅으로서 흠모하였던 것이다.

정도전은 이성계의 군진을 따라 함경도 지방을 여행하면서 많은 시를 지었다. 1384년 봄에 함주를 떠나면서 「함흥관에 제하다題咸興館」를, 청명 한식 이후에 「문천을 지나다過文川」를 지었다. 여름에는 안변의 가학루에 올라 이자송李子松, ?~1388의 제시題詩를 보고 「안변루에 차운하다次安邊樓韻」를 남겼다. 또 함흥부 남쪽에 있는 도련포로 향하면서 「또 함주막 도련포로 가는 도중又赴咸州幕都連浦途中」을 지어, "함주는 본래 이 나라의 중앙이라오咸州原是國中央"라고 노래하였다. 북동면을 고려의 영토로서 재확인하고, 함흥을 제왕이 일어날 풍패지향豊沛之鄕으로 인식한 것이다.

『태조실록』 권 14, 1398년 8월 26일의 기록에 정도전의 졸기고위 관료가 죽은 사실을 기록한 기사가 실려 있는데, 거기에 태조를 따라 동북면에 이르렀을 때의 이야기가 적혀 있다.

정도전은 이성계의 군사가 호령이 엄숙하고 잘 정돈된 것을 보고 이성계에게 가만히 말하였다.

"훌륭합니다. 이 군대로 무슨 일인들 성공하지 못하겠습니까?"

"무슨 뜻인가?"

"동남방의 왜구를 칠 수 있다는 뜻입니다."

정도전은 군영 앞에 있는 늙은 소나무 껍질을 벗기고 다음 시를 남겼다고 한다.

한 그루 소나무가 오랜 세월 동안	蒼茫歲月一株松
첩첩 청산 속에서 자랐구나	生長靑山幾萬重
언제 다시 볼 수 있을런지	好在他年相見否
세상일은 문득 지난 일 되고마니	人間俯仰便陳蹤

세상살이에 찌들어 세월을 흘려보내지 않겠다는 야망을 담고 있다. 역성 혁명 이후 정도전은 취중에 슬며시 "한나라 고조가 장량을 쓴 것이 아니라 장량이 한 고조를 쓴 것이다."라고 하였다. 스스로 큰 공적이 있음을 자부했던 것이다. 1383년(우왕 9) 가을

나는 누구인가
自詠

요순 같은 임금 만들려고 공부했건만	窮經直欲致吾君
머리 희도록 엉터리라 한탄할 줄 어이 알았나*	童習寧知歎白紛
미친 나의 말은 태평성대엔 아무 소용없어	盛代狂言竟無用
남방으로 쫓겨나 친구들과 헤어졌다	南荒一斥離羣群

* * *

임금을 요순으로 만들 수 없어	致君無術澤民難
왕통*이 그랬듯 책이나 파려 했건만	擬向汾陰講典墳
십 년 풍진에 전쟁도 많아서	十載風塵多戰伐
유생들 영락하여 구름마냥 흩어졌다	青衿零落散如雲

* * *

* 한나라 양웅揚雄의 『법언法言』에 "어려서부터 익혔어도 백발이 되도록 엉터리이다. 童而習之 白紛如也"라는 말이 나온다.

* 수나라 왕통王通은 장안에 가서 12조의 시책을 아뢰었으나 쓰이지 못하자 하분으로 물러나 사람들을 가르치며 살았다.

유학은 출세에 도움이 못 되기에	自知儒術拙身謀
병법에 뜻 두어 손자며 오자를 배웠으나	兵畧方師孫與吳
세월은 흘러가고 공은 세우지 못했으니	歲月如流功未立
책상 위 『음부경』* 만 먼지 자욱하였다	素塵牀上廢陰符

* * *

유학과 병법을 둘 다 이뤄	書劒區區兩未成
밭 사고 집 사서 농사 지었더니	問歸田舍事躬耕
해마다 가뭄 장마 혹심한데	不堪旱溢年來甚
아전 찾아와 토지세 독촉 심하여라	爭奈門前責地征

* * *

백 살 넘긴 사람은 아무도 없으니	今古都無百歲身
세상의 득실로 골머리 썩지 말라	休將得失費精神
불후의 저술이 있다면	只消不朽斯文在
정씨 성의 인물이 훗날 다시 나오리라	後日當生姓鄭人

* 『음부경』은 도가의 서적이다. 당나라 이전李筌이 이 책을 전하면서 여산驪山의 석실에서 얻었다고 말하였다. 주자주희도 『음부경고이』를 저술하였다.

1383년 가을부터 이듬해 여름까지 정도전은 이성계의 휘하에서 새로운 가능성을 보았다. 하지만 여전히 취직을 하지 못한 상태였다. 정도전은 임금을 성군으로 만들겠다는 뜻에서 유학을 공부했고, 무공을 세우겠다는 뜻에서 병법을 공부하기도 하였다. 하지만 둘 다 여의치 않아서 농사를 지어야 했는데, 그 또한 기후나 세금 때문에 만만치 않았다. 마침내 저술을 남겨 바른 이념을 제시하겠다고 마음먹었다.

마지막 구절은 한나라 양웅이 "후세에 반드시 양웅 같은 사람이 있어야 이 양웅을 제대로 알아줄 것이다."라고 말한 데서 빌려 온 표현이다. 이 다섯 수의 시에는 뒷날 누군가 평했듯이 세도世道를 만회할 뜻이 담겨 있다. 또 후대에 자신의 저술을 알아줄 인물이 태어나리라고 자부하였다. 1384년(우왕 10) 가을

제3장

혁명
革命

처음에 함께 계책을 세웠으면 끝내 그와 함께 죽어야 한다고 정이는 말하였습니다. 이미 어리석고 졸렬한 저를 버리지 않아서 반정의 모의에 참여시키셨는데, 어찌 간악한 무리의 화를 두려워하여 묵묵히 아무 말을 하지 않아 구차하게 모면하려 하겠습니까.

요동의 대인에게
上遼東諸位大人書

삼가 생각하건대, 명나라 천자께서는 천운을 타고 일어나서, 하늘의 명을 받아 뭇 영웅을 베고 거짓 군주들을 없앴으며 오랑캐들을 내몰아 변방 밖으로 쫓아냈습니다. 오랑캐의 털옷을 벗고 의관을 입고 쓰게 만들었으며, 형벌과 살육의 풍속을 변화시켜서 예악禮樂을 회복하셨습니다.

이는 중국 황제의 정통을 이은 것입니다. 그러니 그 공덕은 신령한 우 임금이 홍수를 다스린 것과 주공이 이적을 물리친 것에 필적합니다.

그리고 앞뒤에서 분주하게 도운 신하들과 부하를 잘 통솔하여 적을 막은 장수들이 있습니다. 어신 이는 덕으로 돕고, 능한 이는 재주로 보좌하였으며, 지혜로운 이는 계책을 쓰고 날쌘 이는 힘을 바쳐서 함께 큰 업적을 이루었습니다. 그 중에서도 연안후와 정녕후, 요동 도독 마공, 지휘 섭공, 매공 같은 이들은 진정 탁월한 분들입니다.

지금 그분들은 천자께서 동방을 돌아보시는 근심을 함께 나누려고 깃발을 세우고 부월斧鉞, 권위를 상징하는 도끼을 잡고

서 한 방면을 전담하였습니다. 그분들이 은혜로 평안하게 하고 위엄으로 두렵게 하니 먼 곳 사람들이 의리를 사모하여 스스로 모여들고, 오랑캐들은 도망하여 숨을 헐떡거리고 있습니다. 그 공적은 사직에 있고 그 은택은 백성에게 돌아갔습니다. 따라서 옛날의 이름난 장군과 재상으로 소하·조참·관중·제갈량이라 하더라도 반드시 이보다 낫지는 못할 것입니다.

우리나라는 동해의 외진 모퉁이에 있으나 대대로 사대事大의 예를 지켰으므로, 중국에 조빙을 한 사실이 역사책에 끊이지 않고 기록되어 있습니다. 그러다가 원나라가 정치를 잘못하여 명나라가 그 덕을 대신하매, 우리 선왕께서는 천명과 인심이 어디에 있는지 살피시고 다른 나라보다 솔선하여 표문表文, 외교 문서을 올려 귀부하고 대대손손 신하가 되겠다고 청하였습니다. 그러자 천자께서 가상히 여기시고 황금 도장을 주며 왕으로 봉하여 동쪽 번신藩臣, 제후으로 삼았으니, 도탑게 명령하고 하사하여 은혜가 지극히 융숭하였습니다.

지금 문하평리 정몽주가 표表를 받들고 봉익대부 산기상시 이천기李天驥*가 전箋, 천자나 제왕들에게 올리는 글을 받들어 천추절황제의 생일을 축하하면서 저를 서장관書狀官, 사신 가운데 기

* 이천기는 고려 공민왕 때 산기상시에 이르고, 많은 공을 세워 평창군에 봉해졌다. 평창 이씨의 시조인 이광은 백오군으로 봉해졌는데, 백오는 지금의 평창을 가리키며 이곳을 후손들이 관향으로 삼았다.

록을 맡아보던 임시 벼슬으로 삼았습니다.

9월 18일 천자께서는 봉천전奉天殿에 앉아 신하들의 조회를 받으시는데, 창합문이 열리더니 의장대가 구름떼처럼 모이고 음악이 두 섬돌 사이에서 연주되었습니다.

저는 일개 서생으로 여러 왕들과 경대부卿大夫, 높은 관직에 있는 벼슬아치들 사이에 끼여 넓은 뜰에서 예식을 따라 행하고, 천자의 엄숙하신 광채를 바라보며 몸 굽혀 엎드려 절하고 일어나서 만세 삼창을 하였습니다. 이 어찌 다행한 일이 아니겠습니까!

이는 성스런 천자께서 우리나라를 다시 살려 주신 은혜이며, 두세 대신께서 정치를 도우신 덕택입니다. 큰 기쁨을 이기지 못하여 손을 모아 머리를 조아려 절하고 다음 시를 바칩니다.

아아, 저 하늘이	於皇上天
성인을 내시어	篤生聖人
부명符命과 도참圖讖*을 잡아	秉籙握樞
신령과 백성의 주인 되시매	以主神民
바다 끝까지 온 누리가	薄海內外

* 부명은 하늘이 제왕이 될 사람에게 주는 표이고, 도참은 예언서에 해당한다. 장형張衡의 「동경부東京賦」에 "고조가 부명을 받고 도참을 받아 하늘의 뜻을 따라 나쁜 이를 베었다."라고 하였다.

신하가 되었도다　是妾是臣
감계鑑戒 또한 밝아서　亦監有明
어김없이 밝게 임하시어　昭格無違
어진 보필들을 내려 주셔서　賚我良弼
길이 돕게 하셨도다　保之佑之
뛰어난 제후들은　百辟濟濟
나라의 기틀　邦家之基
연안후 정녕후　延安靖寧
마공 섭공 매공은　馬葉梅公
천자의 명을 받아　承天子命
동쪽을 다스리며　釐此大東
은혜를 밝히고 위엄을 펴서　昭惠布威
모두 무훈을 이루었기에　克咸戎功
우리 작은 나라는　惟我小邦
외진 동방에 있지만　僻居東偏
풍모를 우러르고 의리를 사모하여　向風慕義
표表와 전箋을 받들며　奉表及箋
빙례聘禮와 조공朝貢에　朝聘貢獻
허물 있을까 염려하오　時罔或愆
우리 임금의 직분은　邦君之職
위로 달하고 아래로 펴는 일　上達下宣

천자는 성스럽고　天子之聖
우리 임금은 어지시니　邦君之賢
소인이 시를 바쳐　小子獻詩
빛깔을 내 봅니다　敢用斐然

명나라가 강성해지자 고려는 김유·홍상재·김구용 등을 사신으로 보냈는데, 명나라에서는 이들을 모두 억류하였다. 당시 고려는 명나라와 국교를 맺지 않은 상태였고, 명나라는 고려에 군대를 출동시키겠다며 위협하고 해마다 조공을 엄청나게 요구하였다.
1384년 7월 정몽주가 성절사로서 명나라 태조 주원장의 천추절을 축하하러 갈 때, 정도전은 전교 부령으로서 서장관이 되어 동행하였다. 10년간 야인 생활을 하다가 정몽주의 추천으로 함께 명나라 수도 금릉에 다녀오게 된 것이다. 정몽주와 정도전 일행이 제때에 금릉남경에 도착하자, 명나라는 처음으로 우호의 뜻을 보이고 억류해 왔던 김유와 홍상재를 돌려보냈다.
이 글은 요동의 도독과 지휘 등 명나라의 지방 관료들에게 사행의 목적을 밝힌 공식 문서이다. 처음에는 『봉사잡제』에 들어 있다가 뒤에 『삼봉집』에 수록되었다. **1384년(우왕 10) 7월**

아아, 오호도
鳴呼島弔田横

아침 해가 바다에 솟아	曉日出海赤
외론 섬을 비치나니	直照孤島中
그대 붉은 마음은	夫子一片心
이 해와 같도다	正與此日同
천년 옛 일이	相去曠千載
아아, 이 마음 감동시켜	嗚呼感余衷
머리카락 뻗치도록	毛髮竪如竹
늠름한 영풍이 불어오누나	凜凜吹英風

전횡은 전국 시대 제나라 왕 전영의 동생으로, 진나라 말기에 자립하여 왕이 되었으나 형세가 불리하자 부하 오백 명과 함께 오호도로 들어갔다. 한나라 고조가 천하를 통일한 뒤 낙양으로 불러들였으나, 그는 머리 숙여 신하가 될 수는 없다며 자결하였다. 그 소식을 듣고 오백 명 부하 모두 한날 한시에 자결하였다. 이 시는 전횡을 기리며 지은 것이다.

훗날 평자는 이 시의 앞 네 줄은 침착하고 뜻이 넓고 넉넉하고 기세가 커서 전횡의 정기가 하늘을 뚫은 듯 생생하게 느껴진다고 하였다. 정도전은 깨끗한 처신, 따뜻한 동지애, 불의에 굴하지 않는 기상을 전횡과 그 문객에게서 보았다. 불굴의 선비 의식과 생사의 문제에 연연하지 않은 사생관死生觀을 지녔기에 시가 씩씩하다.

십 년 만의 성균관

入成均館

십 년 만에 다시 와선	十年重到此
문밖에서 배회하나니	門外尙盤桓
예전에는 사예	猶是舊司藝
지금은 교관	今爲新教官
서실은 비바람에 닫혀 있고	齋居閉風雨
사당 초상은 의관이 꼭 닮았다	廟貌肖衣冠
세모의 소나무야	獨愛後凋樹
겨울 추위를 잘 넘겼구나	中庭過歲寒

정도전은 1385년 귀국해 4월에 개경에 닿았다. 귀국한 당일로 중현대부종3품 하의 품계에 올라, 성균관 사예의 직책에서 성균관 좨주로 승진하고 지제교를 겸하였다.

15년 전인 1370년 정도전은 성균관에 들어가 이색이 이끄는 성균관 학관들과 함께 성리학을 공부하였다. 1372년에는 성균관 사예에 올랐으며, 1375년 초까지 그 직책에 있었다. 그렇기에 십 년 만에 다시 성균관에 들어왔다고 한 것이다.

정도전은 젊은 시절 여러 학자들과 신학문인 성리학을 공부하던 때를 회상하였다. 그리고 함께 공부했던 여러 사람이 정치적 이상을 달리해 현실에 타협한 사실을 서운해하였다. **1385년(우왕 11) 4월**

미지산 사나사의 석종명
彌智山舍那寺石鐘銘

고려국사 이웅 존자께서 소설산에서 입적하시자 문인들이 화장하였는데, 사리를 많이 얻었다. 양근군에 사는 부로들이 지군사 강만령에게 청하여 원석을 다듬어 종탑을 만들고 그 안에 사리 십과를 넣은 후 사나사에 세웠다. 소요 경비는 서속黍粟 삼십 섬, 면포 삼백 필이었다. 우왕 9년1383 9월 무신에 시작하여 그해 12월 경신에 끝났다. 문인 달심이 사실상 공사를 주관하였다.

양근군은 본래 익화현으로, 스님 어머니의 고향이다. 고을 서쪽에 큰 강이 있어 한강이라 하는데, 태백산 북쪽에서 발원하여 육백 리를 흘러 서해로 들어간다. 고을 동쪽에 미지산이 우뚝 솟아 양광도와 교주도의 경계를 이루었다. 산수의 맑고 깨끗한 기운은 영걸을 잉태하고 수재를 낳아 특별하고 기특한 인물을 만드는 법이니, 여기에서 그렇지 않을 수 있겠는가!

원증국사圓證國師는 양근군 대원리에서 태어났다. 중국에 유학하여 임제종 제18대 법손 석옥 청공선사의 법을 이어받았으니, 국사는 임제의 19대 법손이 된다. 석옥이 가사와 선장주장을 주어 가르침을 표창하였다.

동쪽으로 돌아오자 공민왕이 예를 갖추어 왕사로 추대하고 곧이어 국사로 책봉하였다. 어머니 정씨는 삼한국대부인에 봉하고, 익화현은 양근군으로 승격시켰다. 또 조정 신하를 신중히 선발하여 고을 사람들을 위로하고 진무하게 하였다. 국사를 존중하여 그가 태어난 곳을 귀하게 여겼기 때문이다.

이희계와 강만령은 옛 어진 관리의 풍모를 지녀서 백성의 이익을 일으키고 폐단을 개혁하니, 백성들이 편안히 쉴 수 있었다. 이는 모두 국사가 끼쳐 준 것이다. 고을 백성들이 흠모하여 오래 되어도 잊지 않고 그의 사리를 섬기려고 하였다. 이는 본심에서 우러나와 말래야 말 수 없었다. 그러니 명銘을 짓는 것 또한 마땅하지 않겠는가!

명은 다음과 같다.

용문산 높디높고	龍門崒屼
한강은 넘실넘실	漢水漣漪
이인異人을 낳아	克生異人
나라에서 국사로 삼았으니	王國是師
임제종의 법을 전수받고	臨濟之傳
조사의 덕을 닮았도다	式克肖之
현을 군으로 승격하매	縣陞爲郡

백성들이 기뻐하고 民安以嬉
국사의 덕을 惟師之德
군민들이 사모하여 郡人之思
사리를 섬겨 承事舍利
국사가 살아 계시듯 여겨 如師在玆
석종을 만들고 有礱石鍾
나에게 시를 새기라 하기에 勤我銘詩
산문山門에 남겨 두어 留鎭山門
미래에 보이고자 하노라 傳示後來

홍무 19년 병인 10월 ○○일, 문인 달심이 비석을 세우고
재림사 주지 선사 의문이 글씨를 썼으며
훈곡과 명호가 돌에 새겼다

정도전은 1385년 성균관좨주 지제교로 있을 때 미지산 사나사의 석종에 새길 명을 작성하였다. 이 종 모양의 비는 정도전이 지은 글을 승려 의문이 해서로 쓰고 훈곡과 명호가 새겨 국사의 입적 4년 후인 1386년 10월에 세웠다. 종탑비 전액篆額은 '원증국사 석종명'이다. 정도전은 원증국사가 원나라에 들어가 임제종의 법을 전수받은 사실, 공민왕이 국사로 책봉하고 국사의 고향을 군으로 승격시킨 사실, 고

을 사람들이 국사를 기리는 뜻에서 석종비를 건립한 사실을 차례로 적었다.

원증국사는 곧 고려 말의 태고 보우1301~1382 이다. 공민왕의 스승으로 있다가 가평의 소설사로 가서 지냈고, 1382년 고양 태고사에서 입적하였다. 태고사에는 1385년에 세운 원증국사탑비가 있는데, 비문은 이색이 짓고 권주가 글씨를 썼다.

사나사 석종비를 쓸 당시 정도전은 중현대부 성균관좨주 지제교라는 직함 명을 사용하였다. 음기陰記, 비의 뒷면 기록는 판도 판서 이중실, 판사재시사 이척, 삼사 우윤 김자윤을 비롯한 조연자들의 직책과 명단이 나열되어 있다. 석종비는 경기도 양평군 옥천면 용천리 사나사에 있는데, 비신의 오른쪽 아래가 파손되어 완전한 판독은 어렵다. 원증국사 모친의 고향이자 원증국사가 태어난 양근에 세운 것이 특이하다. **1385년(우왕 11)**

남양에 도임하여 상감께 올립니다
到南陽謝上箋

신臣은 성은을 입어 남양 부사를 제수받아 이번 달 17일에 도임하였습니다. 삼가 윤음왕명을 받들어 바다 고을로 나와 지키게 되니, 부끄럼과 감격이 한데 얽혀서 어찌할 바를 모르겠습니다.

생각하옵건대, 한미한 신은 본시 작은 장점도 없거늘 선왕께서 알아주시어 시종신의 열에 발탁하셨습니다. 역적 신돈을 처형하고 그 사유를 태실종묘에 고하여 사례할 적에는 신에게 음률을 살펴 정하고 제의를 익히게 하셨는데, 제사가 끝나도록 예의에 어긋남이 없자 선왕께서 잘했다고 칭찬하시고 예조의 직예조 정랑과 학관의 직성균 박사을 겸임시키셨습니다.

그리고 태상 박사로서 부보符寶를 맡고 지제교로서 교서를 짓게 하셨으니, 그 은혜가 지극히 두터웠습니다. 선왕께서 신하들을 버리시고 서거하셨을 적에는 신이 예조 정랑으로서 제례 업무를 관장하였고, 조정의 명령을 받아 백관을 규합하여 대업새 왕의 등극을 정하였습니다.

전하께서 즉위하시어 모든 정치가 새롭게 되었는데, 신에게 성균관 사예 예문관 응교 지제교를 제수하셨습니다. 성은을 입어 서연書筵, 임금 앞에서 경서를 강론하던 자리에 들어가 『대학』의 글을 강의하였는데, "위대한 문왕이시여! 아아, 끊임없이 밝아서 공경하셨다. 남의 임금이 되어서는 어짊에 머물고, 남의 신하가 되어서는 경건함에 머물며, 남의 아들이 되어서는 효성에 머물고, 남의 아비가 되어서는 자애에 머물며, 나라 사람들과 사귐에는 신의에 머물렀다."라는 대목에 이르러서는 신이 간곡하고 자상하게 강론하였더니 전하께서 받아들이셨습니다.

신은 알아주시는 은혜에 감동하여 숨김없이 말을 하다가 재상의 뜻에 거슬려서 남쪽 변방으로 쫓겨가서 더위와 독기에 시달려 죽을 뻔하기를 3년이나 하였습니다. 그 후 관례에 따라 고향으로 옮겨 갔고, 4년이 지나 서울 밖에서 편리한 대로 살아도 좋다고 허락하셨습니다. 이것은 전하께서 신에게 다시 살도록 은혜를 내리신 것이기에, 한산한 곳에서 분수를 달게 여기고 태평성대의 묻혀 사는 백성이 되려고 하였습니다.

지난해1384 전하께서 문하평리 정몽주에게 천추절을 축하하게 명하시므로, 신이 서장관이 되어 표를 받들고 명나라 서울에 조회하러 갔습니다. 이에 앞서 명나라 서울에 갔던 두세 사절이 모두 구류되어 생사를 알 수 없으므로, 조정 신하들은 꺼려서 가려 하지 않았습니다. 그런데 신은 정몽주를 따라 왕명을 받들고 즉시 떠나서 시기를 잃지 않고 금릉에 이르렀기 때문에, 조빙이 비로소 트이고 구류된 자들이 돌아오게 되었습니다. 이는 전하께서 정성으로 대국을 섬기시고 신하들이 근실하게 받들었기 때문입니다. 신이 무슨 힘이 되었겠습니까?

사신이 돌아오는 날에 즉시 신에게 성균관쇄주 지제교를 제수하셨습니다. 전하께서 왕위 계승의 승인을 명나라에 청할 때에도 신으로 하여금 표문을 초하게 하시고, 명나라 조서를 맞이할 때에도 신으로 하여금 예식 절차를 정하게 하셨습니다. 천자께서는 가상히 여겨 "표의 말이 성실하고 절실하다." 하였으며, 중국 사신은 "예의가 볼 만하다." 하였습니다.

현재 문치文治가 성대하게 열려서 유신들이 많이 있거늘, 신이 무엇이기에 홀로 이러한 영광을 누린 것입니까. 이것도 전하께서 신에게 불후의 명성을 주신 것이옵니다.

전교시는 본디 비서성의 도서를 소장한 곳이어서 교정의 책임이 무거운데, 신에게 학식이 있다고 여기셔서 일을 맡게 하셨으니 서생으로서 영광이 지극합니다.

신은 생계 꾸리는 꾀가 졸렬하여 먹을 것은 적고 식구는 많습니다. 이에 외임을 구하여 남은 세월을 보내려고 하였습니다. 그런데 뜻밖에도 물러가기를 구할수록 품계가 더욱 높아지고 영화를 사양할수록 총애가 절로 이르렀습니다.

이것은 주상 전하께서 진심으로 신하들의 사정을 살피시어 신이 다른 뜻을 지니지 않았음을 알아주셨기 때문입니다. 신이 어찌 우둔한 자질이나마 더욱 힘써, 주상의 덕의를 펴서 기아와 질병으로 허덕이는 백성들을 어루만져 그 큰 은혜에 만분의 일이나마 보답하지 않겠나이까!

정도전은 1385년 명나라 서울 금릉에서 돌아와 성균관좨주 지제교를 제수받았다. 그리고 우왕이 왕위 계승한 것을 명나라에 승인해 달라는 표문을 짓고 명나라 칙사를 맞이하는 예식 절차를 정하였다. 그 후 정도전은 외직을 구해 남양 부사에 임명되어 5월 17일 도임하였다. 이때 이 선과 함께 「남양 부사로 도임하여 밀직사에게 올리는 계 到南陽上密直司啓」를 썼다.

우왕에게 올린 전에서는 우왕이 세자로 있을 때부터 자신이 돈독한 은우를 입었고, 정몽주의 사행 때 서장관으로 따라가서 명나라와 외교 관계를 맺는 데 결정적인 역할을 했다는 사실을 환기시켰다.

밀직사에게 올린 계에서는 왜구가 출몰해 다스리기 어려운 남양에 부임해 지방관으로서의 임무를 충실히 하겠노라는 다짐을 밝혔다. 밀직사는 내상 혹은 지신사라고도 하며 왕명을 출납하는 비서직이다. 이후 정도전은 이성계의 천거로 성균관 대사성에 제수된다.

1385년(우왕 11) 5월 17일

안렴사 유 정랑을 전송하며
送楊廣按廉庾正郎詩序

내가 어버이상을 당하고 그대로 영주에 사노라니 남방의 학자들이 많이 따랐는데, 지금의 양광도현 경기도 안렴부사 유양준庾良俊도 그 중 한 사람이었다. 유 공은 그들 가운데서 나이는 가장 적었지만 세상 이치나 고금의 일을 말하면 묵묵히 마음으로 이해하고, 정치나 행정을 논하면 하나하나 받아들여 물러갈 적에는 꼭 소득이 있는 듯하였다.

나는 그를 기특하게 여겨 제생들에게 말하기를, "이 사람은 반드시 유용한 인재가 될 것이다." 하였다.

그 뒤 그는 과거 공부를 그만두고 학문에 몰두하였는데, 조정에서 그를 통달한 인재로 여겨 감찰규정 직을 제수하였다.

평양은 서북 지방의 도회지라서 군대나 백성을 다스리는 사무가 복잡하였다. 윤 공尹公이 중신으로서 나가면서 유 공을 판관으로 삼아 보좌하게 하니, 막부에서는 그가 재능이 있다고 칭찬하였다. 내직으로 들어와 형조 정랑이 되자 감옥에는 원통한 죄수가 없게 되었으며, 음죽충주의 속현의 둔전을 맡았을 때는 세입이 곱절로 늘었다. 이어서 한 도의 찰방직을 맡고 동시에 군수를 겸하게 되자, 간악한 자들이 두려워하고 관청의 창고는 가득 차게 되었다. 유 공 같은 이는 진정한 인재라고 할 만하다.

일찍이 유자儒者와 관리官吏에 대하여 "도덕을 몸과 마음에 쌓은 자를 유자라 이르고, 교화敎化를 정사에 베푸는 자를 관리라 이른다."라고 논한 적이 있다. 그러나 그 쌓은 것이 바로 베푸는 것의 뿌리가 되고, 그 베풂이란 그 쌓은 것에서부터 미루어 나가야 하므로, 유자와 관리는 한사람이며 도덕과 교화는 한가지 이치이다.

그렇거늘 세상 도리가 낮아지면서 도덕은 학문으로 변하고 교화는 법률로 바뀌어서 유자와 관리가 갈라졌다. 그래서 유자는 관리를 속되다 배척하고 관리는 유자를 썩었다 나무라므로, 세상에서 말하는 도덕과 교화는 모두 쓸모없는 물건이 되고 말았다. 간혹 유학의 원리로 정치를 하는 듯 꾸미는 자도 있으나, 그 역시 사리사욕만을 채우려는 데 지나지 않는다.

나는 학식이 무척 고루하지만, 나를 따르는 이 가운데 비서성 판사 안 공은 양광도를 안찰하고 대호군 이 공은 경상도를 안찰하며 중서中書 성 공과 사농司農 김 공은 교주도를 안찰하여, 모두 탁월한 성과를 보였다. 지금 판도 판서 유 공 또한 중선重選으로 양광도를 안찰하게 되었다. 이들은 모두 유자로서 본받을 만하고 관리로서 순량한 이들이다.

『논어』에 "배우고서 여가가 있으면 벼슬하고 벼슬하고서 여가가 있으면 배운다." 하였으니, 벼슬과 학문은 서로 떨어질 수 없는 것이다. 두세 사람은 아름다운 재질을 바탕으로 힘써 매진한다면 뒷날 상상할 수 없을 만큼 성취할 것이다. 또 진유眞儒와 순리循吏란 유자와 관리가 일체화된 경우에 있지, 유학의 원리로 정치를 꾸미는 경우에 있지 않음을 이 세상 사람들에게 알게 해 줄 것이다.

전 보문각 대제정5품 관직 윤소종尹紹宗은 성품이 강직하여 좀처럼 남을 인정하지 않았는데, 유 공庾公과는 서로 좋게 지냈으며 혼인 관계도 있으므로 다음 시를 지어 전송하였다.

회상하매 우리 정헌공윤해께서	念昔吾家正獻公
지원* 연간에 양광도 안찰사 되셨더니	觀風楊廣至原中
지금 외손서가 또 가게 되매	外孫玄壻今持節
옛 집의 봄빛이 다함 없으리라	舊宅春光思不窮

그러자 대사성 봉익대부 권근權近 이하 28명이 그 운으로 시를 짓고, 나에게 옛 친의가 있다고 해서 서문을 위촉하였다.

* 지원至原은 원나라 순제의 연호 지원至元을 말한다. 명나라 태조 주원장의 '원' 자를 쓰지 않기 위해 글자를 바꾸었다.

이 글은 고려 말에 분운分韻이라는 시회詩會가 성행했음을 알려 주는 중요한 글이다. 분운이란 하나의 시나 글을 근거로 삼아 여러 사람들이 운자를 제비 뽑아 각자 그 운자로 한시를 짓는 것을 말한다. 여기서는 윤해尹諧가 지은 시의 28자를 각자가 뽑아 유양준을 전송하는 시를 지어 그것들을 시축으로 묶었음을 알 수 있다.

정도전은 이 글에서 도덕을 몸과 마음에 쌓은 사람을 유자라 이르고 교화를 정사에 베푸는 사람을 관리라 이르는 속설을 비판하면서, 유자와 관리는 한사람이며 도덕과 교화는 두 이치가 아니라고 주장하였다. 유술儒術과 이치吏治를 종합한 사람만이 진정한 유학자라고 본 것이다. 1386년(우왕 12)

아이쿠, 말에서 떨어지다니

落馬唫呈圃隱陶隱浩亭三位大人

아침에 말 타고 도성을 나가는데	朝來騎馬出都城
길이 숫돌같이 반듯하기에	都城之路如砥平
인사도 않고 말도 않고	逢人不揖亦不語
채찍을 드리우곤 고삐 놓고 가면서	垂鞭放轡隨意行
어깨 치켜 올리고 고개 기울인 채	肩如山聳頭鶴側
시 읊으며 때때로 탄성 질렀더니	哦詩不覺時有聲
하늘이 내 멍청함을 놀려서	天公似戲疎且懶
갑자기 넘어져 얼굴이 상했다오	忽然健倒傷我形
길 가득 아이들은 손뼉 치며 웃어 댔고	兒童攔街拍手笑
열흘 남짓 누웠어도 낫지를 않는구려	歸臥十日猶未寧
거마 오지 않아 문 앞엔 참새 그물 치겠으니	門無車馬雀可羅
이런 때 고관 대작들을 어찌 만나리오	況得坐値公與卿
침 맞는다 핑계 삼아 손님을 맞지 않자	爲因砭灸息干謁
어린 종이 땔나무 할 겨를이 생겼구나	僕童有暇及薪荊
그대는 보지 못했나 변방의 늙은이를	君不見塞上翁
득실은 예로부터 화복이 따른다네	得失從來禍福幷

말을 타고 가면서 시를 짓다가 떨어져 몸져누워 있으면서 정몽주·이숭인·하륜에게 문안 편지 겸 지은 시이다.

옛날 한나라 문제 시절의 하규 사람 책공은 정위廷尉, 형벌을 맡아보던 벼슬가 되자 손님이 문을 메우더니, 파직되자 아무도 찾는 사람이 없어 문 앞에 참새 그물을 칠 수 있을 정도로 되었다고 한탄하였다.

하지만 정도전은 '새옹지마塞翁之馬' 고사를 떠올리며 길흉화복은 돌고 도는 것이므로 조바심 내지 말자고 스스로 위로한 것이다.

척약재 김구용 시를 논평하다
若齋遺稿序

하루는 죽은 벗 약재若齋 김구용金九容의 유고 서너 권을 얻어 눈물을 훔치면서 읽고는, 붓에 먹을 묻혀 책머리에다가 '동국의 시인 김경지가 지은 것이다.'라고 썼다.

미처 글씨를 다 쓰기도 전에 손님이 힐책하였다.

"김 선생의 학문과 행실이 어찌 시인에 그칠 뿐인가? 선생은 명문가에서 태어나 어려서부터 총명했고, 취학한 후에는 포은 정 공정몽주, 도은 이 공이숭인, 정언 이순경順慶, 이존오의 자 등과 의리와 애정이 돈독하여, 아침저녁으로 강론하고 연마하기를 조금도 게을리하지 않았소. 우리나라 의리義理의 학문은 이분들로 말미암아 제창된 것이오.

나라에서 정학正學을 숭상하여 옛 제도를 개정하고 생원의 수를 늘리고, 재상 이 공이색을 맹주로 삼아 뛰어난 유학자들을 뽑아 학관學官으로 천거하게 하였을 때, 선생은 다른 관직에 있으면서 직강直講을 겸하게 되었소.

제생들이 선생의 수업을 들으려 경전을 손에 들고 줄을 이었으며, 휴가 중일지라도 선생에게 질문하려는 자들이 집에 잇달아 찾아와서 선생에게 배워 진보한 자가 많았소. 선생의 학문이 얼마나 올발랐겠소?

나라에 일이 많던 저 두 해1374년과 1375년에 정승 신돈이 권력을 제멋대로 주무르자, 선생은 상소하여 잘못을 힘써 말하였으나 비답批答, 국왕의 승인을 얻지 못하고 죽주광주의 속현로 유배되었소. 이후 관례에 따라 외가가 있는 여흥 고을로 옮겨 가서는 스스로 여강 어부驪江漁父라 하고 거처하는 방에 육우당六友堂, 강·산·바람·꽃·눈·달을 친구로 삼은 방이라 편액한 다음, 강산의 사계절 풍경을 즐긴 것이 모두 7년이었소.

조정에서 선생의 풍모를 높이 여겨 다시 불러 간관諫官을 제수하였다가 곧 성균관 대사성을 삼았는데, 간관의 직과 성균관 직의 봉직에 둘 다 손색이 없었소.

또 나라에서는 선생에게 사신으로서의 재능이 있다고 여겨 선생으로 하여금 요동 도사에게 예를 드리게 하였소. 마침 명나라 조정이 사사로운 교제를 허락하지 않는다고 하며 선생을 운남에 안치하였는데, 길을 가던 도중 사천의 노주瀘州에 이르러 병을 얻어 여관에서 세상을 떠났소.

선생은 길을 떠나서부터 만리 길을 가다가 병들어 죽기까지 갖은 고난을 맛보았을 터이지만 조금도 걱정하거나 서글퍼하는 기색이 없었소. 죽음에 임해서도 '집에서 아녀자 손에서 죽는다면 누가 나의 죽음을 알아주겠는가? 만리 밖에서 나랏일을 수행하다 죽게 되어 중국 사람까지도 나의 이름을 알게 되었으니, 죽을 곳을 얻었다 할 만하다.' 하고는 집안일은 한마디도 언급하지 않았소. 선생이 의리에 맞게 행동한 것이 얼마나 고귀하오?"

나는 눈물을 흘리며 말하였다.

"그대의 말이 정말 옳소. 하지만 김경지의 학문과 행실은 역사책에 전부 실려 있고 사람들의 입에 전파되었으니, 나의 말을 기다릴 필요가 어디 있겠소?

하지만 시詩의 도道는 말로 표현하기 어려울 정도가 된 지 오래입니다. 『시경』의 아송雅頌, 조정의 조회나 연향 때 연주하는 노래와 종묘의 제사에 쓰는 노래이 폐기된 뒤로 시인의 원망과 비방이 일어났고, 소명태자의 『문선』이 유행하자 약할 만큼 섬세함에 치우치는 폐단이 생겼소. 당나라에 이르러 성률聲律, 평측과 압운의 규율이 일어나자 시의 양식이 크게 변하였는데, 이백과 두보가 가장 탁월한 사람이었소. 송나라가 흥하고서는 참된 유학자가 배출되어 경학과 도덕이 하·은·주 삼대의 수준을 회복하게 되었지만, 성률에서는 당나라 율시를 답습하였소. 그러니 근체시라 해서 소홀히 여길 수는 없는 것이오.

하지만 세상에서 시를 말하는 자들이 혹은 소리만 터득하고 맛은 잃어버렸거나 혹은 의미만 있고 때깔이 없으니, 성정에서 나와 사물에서 발상을 일으키고 부류를 이용해 비유하는 『시경』의 취지에 맞는 것이 몹시 드물어요. 중국에서도 그러하거늘 그 변두리의 우리나라에서야 무엇을 더 말하겠소?

김경지의 외할아버지 급암 민 공민사평은 시문을 잘 지었는데 특히 당나라 율시에 능하였소. 익재이제현나 우곡정자후 같은 분들과 서로 시를 주거니 받거니 했는데, 김경지는 아침저녁으로 그들을 곁에서 모시면서 눈에 스미고 귀에 익어 저절로 많은 것을 깨우쳤다오.

일찍이 김경지가 시 짓는 모습을 본 적이 있는데, 생각은 막연하여 구상이 없되 얻은 것은 넘쳐나 스스로 깨우친 것 같기에, 그것을 붓으로 적으면 훨훨 구름이 흐르고 새가 나는 듯하였소. 시의 특성이 맑고 새로우며 흐르듯 고운 것이 그의 인품과 아주 닮았소. 김경지는 시의 도에서 일가를 이루었다고 할 만하오."

손님이 고개를 끄덕였다.

마침내 이 내용을 글로 써서 서문으로 삼는다.

정도전이 김구용의 유고에 쓴 서문이다. 김구용1338~ 1384은 호가 척약재惕若齋인데 줄여서 약재라고도 하였다. 그의 문집 『척약재집』은 1401년 무렵에 목판으로 간행되었다. 여기에는 1399년조선 정종 원년 9월 하륜이 작성한 서문과 이듬해 12월 김구용의 아들 김명리가 작성한 「행사요략」이 첨부되어 있다. 정도전은 왕자의 난 때 역적으로 몰려 죽었으므로 그가 지은 이 서문은 목판본에 실리지 않았다.

정도전은 김구용이 정치에서 올바른 도리를 실현하기 위해 신돈을 탄핵하는 상소를 올렸다가 유배되고, 국가의 현안을 해결하기 위해 사신으로 요동에 갔다가 명나라 측의 간계로 유배되어 가다가 죽은 일을 안타까와 하였다. 하지만 그 사적은 다른 사람의 말을 옮기는 형식을 취하고, 자신은 김구용의 시가 그의 정신을 온전히 드러내어 시의 정도를 회복시킬 역량을 드러내었다고 높이 평가하였다. 1388년(우왕 14)

이숭인의 시문에서 새로운 인문을 읽다
陶隱文集序

일월성신은 하늘의 문文, 산천초목은 땅의 문文, 시서예악詩書禮樂은 사람의 문文이다. 하늘은 기氣로 이루어지고 땅은 형形으로 이루어지지만 사람은 도道로 이루어진다. 그래서 '문은 도를 싣는 그릇이다.'라고 한다. 이것은 인문人文을 두고 말한 것이다. 인문이 도를 얻게 되면 시서예악의 가르침이 천하에 밝아져 삼광三光, 해·달·별의 운행이 순조롭고 만물이 적절하게 다스려진다. 이로써 문文의 성대함이 극도에 도달하게 된다.

선비는 하늘과 땅의 사이에 태어나 빼어난 기운을 모아 문장으로 표현해서 혹은 천자의 뜰에서 드날리고 혹은 제후의 나라에서 벼슬을 한다.

윤길보는 주나라에서 '청풍처럼 돈독하도다'라는 아雅, 『시경』「대아·승민」편를 지었고, 사극도 노나라에서 '생각에 삿됨이 없다'는 송頌, 『시경』「노송경」편을 진술하였다. 춘추 시대에 이르러 여러 나라의 대부들이 조빙하고 왕래하면서 시편을 읊고 인용하며 품물에 감응하여 뜻을 드러내었으니, 진晉나라

숙향이나 정나라 자산 역시 높이 평가할 만하다.

한나라 전성기에 이르러서는 동중서와 가의* 등이 나와서 책문정치에 관한 자문에 답하는 글과 상소를 올려 하늘과 사람의 밀접한 관계를 밝히고 정치의 바른 방법을 논하였다. 매승과 사마상여는 제후의 나라에 노닐면서 뛰어난 문장으로 성정을 읊어서 문학의 격을 높였다.

우리나라는 비록 바다 밖에 있으나 대대로 중국 선비의 풍모를 사모하여 문학하는 선비가 끊어진 적이 없다. 고구려에는 을지문덕, 신라에는 최치원이 있었으며, 고려에 들어와서는 시중 김부식과 학사 이규보가 걸출하였다. 근세에는 대학자 익재 이제현이 비로소 고문의 중요성을 제창했는데, 가정稼亭 이곡李穀과 초은樵隱 이인복李仁復이 호응하였다.

지금 목은 이 선생이색은 일찍이 부친의 가르침을 받고 북으로 중원에 유학하여 사우師友로부터 올바른 연원을 얻어 성명性命과 도덕의 학설을 연구하였고, 우리나라로 돌아와서는 여러 선비들을 가르쳤다. 선생에게 영향을 받은 이로는 오천 정달가정몽주, 경산 이자안이숭인, 반양 박상충, 밀양 박자허박의중, 영가 김경지김구용와 권가원권근, 무송 윤소종 등이 있다. 나같이 불초한 자도 그분들의 대열에 끼었다.

* 동중서董仲舒는 한나라 무제로 하여금 유교를 국교로 삼도록 설득하였고, 가의賈誼는 한나라 문제에게 유학과 오행설에 기초한 새로운 제도의 시행을 주장하였다.

그 중에 이자안은 정심精深하고 명쾌해서 모두를 압도하였다. 이자안은 선생의 설을 들으면 두 번 묻지 않고도 가만히 해득하고 마음으로 통했으며, 홀로 터득한 것은 다른 이의 상상을 뛰어넘었다. 어떤 서적이든 죄다 읽었는데 한 번 보면 곧바로 암기하였다.

그가 저술한 서너 책의 시와 문은 『시경』의 홍비興比와 『서경』의 전모典謨*를 근본으로 하였다. 쌓여 있는 화순한 기운이나 발현되는 아름다운 시문은 모두 예악에서 나왔다. 도에 깊은 자가 아니고서야 어찌 그럴 수 있겠는가!

명나라가 천명을 받아 천하를 차지하자, 덕을 닦고 무武를 그치며 주변 나라들과 문학 및 학문의 규범을 같이하였다. 예를 제정하고 악을 만들어 인문을 잘 형성하고 천지를 바르게 다스리는 일은 바로 이럴 때 가능하다. 이러한 때에 우리나라에서 명나라로 보내는 외교 문서들은 대부분 이자안이 작성하였다. 천자는 그 문서들을 가상히 여겨 "표문의 말이 정성스럽고 간절하다."라고 하였다.

이제 세시歲時의 인사를 하기 위하여 요동과 심양으로 넘어가 제나라와 노나라의 옛 지역을 거쳐 세차게 흐르는 황하를 건너 천자의 조정에 들어가게 되었으니, 보고 느끼는 데에서

* 홍비興比는 6의義, 곧 풍風·부賦·비比·홍興·아雅·송頌 가운데 홍과 비 둘을 예로 든 것이고, 전모典謨는 요전堯典·순전舜典·대우모大禹謨·고요모皐陶謨를 가리킨다.

얻는 것이 어찌 한두 가지이겠는가!

아아! 춘추 시대 오나라 왕자 계찰은 노나라에 가서 주나라의 음악을 구경하고 그 덕이 성대함을 알아보았다. 이자안의 이번 길은 마침 문물을 새로 만드는 전성기에 해당하므로, 장차 보고 느낀 것을 시문으로 펴서 공을 기록하고 덕을 서술하면, 명나라의 아송이 되어 윤길보가 지은 시의 뒤에 두더라도 부끄럽지 않을 것이다.

이자안이 돌아와 그 시문들을 나에게 보여 준다면 제목을 '관광집觀光集'이라 붙여야 할 것이다.

1384년 가을에 정도전은 정몽주를 따라 명나라에 갔을 때 명나라의 문물이 성대한 것을 보았다. 1388년에 이숭인이 사신이 되어 남경으로 떠나자, 이숭인의 문집에 이 서문을 지어 주면서 문명의 성대함과 문학의 가치에 관해 논하였다.

정도전은 인문을 말하면서 시서詩書와 예악禮樂 가운데서 예악을 중시하고 그 중에서도 아송雅頌을 으뜸으로 쳤다. 문학이 정치·경제를 수식하는 도구라고 여겼기 때문이다. **1388년(우왕 14) 10월**

인재 등용에 관한 건의

당나라에서 인재를 등용하는 방식에 다섯 조목이 있습니다. 첫째는 교양敎養, 양성을 통하여 재주와 덕을 이루게 하는 것입니다. 둘째는 선거選擧, 선발를 통하여 빼어나고 특출한 자를 뽑는 것입니다. 셋째는 전주銓注를 통하여 적절한 직분과 임무를 담당하게 하는 것입니다. 넷째는 고과考課를 통하여 공적과 과실을 고찰하는 것입니다. 다섯째는 출척黜陟을 통하여 징계와 권한을 보이는 것입니다.

이 조목 속에는 또 각각 조목이 있습니다.

경전과 역사에 박학함, 법률과 명령에 밝음, 활 쏘고 말 타기를 익힘, 이 세 가지가 교양의 조목입니다. 문학, 재간才幹, 무예, 문음門蔭의 네 가지는 선거의 조목입니다. 덕망과 식량識量 있는 자를 재상으로 삼고, 지략과 무용 있는 자를 장수로 삼으며, 과감하게 말하여 꺼리지 않는 자를 대간臺諫으로 삼고, 밝게 감찰하고 공평하게 용서하는 자를 형관刑官으로 삼으며, 산술을 익혀 통달한 자에게 전곡錢穀을 맡기고, 정교하게 생각하고 정밀하고 민첩한 자에게 공장工匠을 맡기는 것, 이 여섯 가지는 전주의 조목입니다. 공公만 생각하고 사私적인 것을 잊고서 그 직임에 부지런한 것을 공적으로 인정하고, 공을 여위게 하고 사를 살찌게 하며 관직을 비우고 직무를 폐기하는 것을 과실로 간주하는 것, 이 두 가지는 고과의 조목입니다. 직질職秩을 올려 주고 봉급을 더함은 척陟이고 관직을 깎고 귀양 보냄은 출黜이니, 이 두 가지는 출척의 조목입니다.

우리나라는 사람 쓰는 법이 크게 무너졌습니다. 교양하려 하더라도 사도師道가 밝지 않고, 선거하려 하더라도 사私를 가지고 공公을 덮으며, 전주하려 하더라도 어진 이와 어리석은 이를 섞어 내오고, 고과하려 하더라도 청탁이 번성하며, 출척하려 하더라도 뇌물이 자행하여, 다섯 가지가 모두 폐기되었으니 무엇으로 인재를 얻겠습니까?

근자에 5도의 도관찰출척사都觀察黜陟使를 각 도에 나누어 파견했는데, 이는 근본을 헤아리지 않고 끄트머리를 가지런히 하려는 처사에 불과합니다.

정도전은 임금이 신하들과 학문을 강론하고 국정을 협의하던 경연經筵을 활용하여 올바른 정치 이념을 자주 제시하였다. 특히 공양왕에게 인재 등용의 문제에 대해 위와 같이 건의하였다. 공양왕은 경연 검토관 한상경韓尙敬을 시켜 이 말을 글로 써서 바치라 하였다.

공양왕은 또 경연에서 정도전에게 "우왕 때 첨설한 직책을 모두 파하고자 하는데, 어떤 방법을 쓰면 좋은가?" 하고 물었다. 정도전은 "사람 쓰는 법에 네 가지가 있었으니 문학, 무과, 이과吏科, 문음이 그것입니다. 이 네 과로 천거하게 하여 마땅하면 등용하고 그렇지 못하면 버린다면 누가 원망하겠습니까?" 하였다.

공양왕이 "품계가 높은 자는 어떻게 처리해야 하는가?" 묻자, 정도전은 "송나라 때 산관을 위하여 대단관과 복원궁을 설치하고 제조나 제거의 직을 제수하였습니다. 이를 본받아 궁성 숙위부를 두어, 밀직과 봉익대부에 이른 자는 제조궁성숙위사를 삼고 3품과 4품은 제거궁성숙위사를 삼으시면 정치가 적절하게 운영되고 체통이 엄해질 것입니다."라고 답하였다.

이에 공양왕이 "외방에 있는 자는 어떻게 처우하면 좋은가?" 물으니, 정도전은 "경성에 있는 자를 이와 같이 처우하면 외방에 있는 자도 다투어 와서 왕실을 호위할 것이니, 그런 뒤 품계에 따라 제조나 제거를 삼으소서."라고 하였다. 이에 공양왕은 궁성숙위부를 두었다.

1389년(공양왕 원년)

도당의 할 일

高麗國新作都評議使司廳記

공양왕 원년1389 12월 병오에 전하께서 신臣 도전에게 명하셨습니다.

"도평의사는 재상 신하들로서 과인을 보좌하는 자들이다. 내가 정사를 맡게 되자 도평의사사 청사가 마침 완성되었으니, 그대는 전말을 기록하여 후세에 전하라."

이에 신은 손을 모으고 머리를 조아려 절하고 아래와 같이 말합니다.

나라에서 문하부를 설치하여 정치와 법전을 맡기고, 삼사三司를 두어 돈과 곡식을 맡기며, 밀직密直을 두어 군사를 맡겼습니다. 하지만 큰일이 있으면 이 삼부三府가 모여 의논하니 이를 도평의사사라고 하는데, 일에 따라 설치하기도 하고 폐지하기도 합니다. 이는 『주례周禮』에서 관청끼리 연합하는 제도의 뜻을 따른 것입니다.

근래에는 도평의사사가 여러 직책을 총괄해서 항상 설치하므로, 그 직임이 참으로 일반 관료에 견줄 바가 아닙니다. 그런데도 이제야 청사를 짓게 되었습니다. 문하찬성사 우인열,

평리 설장수·김남득, 정당문학 김주, 동지밀직사사 유화, 첨서밀직사사 이염, 자혜 부윤 유광우 등이 감독을 맡았습니다.

재목을 자르고 벽돌과 기와를 굽는 일들은 모두 고지기들을 부려 공사를 부지런히 하도록 독려했는데, 달포 남짓 일하는 동안 백성들은 힘든 줄을 몰랐습니다. 높다랗게 중앙을 차지하고 서 있는 것이 사사청使司廳이요, 날아갈 듯 좌우에 마주 서 있는 것이 수령관청首領官廳입니다. 수령관이란 곧 옛날 경사卿士의 직위입니다. 수령관청에 잇대어 행랑을 짓고 담장을 둘렀으며, 부엌과 곳간까지 갖추었습니다.

전하께서 비로소 문하시중 심덕부, 수문하시중 이국휘이성계로 판사를 삼고, 삼사에서는 판사 왕안덕 이하, 문하에서는 찬성사 정몽주 이하로 동판사同判事를 삼고, 밀직에서는 판사 김사안 이하를 사使로 삼아서 그 명칭을 바르게 하였으니, 도평의사사의 임무가 더욱 중해졌습니다. 당나라에서는 다른 관원으로서 동평장사同平章事의 일을 겸임한 자가 재상이 될 수 있었으니, 바로 이 제도입니다.

못난 신도 외람되이 동판사사同判使司가 되었는데, 신에게 명하여 기문을 쓰라고 하시니, 불민한 신이 무슨 말을 하겠습니까. 『논어』에 "가까운 데서 비유를 취한다." 하였으므로 신은 이 청사를 들어 말하겠습니다.

비유하자면 집채는 임금이요, 들보와 용마루는 정승이요,

기초는 백성입니다. 기초는 마땅히 견고해야 하고 들보와 용마루는 안정되고 높아야 합니다. 그런 뒤에라야 집채가 튼튼하게 될 것입니다. 들보와 용마루는 위로 지붕을 받들고 아래로 기초에 의지하니, 마치 재상이 군부를 받들고 백성을 보살피는 것과 같습니다.

『서경』에 "신하는 위로는 덕을 펴고 아래로는 백성을 가르친다." 하였으니 이를 두고 한 말입니다. 이 청사에 들어오는 관료들은 지붕을 보면서 우리 임금 받드는 방도를 생각하고, 기초를 보면서 우리 백성에게 후하게 할 방도를 생각하며, 들보와 용마루를 보면서 자신의 직책에 부합하게 할 방도를 생각하면 좋을 것입니다.

옛날에 천자를 잘 보필한 신하로는 고요·기·방현령·두여회* 같은 이가 있고, 제후의 나라에는 숙향과 공손교 같은 이가 있었는데, 모두 명망 있는 재상이었습니다. 천자의 나라와 제후의 나라라는 차이가 있지만, 하늘의 때에 순응하고 민생을 도우며 임금을 받들고 관리들을 다스리는 바는 한가지입니다. 고요와 기는 너무 오래 전 인물이라 거론하지 않겠습니다. 방현령은 계책 세우기를, 두여회는 결단 내리기를, 숙향은 올곧게 시행하기를, 공손교는 은혜 베풀기를 잘하였습니다.

* 방현령578~648과 두여회585~630는 당나라 태종을 섬긴 정치가이다. 이들은 함께 법률과 인사 제도를 정비해 '정관의 치'를 이루었다.

대개 계책을 세우지 않으면 일을 시작할 수 없고, 결단하지 않으면 일을 이루지 못하며, 올곧지 않으면 백성이 순명하지 않고, 은혜롭지 않으면 백성이 고마워하지 않습니다.

따라서 이들은 그 직책에 충실하였다고 할 것입니다. 그러나 아직 미진한 데가 있습니다. 반드시 남송 때 진덕수*가 정승의 직책에 대해 논한 것처럼 해야 합니다. 그는 '임금의 마음을 바르게 해야 한다' '자신을 바로 해야 한다' '사람을 알아야 한다' '일을 처리해야 한다'라고 하였습니다.

임금의 마음을 바르게 하려면 역시 스스로를 바르게 해야 합니다. 자기 몸을 바르게 하려면 사람을 아는 밝음과 일에 대처하는 방정함이 있어야만 잘할 수 있습니다.

다행히 지금 국운이 다시 일어나고 성군과 어진 신하가 만나, 위에서는 성심誠心으로 아랫사람을 대하고 아랫사람은 성심으로 위를 섬기니, 이것은 동방의 일대 태평성대입니다. 신하들은 저마다 스스로 힘내서 군주가 등용해 준 뜻에 부합하도록 해야 합니다. 그럴 경우 도평의사사를 설치한 목적에 부합하게 될 것입니다. 이에 기문을 씁니다.

* 진덕수는 남송 시대 정치가이자 주자학자이다.

공양왕은 도평의사사 청사를 새로 건립하고 기념의 글을 동판사사의 직위에 있던 정도전에게 짓게 하였다. 도평의사사는 고려 초부터 있어 왔던 도병마사를 바꾼 것이다. 나라의 중대한 일이 있을 때마다 소속 관원 중 3품 이상의 사使가 회의를 통해 일을 처리하였다.

이후 일반 정치 문제까지 논의하게 됨으로써 최고 의정 기관이 되었다. 줄여서 도당都堂이라고도 하였다. 정도전은 모든 정무를 집행하는 권한을 지녔던 도평의사사를 장악해야 정치 이념을 실현할 수 있으리라 생각했을 것이다.

당시 정권을 장악한 신흥 사대부들은 정치 개혁의 관점에 따라 두 그룹으로 갈렸다. 온건 개혁파는 제도 운영의 문제점만 고치자고 하였고, 급진 개혁파는 왕도와 패도를 조화시켜 지배 체재를 근본적으로 개혁해야 한다고 하였다.

정도전이 이 글을 지은 지 얼마 안 되어 명나라 예부에서 발송한 외교문서인 자문을 이색이 조작한 사건이 일어났다. 이색은 이성계를 중심으로 하는 급진 개혁파 세력을 약화시키려고 이 사건을 일으켰다. 정도전은 황해도 우봉으로 유배되었다. **1389년(공양왕 원년) 12월**

나무꾼을 그린 그림

題樵叟圖

노인장, 나무를 하려거든　　請叟當採樵
푸른 솔가지는 찍지 마오　　莫斫靑松枝
소나무 높이 자라 일만 길 되면　　松樹高萬丈
아스라한 큰 집을 괼 수 있다오　　枝梧大厦危
노인장, 나무를 하려거든　　請叟當採樵
가시덩굴 모조리 베어 주오　　荊棘在芟夷
가시덩굴 모조리 베어 내면　　荊棘芟夷盡
지초와 난초, 얼마나 무성할까　　芝蘭何猗猗
나무하는 노인이여, 나무하는 노인이여　　樵叟兮樵叟
산중에 오래 머무르지 말고　　山中不可久淹留
날 위해 성군의 구하심에 부응하시오　　爲我往副明時求

동양화에 나무꾼을 소재로 한 그림이 있다. 한나라 때 주매신이란 사람이 나무꾼으로 생계를 꾸리며 공부를 해서 훌륭한 인물이 되었다는 고사를 배경으로 한다. 그런데 정도전은 나무꾼 그림을 보고는 나무꾼이 나무하는 일을 군자의 등용에 비유하고, 또 은둔한 선비를 나무꾼에 빗대어 재야의 선비들이 조정으로 들어올 것을 권유하였다. 이른바 '초은招隱'의 뜻을 담은 것이다.

당시 정도전은 정당문학으로서 명나라 천자의 생일인 성절聖節을 축하하러 명나라에 갔다. 이때 고려의 윤이와 이초가 명나라로 망명하여 이성계가 이인임과 함께 정권을 마음대로 할 뿐 아니라 명나라를 공격하려 한다고 무고하였다. 정도전은 명나라 관료들을 만나 이성계를 위해 변호하여 그 무고를 벗겨 주었다. 당시 왕래하면서 쓴 시들은 처음에 『중봉사록重奉使錄』으로 엮었다가 나중에 『삼봉집』에 수록되었다. 1390년(공양왕 2) 여름

공부의 어부사에

題孔伯共漁父詞卷中

한 늙은이가 벼슬아치 옷을 입고	有翁有翁身朝衣
얼큰히 취해 어부사를 노래하니	半酣高歌漁父詞
첫 가락은 강해江海의 생각을 일으키고	一曲起我江海思
다음 가락은 이끼 낀 돌에 앉혀 주고	二曲坐我蒼苔磯
셋째 가락은 어디론가 둥실 떠가게 한다	三曲泛泛迷所之
흰 모래 여울에서 가마우지와 짝하고	白沙灘上伴鸕鶿
붉은 여뀌 물가에서 해오라기 함께 노닐며	紅蓼洲邊同鷺鷥
구름 연기 망망하고 눈보라 부슬부슬	雲煙茫茫雪霏霏
거울 수면이 바람결에 무늬지면	水面鏡淨風漣漪
초록 우장 푸른 삿갓으로 빗속에 떠니가	綠簑青蒻冒雨披
짧은 노 가벼운 장대로 달 싣고 돌아오다가	短棹輕槳載月歸
흥이 나면 젓대 한 가락 불고	興來閒捻一笛吹
이따금 창랑가로 화답하노라	往往和以滄浪辭
노랫소리 격렬하여 강기슭에 요란한데	數聲激烈動江涯
문득 사방을 돌아보면 간 곳이 없고	怳然四顧忽若遺
늙은이 아직도 노래 부를 따름이네	高歌未終翁在玆

정도전은 공백공의 『어부사』 시집을 읽고 어부가 되어 유유자적하는 상상을 하였다. 공백공은 이름이 부鮒, 호는 어촌漁村이다.

원문의 창랑사는 곧 「창랑가滄浪歌」로, 『맹자』 「이루」 편과 굴원의 『초사』 「어부사」에도 나온다. "창랑의 물이 맑으면 내 갓끈을 씻고, 창랑의 물이 흐리면 내 발을 씻는다."라는 내용이다. 고려 말부터 조선 전기까지 여러 선비들이 「창랑가」를 소재로 어부가를 지었다.

공양왕에게 올리는 상소
上恭讓王疏

정당문학 신 정도전이 삼가 교서敎書를 읽으니, 위로는 천문의 변고를 삼가고 아래로는 신민들의 바른말을 구하시며 여덟 가지 일로 자책하셨습니다. 신은 재삼 읽으면서 감탄을 금하지 못하였습니다.

전하께서는 하늘의 견책을 자신의 잘못으로 돌리시고 언로를 넓게 열어 과실을 들으려고 하셨으니, 옛날의 밝은 임금이라 할지라도 이보다 더할 수는 없을 것입니다.

신이 재상의 자리에 있으면서 보필하는 바가 없어서 군부께 근심을 끼쳐 드려 이런 자상하신 교유敎諭를 내리게까지 하였으니, 신은 참으로 부끄럽습니다.

일찍이 '임금은 머리이고 신하는 팔다리이다.' 하였으니, 사람의 몸에 비유한다면 임금과 신하는 한 몸입니다. 그러므로 임금이 제창하여 이끌면 신하는 화답하고 신하가 말을 하면 임금은 들어줍니다. 간혹 의견 대립이 있으나 이는 모두 옳은 정치를 위해서일 뿐입니다.

그렇다면 하늘의 꾸짖음은 신들이 초래한 것입니다. 옛날에는 재이災異가 있으면 삼공三公*이 사임을 청하였으며, 대신은 자리를 피하여 덕 있는 이에게 양보하였습니다. 부디 신을 파직하여 재해를 그치게 하소서.

그런데 생각해 보니, 옛날의 대신들은 물러가기를 청할 때 반드시 임금에게 말씀을 올려 경계하고는 하였습니다. 더군다나 지금은 교서까지 받들었으므로, 천려일득千慮一得의 어리석은 꾀일지언정 만에 하나 채택하여 쓰시도록 아뢰지 않을 수 있겠습니까?

삼가 교서를 읽어 보매, "내가 덕을 닦지 않아 상제의 마음에 들지 않아서인가? 명령에 잘못이 있어 여러 사람의 기대에 부합되지 않아서인가?"라고 하셨습니다.

신의 생각으로는, 덕德이란 얻는得 것이니 마음에 얻어지는 것이고, 정政이란 바루는正 것이니 자신을 바루는 것을 말합니다. 그런데 덕은 선천적으로 얻어지는 것도 있고 수양을 쌓은 뒤에야 얻어지는 것도 있습니다.

전하께서는 도량이 너그러우시고 천성이 자애로우신데, 나실 때부터 그러하십니다. 하지만 전하께서는 평소 글을 읽어 성현의 법을 살피지 않으시고 일에 대처하여 당세의 임무를

* 삼공은 태위太尉·사도司徒·사공司空의 세 벼슬을 통틀어 이른다. 삼사三師와 함께 임금의 고문 구실을 하는 국가 최고의 명예직으로 고려 초기에 두었다가 공민왕 때에 없앴다.

알지 못하시므로, 어찌 감히 덕이 반드시 닦여지고 명령에 잘못이 전혀 없다고 보장하겠습니까?

한나라 성제는 조회에 임하여 침착하고 묵묵하여 군주의 도량이 있었으나, 황실이 망할 때는 아무 소용이 없었습니다. 양나라 무제는 사형수를 대하면 눈물을 흘리면서 음식을 먹지 않아 인자하다는 소문이 있었으나, 강남의 난리를 구하지 못하였습니다. 이는 하늘이 내린 바탕이 아름다웠을 뿐 덕으로 행하는 정치를 닦지 않았기 때문입니다.

전하께서는 부디 훌륭함을 자부하지 마시고 수양이 충분하지 못한 점을 경계하소서. 그럴 경우 덕이 닦여지고 정치가 잘 이뤄질 것입니다.

삼가 교서를 읽어 보매, "사람을 임용할 때 사사로운 정분을 따라서인가? 상벌의 방법이 정도에서 어긋나서 그런가?" 하셨습니다.

신의 생각으로는, 사람을 임용함이 공성했느냐 사사로웠느냐 하는 것은 전하께서 스스로 알고 계실 듯합니다. 신이 어찌 알겠습니까. 그러나 관리 발령의 제목이 내려오면 외인들이 눈짓을 해 의논하기를, "누구는 친구이고 누구는 외척이다."라고 합니다. 바깥 의논이 이러한 것으로 보아, 관리의 발령에 사사로운 정분을 따른 것이 섞여 있지 않았나 싶습니다.

상이란 공 있는 사람을 권장하는 수단이고, 벌이란 죄 있는 사람을 징계하는 도구입니다. 상을 천명天命이라 하고 형벌을 천토天討라고 하는 것은, 하늘이 군주에게 상 주고 벌주는 권리를 주어 군주가 하늘을 대신하여 행할 뿐이라는 사실을 뜻합니다. 따라서 상이나 벌이 비록 군주에게서 나온다고 해도 군주가 사사로이 내고 들일 수 있는 것이 아닙니다.

그런데 전하께서 즉위하신 이래로 상을 받고 벌을 받은 사람 중에는 같은 사건인데도 다르게 처리된 자가 있습니다. 김저의 말은 한가지인데, 변안렬처럼 극형에 처한 자가 있는가 하면 왕안덕처럼 발탁해서 쓴 자도 있습니다. 김종연이 감옥에서 탈출한 것은 한가지인데, 당직 영사였던 자는 처형하고 순무 이사영은 기용하였습니다. 김종연이 도피해 있을 때 함께 난리를 도모한 것은 마찬가지인데, 같이 꾀하고 비호한 자들 가운데 우현보는 살고 윤유린·최공철 등은 죽었습니다.

제 생각에, 죽임의 형벌을 받고 죽은 자에게 죄가 있었다면 발탁되어 살아 있는 자는 무슨 다행이며, 발탁되어 살아 있는 자에게 죄가 없다면 죽임의 형벌을 받고 죽은 자는 무슨 죄인지 모르겠습니다.

우왕과 창왕은 우리 왕씨의 왕위를 빼앗아 실로 역대 군주에게 죄를 지었으므로, 왕씨의 자손이나 신하라면 모두 그들을 원수로 여겨야 할 것입니다. 그들의 친족이나 잔당에게 죽임의 형벌을 가하거나 사방 변경으로 내치거나 해야만 살아 있는 왕족과 종묘에 모신 신령의 마음이 상쾌하게 될 것입니다.

옛날 측천무후가 당나라 고종의 왕후로서 아들 중종의 자리를 빼앗자, 다섯 왕이 의병을 일으켜 무씨측천무후를 물리치고 중종을 복위시켰습니다. 무씨는 어머니이고 중종은 아들이므로 친어머니가 아들의 자리를 빼앗은 것입니다. 그런데도 북송의 호안국胡安國은 『춘추』에 해설을 붙이면서 다섯 왕이 대의로 결단하여 죄인을 죽이고 그 종족을 멸망시키지 못한 것을 오히려 비판하였습니다. 하물며 우왕과 창왕은 왕씨에 대해서 무씨와 같은 친족의 관계도 아닌 데다가 무씨가 범한 것과 같은 죄가 있으니, 그의 친족과 당파에 대해서는 무씨의 종족을 다스린 정도로 그쳐서는 안 됩니다.

지난번1389 대간의 상언으로 그들이색 등을 외방으로 유배보냈으므로, 비록 하늘을 대신하여 죄인을 죽이는 천주天誅를 밝게 보이지는 못했지만 역대 군왕과 신하와 백성들의 분이 조금은 풀렸습니다. 하지만 몇 달이 되지 않아 그들은 모두 소명을 받고 서울에 모여 거침없이 출입하고 있습니다. 지금 간관의 말을 들어 몇 사람을 파직시키기는 하였지만, 전하께서 억지로 따르시어 망설이고 애석해하는 뜻이 있으셨으니, 이 거조擧措가 과연 어떤 뜻에서인지 모르겠습니다.

우왕 때 모든 장수가 위화도에서 회군한 뒤에 왕씨를 세울 것을 의논하였습니다. 이것은 하늘이 과오를 뉘우치고 역대 선왕들이 도와서 왕씨가 부흥할 기회였습니다. 그런데도 그 의논을 저해하고 마침내 아들 창을 세워서 왕씨를 부흥하지 못하게 한 자이색을 가리킴가 있었으며, 신우를 맞아다가 영구히 왕씨를 끊어 버리려 하는 자도 있었습니다. 이들은 난신적자의 무리로서 왕법으로 용납할 수가 없습니다. 전하께서 이미 그들의 목숨을 살려 주었으면 먼 곳에 추방하는 것이 옳았을 터인데, 이제 모두 집으로 소환하여 위로하고 편안히 거처하게 하여, 그 죄가 무함誣陷인 것처럼 하셨습니다.*

그들이 왕씨를 저해하고 가짜 창을 세운 것은 여러 장수가 모두 아는 일일 뿐더러 그들이 직접 자백하여 명확한 증거도 있습니다. 신우를 맞이하여 왕씨를 끊으려 한 것은 김저와 정득후가 앞서 말하고, 이임·이귀생이 뒤에서 서로 이어, 증거가 아주 분명합니다. 이것을 무함이라고 이른다면 천하에 죄를 엄하게 꾸짖을 만한 난신적자가 어디에 있겠습니까?

사람의 하는 일은 공변된 의리에 맞지 않으면 반드시 사사로운 정에 부합하게 되어 있습니다. 전하의 이 거조를 공변된 의리에 맞는다고 한다면 우·창의 무리는 모두가 역대 선왕의 죄인일 것입니다. 그렇지 않고 사사로운 정에 부합한다고 한다면 우·창의 무리를 머물게 해서 뒷날의 우환을 초래함이, 마

* 1390년 우현보·이색 등을 사면하여 자유롭게 살도록 해 준 일을 가리킨다.

치 윤이와 이초가 명나라 천자에게 청하여 천하의 군사를 발동하게 할 뻔했던 일*과 같게 만들 것입니다. 그러니 어찌 인정에 맞겠습니까?

"죄 있는 자를 사면하면 은혜가 막대하므로 뒷날 반드시 그의 힘을 입을 것이요, 인심도 저절로 편안해져서 화란이 저절로 그칠 것이다."라고 한다면, 신은 "형법이란 난리를 금지하는 것이기에 임금이 이를 믿고서 사직을 보존하고 안정시키는 것이다. 형법이 한번 흔들리면 난리를 금지하는 도구가 먼저 무너져서 힘을 얻기 이전에 화란이 먼저 이르고, 마음이 편안해지지 못하여 난리가 그치지 않을 것이다."라고 하겠습니다. 이에 대해서는 당나라 중종과 무삼사武三思의 일을 들어서 밝혀 보겠습니다.

측천무후의 무리에서 가장 권력을 휘두른 자가 무삼사인데, 중종은 그가 어머니의 친조카라 하여 토벌하여 죽이지 않고 도탑게 우대하였습니다. 지금에 와서 본다면 다섯 왕이 무씨의 아들중종을 황제로 세워서 무삼사가 도마 위 고기의 형세를 면하였으니, 다섯 왕은 중종에게만 공로가 있었던 것이 아

* 공양왕 초에 파평군 윤이와 중랑장 이초가 명나라의 힘을 빌려 시중 이성계를 제거하려고 명나라에 들어가 주원장태조에게 "이성계가 공양왕을 세웠으나 종실이 아니라 그의 인친이며, 또 명나라를 치려고 하여 이에 반대한 이색·우현보 등이 화를 당했습니다."라고 알렸다. 당시 명나라에 갔던 순안군 방, 동지밀직사 조반 등이 이 사실을 알고 국내에 보고함으로써 1390년 이색·우현보 등 수십 명이 순군옥·청주옥에 갇히는 이초의 옥사가 일어났다.

니라 무삼사에게도 천지를 다시 만들어 준 은혜가 있습니다.

그런데도 무삼사는 이 점을 깨닫지 못하고 자기 죄악이 세상에서 용서받지 못할까 전전긍긍하여 밤낮으로 다섯 왕을 참소하기를, "권세가 중하고 공로를 자랑한다." 하여 중종의 마음을 혼란시켰습니다.

중종은 무삼사가 자기를 사랑한다 하여 가까이하고, 다섯 왕은 권세가 중하다고 하여 꺼렸습니다. 다섯 왕은 나날이 소원해지고 무삼사는 나날이 친밀하게 되어, 끝내 무삼사에게 다섯 왕은 죽고 중종은 시해되었습니다.

설사 중종이 계책을 잘못 세웠다 하더라도 다섯 공신을 보전하지 못할 뿐이라고 생각하였지, 자신이 무삼사의 손에 시해되리라고 어찌 생각이나 했겠습니까? 친족으로 따지면 어머니의 조카요, 은혜로 따지면 목숨을 살려 준 은인인데, 그의 힘은 얻지 못하고 화만 입었으니, 참소하는 자의 마음이란 믿기 어려움이 이와 같습니다.

참소하는 자의 계책은 처음에는 자기 몸을 보전하려는 데 불과하지만, 그치지 않고 악한 짓을 해 나가면 그 방법에 익숙해집니다. 남의 몸을 망치고 남의 집과 나라를 멸망시키며, 심지어 자신까지도 망친 뒤에야 그만두게 되는 것입니다. 무삼사 같은 자가 어찌 옛날에만 있고 지금은 없겠습니까?

하늘과 사람의 관계는 털끝만큼도 틈이 없어서, 길흉과 재상災祥이 각각 부류에 따라 응하게 됩니다. 지금 안으로는 백관이 직책을 수행하고 서민들은 산업에 편안하며, 밖으로는 중국과 화합하고 섬 오랑캐일본가 굴복하였으니, 난리가 어디로부터 나오겠습니까?

아래에서 참소하는 사람이 서로 얽혀 있으면 위에 우려할 형상이 나타납니다. 객성客星이 자미성 자리를 침범한 사실을 두고, 신은 무삼사 같은 자가 군주의 곁에 있어서가 아닐까 두렵습니다. 또 화요성이 여귀성 자리에 들어간 사실을 두고, 신은 무삼사가 빚은 화가 끝내 있지 않을까 두렵습니다.

신은 비록 다섯 왕이 당했던 것과 같은 해를 당한다 하더라도 근심할 것이 없지만, 왕씨가 이룩한 왕업을 생각하면 애석할 따름입니다.

"이런 일이 없으리라 보장할 수 있으니, 이런 말을 하는 것은 망령되다." 하실지 모릅니다. 그러나 저 당나라 중종인들 마음속에 어찌 보장하지 않았겠습니까? 하지만 끝내 후세 사람들의 조소를 샀습니다.

신은 후인이 지금을 비웃을 것이, 지금 사람이 옛날을 비웃는 것과 같지 않을까 합니다.

한나라 때 동중서는 "하늘은 어진 임금을 사랑하기 때문에 먼저 재앙을 내려 경고하니, 두려워하여 반성하게 하려는 것이다." 하였습니다.

바라옵건대 전하께서는 사람을 등용하고 사람에게 형벌을 내릴 때, 그 사람이 친한지 먼지, 귀한지 천한지를 따지지 말고 하나같이 공과 죄의 유무를 기준으로 적절하게 처리하시고 넘치는 일이 없게 하소서. 그리하면 임용이 공정하고 상벌이 바르게 되며 인사가 제대로 이루어지고 천도가 순조로울 것입니다.

삼가 교서를 읽어 보매, "민폐가 다 없어지지 않고 재물이 부당하게 소비되어서인가? 준수하고 특이한 재주를 지니고도 등용되지 않은 자가 누구이며, 참소하고 아첨하는 무리로서 내치지 못한 자가 누구인가?"라고 하셨습니다.

신은 듣건대, "삼사三司, 전곡의 출납을 맡아보던 관아의 회계에서 불교에 관한 비용이 가장 많았다." 하니 재물을 망령되게 허비하는 것이 이보다 심할 수가 없습니다. 그런데 불교의 해악은 예부터 분별하기 쉽지 않았습니다. 불교 신도들은 "이는 좋은 일이고 착한 일이어서 부처에게 귀의할 경우에는 나라가 부유할 수 있고 백성이 장수할 수 있다."라고 합니다.

임금된 자는 이 설을 듣고 기뻐하여 재물과 인력을 다하여 부처에게 아첨하고 부처를 섬깁니다. 이에 대해 간언하는 자가 있으면, "내가 부처를 섬기는데 저자가 그르다고 하니, 나는 착하고 저자는 악하며 나는 도를 따르고 저자는 마귀이다. 내가 부처를 섬기는 것은 나라를 부강하게 하기 위해서이고 백성을 장수하게 하려는 것이지 나를 위해서가 아니다."라고 합니다. 이 말을 가지고 마음을 굳혔기 때문에 사람의 간언이 들어갈 수가 없습니다.

전하께서 즉위하신 이래로 절간의 도량이 궁궐보다 높이 솟고, 법석을 늘 불우佛宇에 설치했으며, 도전道殿, 도교의 도관의 초제醮祭가 무시로 있고, 무당의 푸닥거리가 빈번하였습니다. 이는 전하께서 이것을 좋은 일로 여기지만 실상 좋은 일이 아니라는 것을 몰라서이고, 이것이 나라를 부유하게 한다고 여기지만 실상 나라가 메마르게 되는 것을 몰라서이며, 이것이 백성을 장수하게 한다고 여기지만 실상 백성이 곤궁해지는 것을 몰라서입니다.

간언하는 자가 있더라도 전혀 받아들이지 않으면서도 간언을 어기는 일이라 생각하지 않으십니다. 그렇기에 신은 "착한 일이고 복이 되며 장수하게 만든다는 말이 먼저 머리에 들어가 있다."라고 하는 것입니다.

옛날 양나라 무제는 만승 천자의 존엄한 몸을 굽혀서 세 번이나 몸을 바쳐 절의 종이 되었으며, 강남양쯔강 남쪽 지역의 재력을 탕진시켜 불탑을 크게 일으켰습니다. 그 마음에 어찌 이롭지 않다고 여기면서 구차하게 이런 일을 하였겠습니까? 필부에 불과했던 후경이 난을 일으키매, 몸이 욕을 당하고 자손을 보전하지 못하여 그에 따라 나라가 망하였으니, 불교의 이른바 '선을 닦아 복을 얻는다'는 것이 과연 어디에 있다 하겠습니까?

이것은 오히려 다른 시대의 일입니다. 공민왕께서도 불교를 숭상하여 중들에게 제자의 예를 친히 행하셔서, 궁중의 백고좌*와 연복사의 문수회*를 해마다 벌이셨습니다. 나옹 혜근 고운암孤雲菴의 단청은 산골을 비추고 노국 공주 영전影殿의 기둥은 하늘에 솟구쳐서, 재물이 메마르고 인력이 다 없어져 원망과 비방이 함께 일어났는데도 아랑곳하지 않았습니다. 부처 섬김은 지극했다고 할 만하지만 끝내 복을 얻지 못하였으니, 이 어찌 참고해야 할 밝은 거울이 아니겠습니까?

주나라 말에 귀신이 유신有莘의 땅에 내리자, 태사 벼슬의 과過가 "나라가 흥하려면 사람에게 맡기고 나라가 망하려면 신에게 맡긴다." 하였는데, 주나라는 귀신을 섬겨서 결국 망하였습니다. 이것을 두고 말한다면 부처 섬김과 신령 섬김은 이익이 없고 해만 있다는 것을 알 수 있습니다.

바라옵건대 전하께서는 해당 관리에게 거듭 명하여 국가 제사로서 법전에 기재된 것을 제외하고는 음란하고 더러운 거

* 국난이 있을 때 고승 백 명이 백 개의 불상을 모시고 『인왕반야바라밀경』을 외는 것을 백고좌라고 한다.
* 문수회는 문수보살을 찬양하는 법회이다. 문수보살은 부처가 입적한 후에 인도에 나와서 반야 대승을 선양한 보살이다.

조를 일체 금하고 끊으소서. 그러면 재물이 절약되고 헛된 낭비가 없을 것입니다.

전하께서 즉위한 이래 혹 죄를 범하였을 경우 불문에 붙인 자도 있고 방면한 자도 있어서, 신원되지 못해 억울하고 원통해하는 자가 없는 듯합니다. 하지만 사면이란 본시 간사스런 자에게는 다행이지만 선량한 사람에게는 적이 되므로, 자주 사면하는 일은 원통함과 억울함을 있게 만듭니다.

요즘 대간이 종묘사직의 계책을 글로 올려 비판하고 고집하다가 모두 추방당하였습니다. 신은 원통하고 억울함이 신원되지 못하고 뛰어난 재주의 인물이 등용되지 못하는 것이 이 때문이 아닌가 합니다. 참소하고 아첨하는 사람은 자취가 감추어져 있는 데다 언어가 은밀하여 헤아리기 어렵습니다.

무릇 임금이 허물이 있으면 분명하게 다투고, 죄가 있는 사람과는 얼굴을 맞대고 꺾으며, 세상과 뜻이 맞지 않아 우뚝 홀로 서서 다른 사람의 비판을 두려워하지 않는 것이 바른 선비입니다. 종적을 감추어 남이 알까 두려워하고 여러 사람이 있을 때는 말하지 않다가 홀로 임금을 대하면 참소하는 자가 아첨하고 간사한 짓을 하는 사람입니다. 전하께서는 신의 말을 기준으로 밖으로는 사대부를, 안으로는 소신과 환관을 살펴보신다면 아첨하고 간사한 실정을 파악하실 수 있으실 것입니다.

사람은 비록 아주 어리석더라도 자기를 사랑할 줄 알며 처자의 생계를 위하는 마음이 있기 마련입니다. 옛날 한나라 성제 때 일식이 있었는데, 언관들이 모두 외척이 발호할 형상이라고 하였습니다. 그런데 성제는 믿지 않고 장우에게 물었습니다. 장우는 몸이 늙고 자손들이 미약하여 사실대로 말하면 외척에게 화를 입을까 두려워하여 사실대로 말하지 않았습니다. 끝내 왕망에게 권력을 빼앗겼습니다.*

곡영의 무리들은 성제를 공격하는 데는 조금도 꺼리지 않았지만, 왕망의 권력 농단에 대해서는 두려워하여 말하지 않다가 마침내 한나라 황실을 망하게 하고 말았습니다. 처자들을 위하여 계책을 세우느라 한 황실을 위한 계책을 세울 겨를이 없었던 것입니다.

신이 비록 망령되지만 풍병風病은 들지 않았거늘 어찌 자신을 돌보지 않겠습니까? 신은 몸뚱이 하나로 원망하는 무리 가운데 고립되어 있으니, 이 말이 나가면 화가 이른다는 것을 모르는 바가 아닙니다. 그러나 전하께서 숨기지 않고 물으시거늘, 신이 감히 바른말로 답하지 않을 수 있겠습니까? 이에 신은 차라리 화를 얻게 되더라도 돌아보지 않고 간절하게 말씀드려 숨기지 않는 것입니다.

바라옵건대 전하께서는 유념하시어 채택하여 주옵소서. 그

* 한나라 성제가 19세에 즉위하자 왕봉이 정치를 도왔으며, 이후 왕음·왕상·왕근 등이 차례로 권력을 쥐었다. 왕근이 죽은 뒤 조카 왕망이 황제 자리를 찬탈하였다.

리하여 신이 제 몸을 잊고 공무에 힘쓰는 뜻을 밝게 알아주신다면 만 번 죽더라도 유감이 없겠습니다.

1391년 4월 '객성이 자미성 자리를 범하고 화요성이 여귀성 자리에 들어가는' 변고가 있자 공양왕은 구언求言 교서를 내렸다. 그 교서는 『고려사』에 실려 있다. 정도전은 공양왕의 교서를 계기로 개혁에 반대하는 구세력을 억압할 계책을 세웠다.

정도전은 공양왕이 김저 사건에 연루된 자들을 처리한 것이 공정성을 잃었다고 비판하였다. 또한 김종연이 1390년 윤이·이초의 옥사 이후 이성계를 죽이려고 모의했다가 발각되었을 때 그와 공모한 우현보 등을 처벌하지 않은 것을 문제 삼았다.

당시 공양왕의 구언에 대해 대책을 올린 자가 많았지만 정도전의 대책이 가장 뛰어났다. 하지만 하고 싶은 말을 다하여 국왕의 뜻에 거슬렸다. 게다가 우현보의 당을 무삼사에 비유했는데, 우현보의 손자 우성범이 부마였으므로 국왕이 달가워하지 않았다. 정도전은 도평의사사에도 글을 올려 이색과 우현보의 무리를 배척해야 한다고 주장하였다.

정도전은 결국 우군총제사를 사직하고 9월에 평양 부윤으로 나갔다. 겨울에는 직첩과 공신 녹권을 환수당하고 봉화로 귀양을 갔다가 나주로 이배되었다. 이후 다시 봉화로 옮겨지고, 두 아들 정진鄭津과 정영鄭泳은 서인으로 쫓겨났다. **1391년(공양왕 3) 4월**

도당에 올리는 글
上都堂書

재상의 직책은 모든 책임이 모이는 곳입니다. 그러므로 북송 때 석수도石守道는 "재상은 위로는 음양을 조화하고, 아래로는 여러 백성을 편안히 보살피며, 작상爵賞과 형벌이 관계되는 바이고, 정치 교화와 교령이 말미암아 나오는 곳이다."라고 하였습니다. 제 생각에 재상의 임무는 이 네 가지보다 더 중한 것이 없습니다. 특히 작상과 형벌보다 중한 것이 없다고 하겠습니다.

이른바 음양을 조화한다는 것은 아무 일을 하지 않아도 음양이 저절로 조화된다는 뜻이 아닙니다. 상을 주되 공이 있는 사람에게 주면 착한 일이 권장되고, 형을 내리되 죄 지은 사람에게 주면 악한 일이 징계됩니다.

생각건대 죄 중에서 임금 자리를 빼앗으려 반역하는 것보다 더 큰 죄는 없습니다. 왕씨를 저지하고 아들 창을 세운 것이나, 신우를 맞아다가 왕씨를 단절시킨 행위는 반역 중에서도 가장 심하고 난적亂賊 중에서도 괴수입니다. 그렇거늘 하늘의 뜻에 따라 군주가 행하는 주벌誅罰을 구차하게 면한 지 서너 해가 되었습니다. 그런데 또 외모를 좋게 꾸미고 무리를 성대하게 갖추어 버젓이 궁궐과 서울을 출입하면서 조금도 거리낌 없이 구는 자가 있습니다. 더욱이 그 자제와 생질 등이 요직을 차지하고 있는데도 누구도 따지지 못하니, 지금 재상의 자리에 있으면서 작상과 형벌의 실권을 쥔 자로서는 그 책임을 회피하지 못할 것입니다.

마땅히 그 죄상을 갖추어 논하여 전하에게 아뢰고 나라 사람들과 태묘종묘에 고한 다음, 그 죄상을 하나하나 들어 성토해야 합니다. 그런 뒤라야 하늘에 계신 영혼이 위로될 것이요 신민의 울분이 씻어질 것이며, 천지의 기강도 설 것이요 재상의 책임도 메워질 것입니다.

만약 "사람의 죄악은 내 알 바 아니다. 사람을 살리고 죽이고 폐하고 귀양 보내는 것은 임금의 소관인데 재상이 어찌 관여하랴?"라고 한다면, 춘추 시대 동호董狐가 어찌하여 조돈趙盾이 임금 시해의 역적을 토벌하지 않았다고 하여 조돈에게 악명을 씌웠겠습니까?

춘추 시대 진晉나라 조돈은 영공이 임금 노릇을 잘못한다고 간하다가 영공이 그를 죽이려 하자 도망을 쳐서 국경까지 이르렀습니다. 이때 조천趙穿이 영공을 시해했다는 소식이 들려 다시 돌아왔습니다. 그런데 올곧은 사관 동호가 쓰기를, "조돈이 임금을 시해하였다." 하였습니다. 조돈이 "임금을 시해한 것은 내가 아니다." 하자, 동호는 "그대가 조정의 대신이면서 망명하다가 국경을 넘지도 않고 돌아와서는 역적을 치지도 않았으니, 임금을 시해한 것이 그대가 아니고 누구이겠는가?"라고 하였습니다.

『춘추좌씨전』에 보면 공자는, "동호는 훌륭한 사관이고 조돈은 훌륭한 대부이다. 법을 위해서 악명을 달게 받았다."라고 하였습니다. 조돈은 고위직으로서 임금을 시해한 적을 토벌하지 않았기 때문에 시역하였다는 악명을 들쓰고도 사양하지 않았습니다. 이런 뒤라야 적을 토벌하는 의리가 엄해져서 난적의 무리가 천지의 사이에 용납될 수 없게 될 것입니다.

그러므로 한나라 동중서가 "남의 군부가 되어 『춘추』의 의리를 알지 못하면 반드시 수악首惡, 악인의 우두머리이라는 이름이 씌워질 것이요, 남의 신하가 되어 『춘추』의 의리를 알지 못하면 반드시 반역이나 시해의 죄에 빠질 것이다."라고 한 것은 이를 두고 한 말입니다.

제가 비록 재주가 없으나 재상의 열에 끼여 나라의 정치에 참여하였으니 올곧은 사관의 붓끝을 스스로 두려워하지 않을 수 있겠습니까? "만약 죄인 가운데 유종儒宗, 유학자의 우두머리도 있고 왕실과 혼인 관계가 있는 자도 있어서 그 법을 논하기가 어렵다."라고 말한다면 어찌 옳은 일이겠습니까?

옛날에 임연林衍이 원종을 폐하고 동복아우 창을 세우려고 계책을 정해 놓은 뒤에 시중 이장용李藏用에게 고하자, 이장용은 어찌할 바를 몰라 그저 "예 예." 하였습니다. 후에 원종은 이장용이 최고 재상의 자리에 있으면서 계책을 중지시키지도, 반란을 금하지도 못하였다는 이유로 그를 폐하여 서인으로 삼았습니다.

지금 이색이 유종이기는 하지만 이장용과 비교하여 누가 낫습니까? 그리고 사악한 꾀를 제창하여 왕씨를 저지하고 신창을 세운 것이, 저 이장용이 임연의 계책을 묵인하였던 일과 비교하여 무엇이 낫습니까?

호안국은 『춘추』에 해설을 하면서, "옛날 문강*이 노나라 환공을 시해하는 데 참여하였고 애강*이 노나라 자반과 민공 등 두 임금을 시해하는 데 관여하였다. 이를 두고 공자는 의례대로 손孫=遜, 손위이라 적어서, 가서 돌아오지 못한 것처럼 하여 깊이 끊어 버렸다. 이것은 은정은 가볍고 의리는 중하기 때문이다." 하였습니다.

노나라 환공을 시해한 사람은 제나라 양공이요, 두 임금을

* 문강은 춘추 시대 노나라 환공의 부인이자 제나라 희공의 딸이다. 환공이 문강과 함께 제나라에 갔을 때 문강이 그 오빠 양공과 간통하였다. 이 사실을 알고 환공이 성을 내자 문강이 양공에게 알려 오히려 환공이 피살당하였다.

* 애강은 노나라 장공의 부인이자 제나라 환공의 딸이다. 노나라 장공의 아우인 경보와 간통하였다. 장공이 죽고 자반이 즉위하자, 경보와 모의하여 자반을 죽이고 민공을 세운 다음 민공도 죽였다. 그러자 제나라 환공이 희공을 세우고는 애강을 독살하였다.

시해한 사람은 경보노장공의 아우이므로 문강과 애강은 무죄인 듯 생각되기도 합니다. 하지만 공자는 두 부인이 간여했다는 이유에서 그들을 깊이 끊어 버리고 토죄하기를 그렇게 한 것입니다.* 그 후사의 군주는 부인이 낳았지만, 아들과 어머니의 사사로운 은혜를 중시한다고 해서 임금과 신하의 큰 의리를 폐하지는 못하는 것입니다. 하물며 군주의 아랫사람인 경우는 어떻겠습니까?

어떤 사람은 이렇게 말합니다.

"이색은 '우가 비록 신돈의 아들이기는 하지만 공민왕이 자기 아들이라 하여 강녕군에 봉하고 천자의 추인을 받았다. 그러니 임금이 된 것은 결정된 일이었다. 또 이미 그 신하가 되었으니 그를 몰아내는 것은 크게 불가한 짓이다.'라고 하는데, 그 말 또한 옳지 않소?"

하지만 왕위는 태조의 왕위이고 사직도 태조의 사직이므로, 공민왕이 사사로이 줄 수 있는 것이 결코 아니었습니다. 옛날 연왕 쾌噲*가 연나라를 정승 자지子之에게 주었는데, 혹자가 "연나라를 칠 수 있습니까?" 묻자, 맹자는 "불가하다. 그

* 문강이 노나라 환공을 시해하는 모의에 참여하고 애강이 자반과 민공의 시해에 가담했지만, 『춘추』는 그들의 출분出奔을 '손遜'이라고 썼다. 이것은 국내 일은 숨겨야 한다는 사관에서 나온 것이다.

* 연왕 쾌는 전국 시대 역왕의 아들이다. 쾌는 소진의 아우 소대의 계략에 빠져 자지子之를 정승으로 삼고 그에게 정사를 이양하고는 자신은 도리어 신하가 되었다.

러나 연왕 쾌가 연나라를 남에게 줄 수 없으며, 자지도 연왕 쾌에게 연나라를 받아서는 안 된다."라고 하였습니다. 성인의 마음으로는 토지와 백성은 선대의 군주에게서 받은 것이므로 지금의 군주가 사사로이 남에게 줄 수 없다고 여긴 것입니다.

또 주나라 혜왕이 사랑 때문에 세자를 바꾸려 하자, 제나라 환공이 제후들을 거느리고 왕세자를 수지에서 회견하고는 지위를 바꾸지 못하게 하였습니다.* 당시 적자와 서자의 차이는 있었지만 둘 다 혜왕의 아들이었습니다. 또 천자가 아무리 존귀하다고 해도 사사로이 사랑하는 아들에게 나라를 주어서는 안 된다고 하여, 천자보다 낮은 제후이면서 제후의 무리들 거느리고 천자의 명에 항거하였습니다.

그래서 공자가 제나라 환공을 의롭게 여기셨습니다. 세자가 아버지의 명령에 항거했다거나 제나라 환공이 천자의 명령에 항거했다는 말은 듣지 못하였으니, 이것은 진실로 천하의 의리가 크기 때문입니다. 공민왕이 어떻게 태조의 왕위와 태조의 백성을 사사로이 역적 신돈의 아들에게 줄 수 있겠습니까?

또 명나라 천자가 추인한 것도 당시의 권신들이 우를 공민왕의 아들이라고 속여서 그런 것입니다. 그 후 명나라 천자는

* 주나라 17대 왕 혜왕이 서자 대를 사랑하여 태자 정을 폐하고 그를 세우려 하자, 제나라 환공이 존왕의 명분을 내세워 수지에서 제후를 회합해 그 일을 막아냈다. 그 태자가 후일 주나라 양왕이다.

"고려의 왕위에 후사가 끊어졌다. 비록 왕씨 성을 빌렸다고는 하지만 딴 성의 인물을 왕위에 오르게 하는 것은 삼한에서 대대로 지켜오던 좋은 계책이 아니다."라고 말하고, 또 "어질고 지혜로운 배신제후의 신하이 있거든 임금과 신하의 위를 정하라." 명하였습니다. 그러니 앞서의 명령이 잘못임을 명나라 천자도 알고 다시 밝힌 것인데 어찌 감히 추인의 사실을 가지고 핑계를 대겠습니까?

'이미 신하가 되었는데 어찌 몰아내겠느냐?'라는 설도 반박할 수 있습니다. 『자치통감강목』을 보면 앞에는 "심이기審食其로 제帝의 태부太傅, 임금의 고문를 삼았다."라든가 "주발과 진평으로 승상을 삼았다." 하고는, 뒤에서는 "한나라 대신들이 아들 홍을 죽이고 대왕 항을 맞아다 황제의 위에 오르게 하였다."*라고 썼습니다. 제帝 혹은 대신이라고 적었으니 심이기나 주발, 진평이 신臣이었다는 말이 아니겠습니까? 그런데 대신이 아들 홍을 죽였다고 하였으니 역적을 토죄했다는 뜻이 아니고 무엇입니까?

이것만이 아닙니다. 측천무후가 황제라 일컬은 지 오래였지만 적인걸이 장간지를 추천하여 재상을 삼게 하자 장간지가

* 한나라 대신들은 주발과 진평을 말한다. 홍은 한나라 혜제의 아들 소제, 대왕 항은 한나라 문제이다. 혜제가 죽자 그 어머니 여후가 혜제의 두 어린 아들인 공과 홍을 즉위시켜 모두 소제로 삼고 섭정하였다. 여후가 죽자 진평, 주발 등이 여후의 친족과 소제를 죽이고 대왕 항을 즉위시켰다.

측천무후를 폐하고 중종을 맞아다 세웠습니다. 천거되어 재상이 된 것은 신하가 된 것이 아니겠습니까? 측천무후를 폐한 것은 역시 그가 역적이기에 토죄한 것입니다. 백대의 아래에 주발과 진평이 한나라 황실을 편안히 하고 장간지가 당나라를 회복했다는 공로는 칭송하여도, 그들이 신하로서 옛 군주를 폐했다고 나무라는 말은 듣지 못하였습니다.

이색과 우현보는 비록 인의가 부족할지라도 모두 글을 읽어 옛일을 아는 선비이거늘, 어찌 이런 말을 듣지 못하였겠습니까? 그런데도 헷갈려 깨닫지 못하고 사특한 설을 제창하여 민중의 귀를 흐리게 했다는 것을 여기에서 볼 수 있습니다. 선왕의 법에 의하면 언론을 조작하여 민중을 헷갈리게 한 자는 그때마다 목을 베어 죽였습니다. 하물며 사악한 설을 제창하여 난적을 이롭게 한 죄야 어떠하겠습니까?

혹자는 "이미 아들 창이 재위하고 있던 때이므로 신우를 맞아들이지 않았더라도 왕씨가 다시 흥할 수는 없는 일 아니겠는가? 신우를 맞아들여 왕씨 후사를 끊기게 하였다는 것은 죄를 가중시키려는 말이다."라고 합니다.

당시에 충신과 의사들이 명나라 천자의 명령을 받들어 다른 성을 폐출하고 왕씨를 복위시키고자 의결하였는데, 거짓 왕 신우의 무리가 그보다 앞서 명나라 예부의 자문을 얻어 보아 천자의 명령과 충신들의 결의가 있었음을 알고도, 신창은 어리고 약하다면서 그 아비를 세워 사사로운 야욕을 이루려고 꾀하였습니다. 이것이 신우를 맞아들여 왕씨의 후사를 끊어 버린 것이 아니고 무엇입니까?

혹자는 "이색과 우현보는 그대에게 항렬상 선배이며, 사문의 우의와 옛 친구의 정이 있거늘, 그대가 이처럼 힘써 공격하는 것은 각박한 일이 아닌가?" 합니다.

지난날 북송의 소동파소식는 주문공주자의 선배였지만, 주문공은 소동파가 괴이한 의논을 해서 예악을 멸하고 명교를 무너뜨렸다고 하여, 깊이 꾸짖고 힘써 배격함에 조금의 가차도 없었습니다. 그러면서 "감히 옛 사람을 공격하고 꾸짖는 것이 아니다. 은나라 시조 성탕도 '나는 상제를 두려워하기에 감히 바로잡지 않을 수 없다.' 하였다. 나 역시 상제를 두려워하기 때문에 비판을 하지 않을 수 없다." 하였습니다.

소동파의 죄는 괴이한 의논을 하여 예법을 멸하는 데 그쳤을 뿐이었는데도 주자처럼 어질고 관대한 사람이 그를 공격하여, 성탕이 하나라 걸을 꾸짖던 말과 똑같이 하였습니다. 하물며 타성과 무리를 이루어 왕씨를 저해하는 것은 역대 군주들에 대한 죄인이며 명교를 해치는 수괴이거늘, 어찌 선배라는 이유 때문에 용인한단 말입니까?

더구나 그들은 "무진년에 폐위하고 영립할 때 유학자들 사이에 이의가 있었다." 하였는데, 그 이의란 왕씨 옹립을 비판한 것입니다. 또 민중에게 큰소리로 "여러 장수들이 왕씨 영립을 의논할 때 우리 아버지가 저지시켰으므로 우리 아버지의 공이 크다."라고 말하였습니다.

이 말이 우와 창의 귀에 깊이 흘러들어 갔으니, 만약 그들이 뜻을 이루었다면 유학자들과 장수들이 과연 머리를 보전할 수 있었겠습니까? 그가 스스로 경박하게 처신함이 어떠했겠습니까? 왕씨의 옹립을 스스로 이의라 하고 왕씨의 저해를 자기의 공로로 삼았습니다. 그러므로 지금 거짓 신씨의 옹립을 이의로 삼고 왕씨의 저해를 중죄로 삼는 것이 옳지 않겠습니까?

혹자는 "그대는 이미 글을 올려 사임하였거늘, 전하께 상소하여 남 죄수기를 집요하게 주장하고 종묘에 고하자고까지 하니 너무 심하지 않으냐?"라고 합니다.

이렇게 말한다면 증거를 대겠습니다.

옛날 제나라 진항이 임금을 시해하사, 공자는 목욕하고 조회에 나아가 "진항이 임금을 시해했으니 토죄하소서." 하였습니다. 또 맹손·숙손·계손에게 고하기를, "진항이 임금을 시해했으니 토죄하소서." 하였습니다.*

* 『논어』「헌문憲問」 편을 보면, 제나라의 진항陳恒이 그 군주 간공簡公을 시해했다는 소식을 듣고, 일흔두 살의 공자는 목욕재계하고는 노나라 군주 애공哀公을 만나 진항을 토벌해야 한다고 말하였다. 동맹국에 정변이 일어나면 토벌군을 내는 것이 제후들 사이의 의리였다. 하지만 당시 노나라의 정권은 노나라 환공桓公의 세 후

임금을 시해한 일이 제나라에서 일어났으므로 노나라와는 아무 관련이 없는 듯하고, 공자는 그때 이미 나이 들어 벼슬을 그만두었으므로 노나라 정치와는 아무 관계가 없는 듯하며, 이미 임금에게 토죄하기를 청했으므로 맹손·숙손·계손에게는 고할 필요가 없을 듯도 하였습니다. 하지만 넓고 큰 포용의 마음을 지닌 성인으로서 들어가 임금에게 청하고 나와서 맹손·숙손·계손에게 고한 것은 반드시 죄인을 토벌하고야 말겠다는 뜻에서 그런 것입니다.

진실로 시역弑逆, 임금을 죽임 한 역적이라면 사람마다 누구나 토벌하여야 하니, 천하의 악은 한가지입니다. 또 노나라에 있으면서 제나라 역적을 차마 보지 못하였거늘, 하물며 같은 나라에 있으면서 같은 나라의 역적을 차마 볼 수 있겠습니까? 공자는 대부의 후열에 있으면서도 이웃 나라의 정치를 차마 보아 넘기지 못하였거늘, 하물며 공신의 열에 있으면서 왕실의 역적을 차마 보아 넘기겠습니까?

『춘추』에 "위衛나라 사람이 주우州吁를 죽였다."라고 썼는데, 북송 때의 호안국은 『춘추호씨전』에서 이렇게 해석하였습

손인 이른바 삼환三桓, 맹손씨·숙손씨·계손씨 에게 있었다. 애공은 스스로 결정을 내리지 못하고 공자에게 세 가문의 대부들에게 알리라고 하였다. 공자는 실망해서 "내가 대부 반열의 끄트머리에 있었기 때문에 감히 고하지 않을 수 없었다. 그렇거늘 군주는 세 사람에게 고하라고 하는구나."라고 하였다. 그러고는 세 사람에게 알렸으나, 세 사람은 토벌의 군대를 낼 수 없다고 하였다. 공자는 물러나와 "내가 대부 반열의 끄트머리에 있었기 때문에 감히 고하지 않을 수 없었다."고 탄식하였다.

니다.

"위나라 사람의 '사람'이란 무리라는 말이다. 주우를 죽인 것은 석작石碏*이 꾀를 내어 우재右宰 추醜를 시켜 죽인 것인데, 글자를 바꿔서 위나라 사람이라고 한 것은 사람마다 역적을 토죄할 마음이 있었고, 또 사람마다 토죄할 일이었기 때문에 무리라 한 것이다."

난신적자亂臣賊子는 사람마다 토죄해야 하는데 재상으로서 토죄의 거사를 하지 않는다면 옳겠습니까? 하물며 석작은 주우 문제로 그 아들 후까지 죽였습니다. 그래서 군자는 "석작은 순수한 신하이다. 큰 의리를 위하여 친족 관계를 끊었다." 하였습니다. 이로써 말한다면 난신적자는 관계가 친하든 멀든 벼슬이 귀하든 낮든 따지지 말고 모두 끊어야만 합니다.

혹자는 이렇게 말합니다.

"진항과 주우는 몸소 시역을 한 자이지만 이색과 우현보는 결코 시해하지 않았는데, 그 둘을 비교하여 같다고 하는 것은 너무하지 않은가? 또 그들의 죄는 무고일 따름이고 죄를 잘못 뒤집어쓰고 있는지 어찌 알겠느냐?"

* 석작은 춘추 시대 위衛의 대부로 위나라 장공을 섬겼다. 그때 공자 주우가 무기를 좋아하고 행실이 좋지 못하였다. 석작이 그를 장공에게 간했으나 들어주지 않았다. 자기 아들 후 역시 주우와 가까이했으므로 말렸으나 듣지 않았다. 석작은 꾀를 써서 주우와 후를 진陳에 가도록 하였다. 그러자 위나라 사람이 우재 추를 시켜 주우를 복濮 땅에서 죽였다. 이어 석작은 누양견을 시켜 아들 후를 진에서 죽였다.

하지만 이에 대해 북송 때의 호안국은 이렇게 말하였습니다.

"임금을 시해하고 딴 임금을 세우는 것은 그나마 종묘는 망하게 하지 않은 것이다. 종묘를 옮기고 국성을 바꾸는 것은 나라를 멸하는 것이니, 어찌 시해보다 더 중하지 않겠는가?"

지금 저들이 이성異姓의 당이 되어 왕씨의 종묘사직을 폐한 것은 실상 호안국이 말했듯이 종묘를 옮기고 국성을 멸한 것이므로, 그 죄가 역시 시해의 정도에 그치는 것이 아닙니다.

또 옛날의 대신은 남이 자기 죄를 고하면 죄수의 복장을 하고 벌을 내려 달라고 청하였습니다. 한나라 곽광은 무제로부터 후사를 부탁받은 대신으로서 무제의 아들인 소제를 옹립하였으므로 공이 아주 컸습니다. 하지만 어떤 사람이 글을 올려 죄를 고발하자 궁궐에 감히 들어가지 못하고 밖에서 벌을 기다렸습니다.

이 일로 본다면 진실로 자기 죄를 고하는 자가 있으면 마땅히 눈물을 흘리며 간절하게 벌을 청하여, 몸소 법관을 마주하여 자기 죄를 밝혀 따진 다음에라야 마음이 편안할 것입니다. 어찌 저들처럼 처자를 시켜 글을 올리고 병이 났다고 핑계대어 밖으로 의원을 찾아가고 해당 법관에게는 변명하지 않는 일이 있겠습니까? 이것은 자기에게 죄가 있어서 반드시 말문이 막히고 변명하기 어렵다는 것을 알기 때문에 그런 것입니다. 『춘추』에서 난신적자를 토벌하던 법을 보면, 비록 죄상의 자취가 아직 드러나지 않았을지라도 그 의중을 탐색하여 죄를 물었습니다. 하물며 자취가 이미 이와 같이 드러난 경우에야 무엇을 더 말하겠습니까?

옛날 당나라 고종이 무재인훗날 측천무후을 책봉하여 황후로 삼으려 할 때 저수량과 허경종이 재상의 직에 있었습니다. 저수량은 불가함을 힘써 간하다가 끝내 죽음을 당하였고, 허경종은 고종의 뜻에 순응하여 "이 일은 폐하의 집안일입니다. 재상의 알 바가 아닙니다."라고 하였습니다.*

고종은 허경종의 말을 채택하여 마침내 무재인을 황후로 세웠고, 허경종은 부귀를 누렸습니다. 다섯 왕은 뜻을 모아 반정에 성공하였지만 모두 죽음을 당했으므로 이의를 제기하는 사람이 하나도 없었습니다.*

지금의 관점에서 보면 허경종의 계책은 성공하고 저수량과 다섯 왕의 계책은 실패하였습니다. 하지만 허경종이 한때의 부귀를 누린 것은 회오리바람이 귓바퀴를 지나듯 금세 자취가 없어지고 말았고, 저수량과 다섯 왕의 영명한 명성과 의로

* 정도전이 허경종의 말로 잘못 알고 있는 이 말은 본디 이세적이 당나라 고종의 물음에 답한 말이다.
* 당나라 중종은 반정 후 다섯 왕을 고맙게 여기지 않았다. 측천무후가 자기를 태자로 삼았으므로 어차피 자신은 즉위할 것이었기 때문이다. 그때 중종의 딸인 안락 공주가 무삼사의 아들 숭훈에게 출가했으므로 무삼사가 궁중에 출입하게 되면서 중종의 비 위후와 불륜의 관계를 맺었다. 결국 무삼사는 장간지 등의 권력을 빼앗은 다음 이들을 모두 죽였다.

운 매서움은 역사책에 찬란하게 빛나서 우주를 꿰뚫어 언제까지나 함께 존재할 것입니다.

저는 비록 비루하고 졸렬하지만 허경종을 부끄럽게 여기고 저수량을 사모합니다. 정이程頤의 말에, "처음에 함께 계책을 세웠으면 끝내 그와 함께 죽어야 한다." 하였습니다. 이미 어리석고 졸렬한 저를 버리지 않아서 반정의 모의에 참여시키셨는데, 어찌 간악한 무리의 화를 두려워하여 묵묵히 아무 말을 하지 않아 구차하게 모면하려 하겠습니까? 부디 『춘추』의 난신적자 토벌법을 본받고 공자와 석작의 마음을 기준 삼으신다면 종묘사직이 다행하겠습니다.

정도전은 도당, 곧 도평의사사에 올린 이 서한에서 재상의 직분에 대한 자기 견해를 명확히 밝혔다. 특히 북송 때 학자 석수도의 말을 인용한 것은 구세력의 작위와 공훈을 재심사해 그들의 기득권을 빼앗아야 한다고 촉구하기 위한 것이었다. 그 비판의 칼끝은 유학자의 태두 이색과 구세력의 중심 인물 우현보를 겨냥하였다.

그해 7월 조준이 토지 개혁을 요구하는 상소문을 올린 것을 필두로 간관 이행, 전법판서 조인옥 등이 잇달아 사전 개혁을 주장하고 나섰다. 위화도 회군의 또 다른 주역 조민수는 사전 개혁을 방해했으나 대사헌 조준이 탄핵하여 내쫓았다. 그 배후에는 정도전이 있었다.

정도전은 가난한 사람들이 송곳 꽂을 땅도 없게 된 현실을 개탄하고, 국가가 토지를 몰수하여 공전으로 만든 다음 백성들의 숫자대로 나누어 주는 방식을 고안하였다. 하지만 권세가들의 반대에 부딪혀 관직을 갖고 공무를 집행하는 자에게만 토지를 주는 방식으로 축소할 수밖에 없었다. 그것이 1391년 반포된 과전법이다. **1391년(공양왕 3)**

서적포 설치를 축하하며
置書籍鋪詩

선비 된 자가 향학의 마음이 있을지라도 서적을 얻지 못하면 장차 어찌하겠는가? 그렇거늘 우리나라는 서적이 아주 드물어서 배우는 자들이 모두 글을 널리 읽지 못하는 것을 한으로 여긴다. 나 역시 이 점을 유감으로 여긴 지 오래이다. 서적포를 설치하고 활자를 만들어서 경전·역사서·제자백가서, 여러 대가들의 시문, 의방·병법서·율법서에 이르기까지 전부 인출하여, 학문에 뜻을 둔 자라면 누구나 서적을 읽어 시기를 놓치는 한탄을 면하도록 하고자 간절하게 바랐다.

여러분들은 사문斯文, 유학을 포함한 문화 일반의 흥기를 자기 책임으로 삼으므로 부디 함께 보아 주시기를 바란다.

무엇이 사람의 지혜를 보태 주는가	且問何物益人智
좋은 바탕이 아닐 바엔 문장이려니	若非美質由文章
안타깝게도 동방에는 서적이 적어	所恨東方典籍少
열 상자의 책을 읽은 사람이 없다네	讀書無人滿十箱
늘그막엔 그간 못 본 책을 얻더라도	老來雖得未見書

읽고 덮으면 곧바로 잊어버린다　　讀了掩卷便遺忘
부디 바라나니 서적포를 두어서　　誓心願置書籍鋪
후학에게 무궁토록 은혜를 끼치리라　　廣惠後學垂無疆
보게나, 오랑캐 후예가 윤리를 해쳐　　君看夷裔害倫理
그 책이 서가와 방 안을 가득 채웠다만　　其書滿架充棟樑
저쪽 성하고 우리 쇠함을 한탄해 무엇하랴　　彼盛此衰何足歎
우리들 의지가 강하지 못해서인걸　　自是吾曹志不强
여러분, 서적 간행의 비용을 도와　　諸公請助書籍費
우리 도를 더욱 빛나게 해 주시오　　致令斯道更輝光

『고려사절요』를 보면 1392년 1월에 "서적원을 두고 주자를 관장한다."는 기록이 있다. 이 시는 그 무렵에 지은 듯하다.
서적포는 고려 중기 이후 사학이 융성해지면서 비서성에 보관된 책판이 쌓이고 훼손되자 책판을 보관하고 서적을 인쇄, 보급하기 위해 설치하였다. 고려 때 활자로 찍은 책으로는 『직지심경』, 즉 『백운화상초록직지심체요절』이 유명하다. **1392년(공양왕 4) 정월**

광주 절제루에 올라

光州節制樓板上次韻

절제사께서 여기 잠깐 머물며	使君來此暫遲留
남방 수십 고을에 사랑을 끼쳤다지	遺愛南方數十州
사조*의 높은 노래, 산빛이 아름답고	謝眺高吟山色好
유량*의 맑은 흥취, 달빛이 흐르누나	庾公淸興月波流
서울은 흰 구름 북쪽에 아스라하고	京都縹緲白雲北
성곽은 푸른 바다 머리에 우뚝하다	城郭岧嶢蒼海頭
유배되어 올라 보니 생각이 착잡한데	謫客登臨無限意
통랑한 젓대 소리 누대에서 일어오네	篴聲寥亮起危樓

* 사조謝眺는 중국 남제南齊의 시인으로, 자는 현휘玄暉이다. 산수시를 잘 지었다.
* 유량庾亮은 중국 동진의 인물로, 자는 원규元規이다. 풍골이 준수하고 홍취가 높았다.

1392년 정몽주는 조준, 정도전, 남은 등이 이성계를 국왕으로 추대하려 한다는 사실을 알고 그들을 유배 가게 만들었다. 그리고 간관 김진양을 시켜 처형해서 후래를 경계하라고 상소하였다. 이어 김구련과 이반을 보내 정도전 등을 유배지에서 살해하려고까지 하였다.

1392년 봄, 이성계는 왕세자 석奭이 명나라에 다녀온다는 소식을 듣고 황주로 마중을 나갔다가 말에서 떨어져 개성으로 후송되었다. 정몽주는 이성계를 문병 갔다가 이방원이 "이런들 어떠하며 저런들 어떠하랴"라는 「하여가」로 의중을 떠보자, "임 향한 일편단심이야 가실 줄이 있으랴"라는 「단심가」로 응대하였다.

귀로에 오른 정몽주가 선죽교에 이르렀을 때 이방원의 복심 조영규가 철퇴를 들고 그를 기다리고 있었다. 1392년 4월 4일의 일이었다.

당시 정도전은 전라도 광주로 유배되어 있었다. 그때 절제루에 올라 현판의 시를 보고 차운하여 이 시를 지었다.

정도전은 6월에 소환되어 충의군에 봉해졌다. **1392년(공양왕 4) 5월**

제4장

조국
肇國

신은 용렬하고 쓸모없는 자질로서 외람되게 전하의 지우를 얻었습니다. 전하께서 살려 주시고 이루어 주시는 지극하신 은혜에 보잘것없는 글재주로나마 보답하고자 하지만, 성대한 은덕과 풍성한 공덕은 진실로 모두 기술하기 어려우므로 큰 강령과 작은 줄기만 펴 놓았습니다. 그리하여 『조선경국전』을 삼가 잘 베껴서 이 전과 함께 올립니다.

상감의 표덕을 지어 올리며
撰進御諱表德說

이번 달 10일에 삼가 도승지 민여익이 왕지王旨를 전하기에 받들었는데, 신에게 표덕表德을 지어 올리라는 것이었습니다.

신은 들으니, 도당씨陶唐氏는 요堯라 이름 하고 호를 방훈放勳이라 하였습니다. 유우씨有虞氏 순舜이 중화重華라 한 것이나 우禹가 문명文命이라고 한 것도 모두 호입니다. 그런데 주나라에 이르러서는 문화가 발달하여 이름이 있으면 자字가 있게 되었습니다.

천자와 제후가 모두 자를 아무개 보甫라 짓고, 경卿과 대부 이하 역시 그러하였습니다. 이로써 보건대, 어려서는 이름을 부르고 관례를 올리면 자를 부른 것은 어른과 아이를 구별하여 성인成人으로서의 도리를 책임 지우는 방법이었습니다.

생각하옵건대, 전하께서는 즉위 초에 이름을 아무단라고 고쳐 명나라 천자에게 알리니 천자가 받아들였고 종묘에 고하자 종묘가 흠향하였습니다.

이름이 있는 곳에는 실상이 반드시 따릅니다. 사람들이 자를 표덕이라 하는 것은 실상을 덕으로 여기기 때문입니다. 전하의 성대하신 덕은 하늘의 해와 같아서 저로서는 감히 형용할 수가 없습니다. 다만 푸른 하늘에 떠 있는 밝은 해는 눈 있는 자라면 모두 보므로, 어리석은 생각이나마 다 짜내어 군진君晉이란 표덕을 올립니다.

신이 삼가 고찰하옵건대, 이름을 지으면서 일日자에다 일一자를 붙여서 단旦이라 하셨는데, 이는 해 돋는 처음을 뜻합니다.

진晉은 밝게 떠오르는 해입니다. 하늘의 해가 떠올라 광명이 넓게 비쳐서 어두컴컴한 기세가 사라져 흩어지고 삼라만상이 뚜렷해짐을 뜻합니다. 이는 곧 국왕의 처음 정치가 맑고 밝아서 온갖 사악한 것이 물러가고 그치며 모든 법이 새로워짐을 일컫습니다.

하늘의 해가 이미 떠올라 밝음이 차츰 더해지는 것은 곧 국왕이 처음 등극한 이후 천세 만세까지 세대가 전하는 것을 말합니다. 『시경』에서 "해가 떠오르는 듯하다如日之升"라고 한 것이 바로 이것입니다.

부디 전하께서는 『시경』의 격언을 체득하셔서 매양 해를 본받으소서. 그렇게 해서 이름에 따라 실상을 이루신다면 아주 다행하겠습니다.

1392년 7월, 이성계가 즉위하자 정도전은 분의좌명 개국 공신 1등에 책훈되면서 문하시랑찬성사 겸 판상서사사를 제수받았다. 8월에는 의흥친군위 절제사가 되었다. 그리고 10월에 태조의 명으로 이 「표덕설」을 지어 올렸다.

표덕이란 내면의 덕을 표명해 드러낸다는 뜻으로 자字를 일컫는다. 정도전은 이성계의 표덕을 군진君晉으로 정하였다. 당초 이성계의 자는 중결仲潔이었다.

역성 혁명 후에 이성계는 고려의 국호와 제도를 유지하다가 새 왕조의 기틀이 갖추어지자 명나라의 추인 아래 조선이라는 국호를 사용하였다. 이름도 단旦으로 바꾸었다. 이성계가 새 왕조를 개창할 수 있었던 원동력은 한 해 전에 반포한 과전법이었다. 과전법으로 혜택을 입은 신흥 관료들이 새 왕조 개창을 지지했기에 역성 혁명의 기운이 조성되었다. 그 토대는 실상 정도전이 마련한 것이었다.

1392년(조선 태조 원년) 10월

명나라 궁궐에서

癸酉正朝奉天殿口號

봄이 가랑비 따라 천진텐진을 건너오니　　春隨細雨度天津
태액지 연못가에 버들빛 새롭다　　太液池邊柳色新
모자에 꽂 꽂고 연회를 즐긴 뒤　　滿帽宮花霑錫宴
술 취해 가는 길 금오랑도 잡지 않네　　金吾不問醉歸人

정도전은 1393년 정월 초하루에 명나라 궁궐 봉천전에서 열린 신년 하례식에 참석해 이 즉흥시를 읊었다. 이때는 명나라 태조 주원장이 특례로 대우하고 출입을 제한하지 않았다. 정도전은 동아시아의 정세와 명나라의 문물과 제도를 살폈다.

이보다 앞선 1392년 10월 정도전은 문하시랑찬성사로서 사은사가 되어 명나라 금릉에 가서 말 60필을 선사하였다. 이때의 사행은 10월 22일 명나라에 사신으로 갔던 지중추원사 조반이 가지고 온 예부의 차자에 답하는 뜻을 표한 것이다. 명나라 예부는 주원장의 칙지를 받아 "삼한의 신민이 이미 이씨를 높이고 백성들에게 병화가 없으며 사람마다 각기 하늘의 낙을 즐기니, 곧 상제의 명령인 것이다."라며 조선의 건국을 승인하였다.

정도전이 명나라 태조를 칭송하기 위해 지참한 표문이 『태조실록』의 1392년 10월 25일자에 실려 있다. 오늘날의 관점에서 보면 낯간지러운 표현이 많다. 당시 조선은 명나라를 한껏 추어주고 사대의 관계를 맺을 필요가 있었다. 당시의 관점에서 글의 의미를 생각해야 할 것이다. **1393년(태조 2) 정월 초하루**

대동강 노래

江之水詞

강물이 유유하여라	江之水兮悠悠
난주*를 띄워 중류에 비끼었네	泛蘭舟兮橫中流
젓대 가락 요란하고 노랫소리 퍼져 가니	高管激噪兮歌聲發
손님들은 흥에 겨워 술잔 주고받는다	賓宴譽兮獻酬
이따금 튀어 오르누나, 비단 잉어	或躍兮錦鯉
가까이 날아오누나, 흰 갈매기	飛來兮白鷗
안개는 잔뜩 끼어 갯가를 덮고	煙沈沈兮極浦
풀이 무성하여라, 고운 모래톱	草萋萋兮芳洲
계절의 경치를 구경하며 즐겨	覽時物以自娛兮
돌아갈 줄 모르고 서성이는 사이	蹇忘歸兮夷猶
해는 홀홀 서쪽으로 달려가고	景忽忽乎西馳兮
물은 콸콸 흘러 멈추지 않네	水汯汯兮逝不留
인생의 환락이 며칠이더냐	曾歡樂之未幾兮
이 마음 아파 근심을 품는다	隱予心兮懷憂

* 난주蘭舟는 목란으로 만든 배란 뜻으로 작지만 화려한 배를 말한다.

아! 성대한 시절은 다시 오지 않고　嗟哉盛年不再至兮
늙음이 닥쳐오리니 무엇을 구하랴　老將及兮夫焉求
수레 관모의 벼슬은 우연한 것이요　軒冕兮儻來
부귀는 뜬구름인 것을　富貴兮雲浮
오직 군자는 의리를 존중하기에　惟君子所重者義兮
그 이름이 천추만고에 전하누나　名萬古與千秋
잔 들어 권하노니　擧一杯以相屬兮
옛 사람의 자취를 따릅시다　庶有企兮前修

정도전은 1392년 사은사로서 명나라에 갔다가 이듬해 귀로에 올라 3월 20일 압록강을 건넜나. 그리고 대동강에 이르러 뱃놀이를 했는데, 술이 거나해지자 감회가 일어나 노랫가락 형식으로 시를 지었다.
이 시에 대해 뒷사람이 다음과 같이 주석을 붙였다.
"조선의 문하시랑 삼봉 선생이 지은 것이다. 선생이 금릉에 사신으로 가 먼 길을 가고 오면서 산길로 뱃길로 온갖 고생을 다하고 고된 일을 맡아 부지런히 일하고 돌아와서, 동행했던 노동지동지중추원사 노숭, 조부추중추원부사 조인옥 및 개성 부윤 이 공, 평양 부윤 조 공조준과 함께 대동강에서 뱃놀이를 하였다. 선생은 술이 반쯤 취하자 산천의 절승과 풍경을 관람하고서 개연히 감회가 일어나 마침내 이 노래를 지어 스스로 그 뜻을 내보였다."

이 노래의 1구부터 12구까지는 환락의 풍류와 도도한 취흥, 호방한 기상을 읊었다. 이어지는 13구와 14구를 기점으로 해서 감탄사로 시작되는 15구부터는 삶의 무상에 대한 허무감을 토로하였다.

정도전은 온전한 인격을 갖추는 것이 인생의 분내사分內事라고 여겼다. 그래서 동료들을 격려하여 부디 옛 성현을 따르라고 권하였다. 그 말은 곧 스스로의 다짐이기도 하였다.

한 구 걸러 상평성* 우운尤韻, 流·酬·鷗·洲·猶·留·憂·求·浮·秋·修을 사용해 작품 전체를 하나의 운으로 압운하고, 매 구마다 혜兮 자를 썼다. 자수에서도 5언, 6언, 7언, 8언의 자구를 적절히 변주하였다.

1393년(태조 2) 4월

* 상평성上平聲은 한자음 4성 중 낮고 순평한 소리로, 평성에 속하는 운을 상하로 나누었을 때 위의 반을 일컫는다.

임금을 모시고 장단에 노닐며

陪御駕游長湍作

가을 물 맑고 맑아 하늘처럼 푸른데	秋水澄澄碧似天
상감께서 틈을 내어 누선에 오르셨네	君王暇日御樓船
사공이여 장단곡*일랑 부르지 마오	篙師莫唱長湍曲
조선이 일어난 지 벌써 두 해라오	此是朝鮮第二年

* 장단곡은 고려 초기의 가요이다. 고려 태조가 장단 지방에 갔을 때 그 지방 백성들이 태조의 은덕을 칭송하여 지었다고 하며, 『고려사』「악지樂志」에 그 유래만 전한다. 작가와 연대는 알 수 없다.

고려 때 장단은 왕의 유람처였다. 공민왕은 1371년 3월 경오 장단에 거둥하여 정릉에 배알하고, 대장군 이화에게 명령해 중류에서 기악을 연주하게 하였다. 그 후 우왕은 장단에 누를 짓고 누선을 만들었다. 누선은 지극히 사치스럽고 커서 이름을 봉천선이라 하였다.

또 장단도호부에서 동쪽 33리에 두기진이라는 나루가 있었다. 양편 언덕으로 푸른 석벽이 수십 리나 늘어서 있었다. 고려 태조가 거둥해 놀던 곳이라고 전한다. 훗날의 왕이 장단에 노닐자 공인이 태조의 덕을 노래하고 송축하면서 규계한 것이 「장단곡」이다. 조선 숙종 때 이익은 『해동악부』에 「장단곡」 항을 두어 그 사실을 예찬하였다.

하지만 정도전은 고려 가요 「장단곡」은 부르지 말라고 하였다. 새 왕조가 들어섰으니 가악도 새롭게 바뀌어야 한다고 본 것이다. 당시 정도전은 명나라에 사은사로 갔다가 돌아와 문하시랑찬성사로서 동북면 도안무사를 겸하였다. **1393년(태조 2) 가을**

몽금척 악장을 올립니다

신이 보건대, 역대로 천명을 받은 군주는 공덕이 있으면 반드시 악가에 나타내어 당대를 빛나게 하고 미래에 드리웠습니다. 그래서 옛날부터 "한 시대가 일어나면 반드시 한 시대의 제작制作이 있다." 하였습니다.

생각하옵건대, 주상 전하의 신성한 무용武勇은 책략의 바탕이 되고 용기와 지혜는 하늘에서 내린 것이어서 깊은 어짊과 후한 덕이 민심에 결합한 지 이미 오래되었습니다. 이렇듯 천명을 받은 것은 분명 백성들의 기대에서 나왔을 것입니다. 그러므로 아침이 되기 전에 대의를 바로잡았던 것입니다.

상서로운 봉황은 그 태어남이 뭇 새들과 다르고 신령스런 지초는 그 자라남이 보통 풀과 다릅니다. 성인이 일어날 때 신령한 상서祥瑞가 먼저 감응하게 되는 것 또한 필연적인 이치입니다. 무왕이 은나라 주왕을 벌할 때 "짐의 꿈이 짐의 점과 합하여 좋은 상서에 합치되었다."라고 한 말이 『서경』에 전하고, 후한 광무제가 황제의 자리에 오를 때 하늘에서 붉은색 부절이 내린 일이 고전에 기록되어 있으므로, 이 일은 속일 수가 없습니다.

우리 주상 전하께서 잠저임금이 되기 전에 살던 집에 계실 때 꿈에 신령한 인물이 금으로 만든 자를 주면서 "이것을 가지고 나라를 가지런히 하십시오." 하고, 또 어떤 이가 범상하지 않은 글을 얻어 바치면서 "이것을 숨기고 함부로 남에게 보이지 마십시오." 하였는데, 그 후 십여 년 만에 그 말이 과연 실현되었습니다. 이것은 모두 하늘이 오늘의 일을 미리 알려 준 것입니다.

전하께서는 넓고 크신 도량으로 여러 사람의 말을 용납하셔서, 민간에 안정된 처소를 얻지 못한 백성이 하나라도 있으면 반드시 이를 알았으며 반드시 넉넉하게 구휼하셨습니다. 그러면서 사람들이 바른말을 하지 않을까 염려하여 언로를 열어 놓기를 넓게 하셨습니다.

공신을 대우하되 정성으로 하여 공신 교서를 내려 주시고 금석金石에 새겼으니, 공신을 보전하는 일도 지극하셨습니다. 고려 왕조의 말기에 정치가 퇴폐하고 법도가 무너져 토지 경계가 바르지 못하여 백성이 그 해를 입게 되고, 예악이 떨치지 않아서 관원이 그 직책을 제대로 맡지 못했는데, 전하께서 일체 모두 바로잡아 정하셨습니다.

천도에 대해서는 저와 같았고 인도에 대해서는 이와 같았기에, 공을 비교하고 덕을 헤아려 보면 더불어 견줄 군주가 없습니다. 이에 마땅히 소리와 시에 전파하고 현악기와 노래에 올려서 무궁하게 전하여, 듣는 사람으로 하여금 성스러운 덕의 만분의 일이라도 알게 하여야 할 것입니다.

신이 비록 불민하지만 태평성대를 만나서 개국 공신의 말석에 참여하고, 다행히 문필로 태사의 직책을 겸하게 되었으니, 감격하여 뛰고 싶어 견딜 수가 없습니다. 삼가 천명을 받은 징조와 정치를 하신 미덕을 기록하여, 악사 세 편을 지어 잘 베껴서 전箋과 함께 바칩니다.

몽금척夢金尺

주상 전하께서 잠저에 계실 적 꿈에 신령한 인물이 금으로 만든 자를 받늘고 하늘에서 내러와시, "경복흥은 깨끗한 덕행은 있으나 늙었고, 최영은 곧다는 명성은 있으나 고지식하다." 하고는, "전하는 자질이 문무를 겸비했으며 덕망도 있고 식견도 있으니 백성의 희망이 부합하게 되었다." 하면서 금자를 주었습니다.

하늘의 살피심이 크게 밝아서	惟皇鑑之孔明兮
길몽으로 금자를 내리며	吉夢協于金尺
"맑은 자는 늙고 곧은 자는 고지식하니	淸者耄矣兮直其戇
덕 있는 사람이라야 적합하다" 했네	緊有德焉是適

상제는 우리 마음 헤아려서	帝用度吾心兮
국가를 균제하게 하였으니	俾均齊于家國
부절처럼 맞누나, 천명 받을 조짐이여	貞哉厥符兮受命之祥
대대손손 전하여 천년 억년 미치리라	傳子及孫兮彌于千億

수보록受寶籙

주상 전하께서 잠저에 계실 때 어떤 이가 지리산 석벽에서 이상한 글을 얻어 바쳤는데, 임신년1392에 이르러 그 말이 맞게 되었으므로 수보록을 지었습니다.

저 높은 산	彼高矣山
바위가 산처럼 높은 곳	石與山齊
여기서 이를 얻었으니	于以得之
실로 기이한 글이로다	實維異書
"씩씩한 목자木子*가	桓桓木子
시기를 타서 일어나리라	乘時而作
누가 그를 보좌하랴	誰其輔之
주초走肖가 덕이 있고	走肖其德

* 목자는 목木과 자子의 합자로 이李,이성계를, 주초는 주走와 초肖의 합자로 조趙,조준를, 비의는 비非와 의衣의 합자로 배裵,배극렴를, 삼전 삼읍三奠三邑은 이들의 합자인 정鄭,정도전을 일컫는다.

비의非衣 군자는 非衣君子
금성나주에서 오리라 來自金城
삼전 삼읍三奠三邑이 三奠三邑
도와 이루어 贊而成之
신령한 도읍을 정하면 奠于神都
왕위를 팔백 년 전하리라" 傳祚八百
우리 용이 받았기에 我龍受之
보록이라 하는도다 曰維寶籙

문덕곡文德曲

전하께서 처음 왕위에 오르시어 경륜을 세우고 기강을 베풀어 백성과 더불어 혁신하니 칭송할 만한 업적이 많았습니다. 그 큰 것을 들어 말한다면, 언로를 열고 공신을 보장하며 토지 경계를 바로잡고 예악을 정한 일입니다.

궁궐은 근엄하여 구중으로 깊고 法宮有嚴深九重
하루에도 정무가 번잡한데 一日萬機紛其叢
군왕은 민정에 통해야 하기에 君王要得民情通
언로 열어 사방의 눈과 귀 통하게 하도다 大開言路達四聰
언로 연 것을 신臣은 보았나니 開言路臣所見
우리 임금의 덕이 순 임금과 같으시네 我后之德與舜同

성인이 천명받아 하늘의 용을 타시니	聖人受命乘飛龍
뭇 선비 다퉈 일어나 구름처럼 따라서	多士競起如雲從
책략을 돕고 힘을 바쳐 공을 이루었으니	騁謀効力咸厥功
산하에 맹세하여 시작과 끝을 보장하도다	誓以山河保始終
공신 지켜 주심을 신은 보았나니	保功臣臣所見
우리 임금의 덕이 무궁토록 드리우리라	我后之德垂無窮
경계 무너져 오래도록 수리 못해	經界毁矣久不修
강자는 겸병하고 약자는 빼앗겼으나	强幷弱削相卼㑃
우리 임금이 토지제도를 바로잡으시니	我后正之期甫周
창고는 가득 차고 백성은 휴식하네	倉廩充富民息休
경계 바로잡음을 신은 보았나니	正經界臣所見
제사를 즐거이 천추토록 누리시리	烝哉樂愷享千秋
정치하는 바른 길은 예악에 있어	爲政之要在禮樂
가정에서 시작해서 온 나라에 달하도다	近自閨門達邦國
우리 임금이 준칙을 정하여 드리우시매	我后定之垂典則
정연하게 질서 잡혀 평화롭고 즐거워라	秩然以序和以懌
예악 제정함을 신은 보았나니	定禮樂臣所見
공 이루고 정치 안정되어 보록이 영원하리	功成治定配無極

■ 태조가 정도전에게 채색 비단을 내려 주고는, 악공으로 하여금 이를 익히게 하였다. 정도전은 또 무공을 서술하여 다음의 악사를 지어 바쳤다.

납씨곡納氏曲

계축년1373 봄에 봉천의 원나라 잔당 나하추가 우리 동북면을 침략하였는데, 태조께서 날랜 군사로 쳐서 쫓아 버렸습니다.

나하추가 강함을 믿어	納氏恃雄强
계축년 봄 우리 동북방을 침략하여	入寇東北方
오만하게 힘을 자랑하매	縱傲誇以力
서슬을 당하지 못할 정도였으나	鋒銳不敢當
우리 임금이 용기와 지략 곱절 내어	我鼓倍勇氣〔我后倍勇奇〕
몸을 빼어 적의 심장에 돌진해서	挺身衝心胸
한 번 쏘아 비장을 죽이고	一射斃偏裨
두 번 쏘아 괴수를 명중하자	再射及魁戎
상처 싸매고 치료할 틈 없을 때	裹槍不暇救
적을 추격하여 성화처럼 달려갔다	追奔星火馳
원숭이 소리 가히 두렵고	風〔猿〕聲固可畏
학의 울음도 의심할 만하여	鶴唳亦堪疑
탁월하여 맞닥뜨리지 못하니	喙〔卓〕矣莫敢動〔當〕

동북방 걱정이 영원히 없어졌다　　東北永無虞
이 거사로 이룬 공적　　功成在此擧
천년만년 전하리라　　垂之千萬秋

궁수분곡窮獸奔曲

경신년1380 가을 태조께서 지리산에서 왜적과 싸워 크게 깨뜨리니, 왜적은 그 후 감히 육지에 올라 소란을 부리지 못해 백성들이 편안하게 되었습니다.

궁지에 몰린 짐승이　　有窮者獸
험한 곳으로 달아났으나　　奔于險巇
우리 군사가 덮치자　　我師覆之
좌우로 흩어졌다　　左右離披
혹은 죽음을 당하고 혹은 사로잡히고　　或殲或獲
혹은 달아나고 혹은 숨었으며　　或走或匿
죽은 놈은 가루 되고　　死者粉糜
산 놈은 넋이 나갔다네　　生者褫魄
하루아침 못 가서　　不崇一朝
청명하게 활짝 개어　　廓爾淸明
개선가 연주하며 돌아오시니　　奏凱以旋
동쪽 백성 안녕하였도다　　東民以寧

정동방곡靖東方曲

무진년1388 봄 우왕이 군사를 크게 일으켜 요동을 공격하자, 태조께서 우군장으로서 여러 장수들을 타일러서 의리에 입각하여 회군하셨습니다.

아아 우리 동방은 외진 바다 끝에 있는데　緊東方阻海陲
저 교활한 놈이 천기를 도둑질하다니　彼狡童竊天機
동왕 되신 덕이 성하리라　爲東王德盛多里利

미친 꾀를 부려 군사를 일으키니　肆狂謀興戎師
극에 달한 화를 막을 이 누구신고　禍之極靖者誰
동왕 되신 덕이 성하리라　爲東王德盛多里利

하늘이 덕 있는 이를 도와 의로운 깃발 돌려　天相〔尙〕德回義旗
죄지은 놈 내쫓고 역적은 멸족하도다　罪其黜逆其夷
동왕 되신 덕이 성하리라　爲東王德盛多里利

황제가 기뻐해서 큰 베품을 내려　皇乃懌覃天施
군대와 나라를 우리에게 맡기었네　軍以國俾我知
동왕 되신 덕이 성하리라　爲東王德盛多里利

아아, 백성과 사직이 돌아갈 곳 있으니 於民社有攸歸
천세 만세토록 영원히 전하리라 千萬世傳無期
동왕 되신 덕이 성하리라 爲東王德盛多里利

위 글은 조선왕조실록과 『삼봉집』에 있는 것을 뽑아 엮은 것이다. 정도전은 고려 말에 예조 빈랑과 태상시 박사 등을 역임하면서 예악을 정비하고 의식을 정하는 일을 맡았다. 조선 건국 이후에는 새 왕조의 위엄을 드러내는 새로운 예악을 정비하였다.

우선 건국 이듬해인 1393년 7월 26일 「몽금척」, 「수보록」, 「문덕곡」 세 편을 지어 올리면서 새 악장을 제작할 필요성에 대해 역설하였다. 그 후 이성계의 무공을 노래한 「납씨곡」, 「궁수곡」, 「정동방곡」 등 세 편을 더 지었다.

「몽금척」은 이성계가 일어날 때 민간에 유행한 참요시대적 상황이나 정치적 징후 따위를 암시하는 민요를 바탕으로 구성한 것이다. 「몽금척」과 「수보록」에서는 나아갈 때나 물러날 때 외치는 찬양 구호인 치어致語를 함께 사용하였다. 「몽금척」에는 후렴의 어구인 강사腔詞가 들어 있다. 1393년(태조 2년) 7월 26일

첩자 혐의에 대한 변론

本朝辨明誘遼東邊將女直等事表略

요동에 나가 의식을 거행한 것으로 말하면, 역시 중국을 높이 사모하는 데서 나온 일입니다. 사신이 오고 갈 즈음 주인과 손님이 교제의 의식을 치르는 것은 관례입니다. 관례가 그러하기 때문이었지 어찌 감히 꾈 수 있겠습니까? 그리고 여진족은 동녕위東寧衛에 예속되어 이미 모두 명나라의 군사로 차출되어 있는데, 어찌 사람을 보내어 꾀려 하겠습니까?

다만 요동 도사遼東都司가 몽고의 장수 탈환불화를 잡아갈 때, 그 관하의 백성으로서 즉시 따라가지 않은 사람들이 더러 있었습니다. 이는 그들이 살던 집을 떠나가기 싫어해서 그렇게 한 것이지, 신臣이 강제로 못 가게 한 것은 아닙니다. 그들은 우리나라에 아무 물건도 바치지 않으며, 각자 예전대로 생업을 해 나갈 뿐입니다.

명나라는 정도전이 요동의 지방관을 포섭하고 여진족을 조선의 세력권에 두려 한다고 의심하였다. 이때 정도전은 이 표문을 올려 혐의를 부정하였다. 『국조보감』과 『고사촬요』에 실려 전한다. 정도전은 친명 외교 정책을 주장하다가 유배까지 갔던 경력이 있지만, 조선 건국 후에는 요동 정벌을 통해 옛 강토를 회복할 계획을 세웠다.

이 사실을 탐지한 명나라는 조선이 보내는 외교 문서인 표전에 명나라를 모독하는 내용이 있다면서 조선의 사신을 억류하고 책임자의 소환을 요구하는 일이 잦았다.

1395년 10월 대학사 유순과 한성 부윤 정신의가 이듬해 정월 첫날을 축하하는 표문을 가지고 갔을 때 제1차 표전 문제가 일어난다. 유순이 표문의 제작자가 정도전이라고 하자, 명나라 태조는 정도전을 잡아들이게 하고 그를 풀어 주었다.

명나라에서는 정도전이 요동 수복을 위해 사람들을 포섭하고 여진족을 회유하는 첩보 활동을 하였다고 여겼다. 1393년 5월 주원장은 이성계에게 흠차 내사 황영기 등을 사신으로 보내 "사람을 요동으로 보내 포백과 금은으로 우리 변장을 꾀었다."라고 비난하고, "몰래 사람을 보내어 여진족을 꾀어 내 가솔 오백여 명을 거느리고 압록강을 건넜으니 죄가 이보다 큰 것이 없다."라고 비난하면서, 여진 사람들을 모두 돌려보낸다면 정벌하지 않겠다고 협박하였다.

이에 대해 태조 이성계는 정도전이 작성한 이 표문을 올려 혐의를 부정한 것이다.

당시 조선이 여진족과 손잡고 북벌에 나선다면 명나라로서는 막기 쉽지 않았을 것이다. 정도전은 1392년 11월에는 궁궐의 격구 터에 군사들을 모아놓고 격구를 빙자한 군사 훈련을 하였으며, 이듬해 8월 20일에는 요동 정벌에 대비한 군사 훈련을 목적으로 사시수수도四時蒐狩圖를 작성하였다. 사시수수도는 사냥 방법에 관한 이론을 군사 훈련에 접목해 각종 지형과 지물, 적의 규모에 따른 아군의 대처 방법에 관한 이론을 그림과 함께 설명한 병법서이다. 깃발과 북·징 등의 소로 집단이 움직이는 제식훈련을 위한 괘도로서, 역대의 병서를 참고해 당시 실정에 적합하게 편수한 병서로 추정된다. 『태조실록』을 보면 1394년태조 3 6월 24일에 "판삼사사 정도전이 역대 부병府兵의 시위하는 제도를 엮었는데, 부병들의 시위하는 폐단과 지금 시행하는 부병들의 연혁 및 해야 할 일들을 논하고 도圖를 만들어서 올렸다."는 짤막한 기사가 나온다. **1394년(태조 3)**

군제 개정에 관한 상서
軍制改訂上書

예로부터 나라를 다스리는 사람은 문文으로 정치를 이루고 무武로 난리를 평정합니다. 문과 무의 두 직분은 사람의 두 팔과 같으니 한쪽만 두고 한쪽을 버릴 수 없습니다. 그러므로 우리 조선에서는 이미 문관을 위해 여러 사司와 여러 부府를 두고, 또 무관을 위해 여러 위衛와 여러 영領을 두었으니, 문과 무의 관직을 갖추기 위해서입니다.

그러나 부병府兵 제도는 대개 전 왕조의 옛것을 그대로 이었는데, 전 왕조의 번성기에도 오직 부병만 있고 그 외의 다른 군대를 두어 명칭을 붙인 적이 없었습니다. 북쪽의 요나라와 동쪽의 여진 및 왜적이 침략하고 좀도둑이 때때로 나라 안에서 도둑질하면, 사태가 작을 때는 중랑장 이하를 보내고 사태가 클 때는 상장군과 장군을 보내 방어하게 하였습니다.

부득이한 경우에야 군현의 군사를 징발하여 밖으로 공격하고 안으로 지키게 하여 4백여 년이나 그 방식이 전해 왔으니, 그 당시 부병이 얼마나 강성했는지 알 수가 있습니다. 사변이 없으면 병법을 익히게 하고 사변이 있어 군대를 출동시키면 반드시 5진陣으로 하였으니, 그 당시 병법을 얼마나 잘 익혔는지도 알 수가 있습니다.

충렬왕이 원나라를 섬긴 이후로는 중국에 들어간 환관·부녀·사신의 청으로 관직 및 작위를 주는 것이 분수에 넘치게 되어, 청탁하는 사람을 모두 시위侍衛의 관직에 임명하자, 세력을 믿고 교만하여 숙위宿衛를 즐겨하지 않게 되었습니다. 이로 말미암아 부병과 시위 제도가 무너져, 처음으로 홀지忽只* 충용忠勇 등 애마愛馬*의 직책을 설치하여 우선 숙위에 대비하게 하였습니다.

그러다가 신우고려 우왕의 가짜 고려 조정에 이르러 법제가 크게 무너져, 부병과 시위의 직책을 받은 사람은 그저 국록만 먹고 사무는 일삼지 않게 되어, 마침내 나라를 잃게 되었습니다. 이것은 전하께서 친히 보신 바입니다.

지금 전하께서는 하늘의 큰 명령을 받고 혁혁하게 큰일을 하고 계십니다. 마땅히 옛 폐단을 고쳐서 나라의 형세를 무겁게 하고 하늘의 재앙을 그치게 하여, 유신維新의 정치를 이루어야 할 것입니다. 그러나 사람들은 보고 들은 데에 익숙해져

* 홀지는 몽고 말로 위사衛士를 뜻한다. 고려 충렬왕이 태자로서 원나라에 가 있을 때 독로화뚜루화가 된 사람에게 처음으로 붙여진 이름이다. 그 뒤 충렬왕이 즉위한 후 번을 짜서 숙직하며 지키게 하였다. 화아지라고도 한다.

* 애마는 성중애마成衆愛馬로 궁궐의 숙위나 임금의 시종을 맡아보던 벼슬아치이다.

서 오래도록 쌓인 폐단을 고치기 어렵습니다.

제왕이 천명을 받으면 반드시 관복을 바꾸고 휘호를 고치는 것은 모든 사람이 보고 듣는 것을 한결같이 하여 폐단을 고쳐 새롭게 하려 하기 때문입니다. 그래서 송나라 태종은 아름다운 명칭으로 궁궐 숙위군인 금군의 옛 칭호를 고쳐서 사기를 진작시키고자 했던 것입니다.

지금 우리 전하께서는 동반문반의 관명과 직호는 모두 개정하여 명칭에 따라 실상을 책임 지우니, 백관이 일에 나아가고 공적을 세우려 힘쓰게 되었습니다. 유독 부병과 시위의 칭호만은 예전 것을 그대로 따라서 그 폐단 또한 전과 같은 실정입니다. 신臣 등은 직책상 삼군을 관장하고 있으므로 염려하지 않을 수 없습니다. 이에 삼가 부병과 시위와 관련해서 당연히 행하여야 할 건을 조목별로 갖추어 올립니다.

정도전은 왕자들과 공신들이 사사로이 기르는 군사들을 회수하는 한편, 요동에서 명나라와 군사적으로 충돌할 것을 우려해 군사 제도를 개편하였다. 특히 부병과 시위의 편제를 개편하고 전투 부대는 하급 장교를 실질적 지휘관으로 삼도록 건의하였다. 상세한 조목은 여기서는 생략한다.

1394년 4월 22일에는 매일 장상들을 불러 군국의 일을 의논하라고 청하였다. 『태조실록』 5권, 1394년 2월 29일 5번째 기사에 그 건의 내용이 다음과 같이 기록되어 있다.

"옛날 성주成周 시대에는 인심이 충후했는데도 무왕이 병환이 났는데, 주공은 '함께 점치지 말라.' 하고는 자신이 무왕을 대신하여 죽고자 하였으니, 새로 건국된 나라에 인심이 요동할까 두려워했기 때문입니다. 지금 전하께서 나와 정사를 청단하지 않으시니, 신민들은 병환이 오래 낫지 아니하여 위독하다고 여길 것입니다. 원하옵건대, 전하께서는 이른 아침마다 반드시 정전에 앉으시어 여러 장상들을 불러 군국의 일을 함께 의논하소서." 1394년(태조 3) 2월 29일

조선경국전을 올리며
撰進朝鮮經國典箋

신 정도전은 말씀드립니다.

삼가 도승지 신 상경尙敬이 신을 위해서 갖춰 아뢴 것을 보니, 신이 지은 『조선경국전』을 올리라는 것이었으므로 명을 받들어 올립니다.

부명을 잡고 도참에 부응하여 처음으로 크고 아름다운 개국의 운수를 여시고, 국법을 세우고 기강을 베풀어 자손에게 훌륭한 계책을 전해주고자 하시면, 주나라 육관六官*의 이름을 본떠 조선 일대의 법전을 건립하소서.

생각하옵건대, 주상 전하께서는 하늘의 덕을 본받으셔서 왕위를 인仁으로써 보전하시고, 국호를 정하여 민심을 묶었으며, 세자를 세워 나라의 근본을 융성하게 하셨습니다. 세계世系를 기록하여 대대로 쌓아온 경사를 드러내시고, 교서를 내려 관대한 은혜를 내리셨으며, 정치의 도리는 재상에게

* 주나라의 육관은 천지와 춘하추동을 본떴다. 천관은 총재이고, 지관은 사도司徒로 교화와 농상을, 춘관은 종백宗伯으로 제사와 전례를, 하관은 군정을, 추관은 사구司寇로 옥송과 형벌을, 동관은 사공司空으로 수토를 각각 관장하였다.

책임 지우고 세금은 실지로 공용에 돌려야 한다고 여기셨습니다. 예법을 제정하고 음악을 제작하셔서 귀신과 사람을 온화하게 하셨으며, 무사武事를 연마하고 병법을 연수하여 나라를 바르게 하셨습니다. 형벌로는 간사한 이를 꾸짖고 난폭한 짓을 막으며, 공工에 대해서는 규범대로 삼가고 일정에 맞추도록 독려하셨습니다.

이로써 창업하여 자손에게 정통을 드리움이 어렵다는 것을 드러내 보이셨으며, 손에 쥔 것이 넘쳐나지 않도록 하여 창업의 뒤를 이어받아 영구히 지켜나가게 한 것입니다. 이 사실은 마땅히 서책에 실어 명산에 보관해야 할 것입니다.

신은 용렬하고 쓸모없는 자질로서 외람되게 전하의 지우知遇를 얻었습니다. 전하께서 살려 주시고 이루어 주시는 지극하신 은혜에 보잘것없는 글재주로나마 보답하고자 하지만, 성대한 은덕과 풍성한 공덕은 진실로 모두 기술하기 어려우므로 큰 강령과 작은 줄기만 펴 놓았습니다. 그리하여 『조선경국전』을 삼가 잘 베껴서 이 전箋과 함께 올립니다.

바라옵건대, 성스럽고 인자하신 전하께서는 부디 한가한 틈을 얻으면 때때로 살피고 열람하여 주십시오. 성상의 밝으신 학문에는 도움이 못 되더라도 정치와 행정을 펴 나가시는 데는 조금은 취할 바가 있을 것입니다.

신은 너무도 감격하고 황공한 마음을 이길 수 없어 머리를 조아리며 삼가 말씀을 드립니다.

정도전은 1394년태조 3 5월 30일에 『조선경국전』을 지어 이 글과 함께 태조에게 올렸다. 당시 정도전의 직함은 분의좌명개국공신 보국숭록대부 판삼사사 동판도평의사사사 겸 판상서사사 수문전태학사 지경연예문춘추관사 판의흥삼군부사 세자이사 봉화백이었다.

『조선경국전』은 개국의 기본 강령을 논한 규범서이다. 보위왕위를 바르게 하는 일, 국호의 의미, 국가의 근본을 안정시키는 일, 세계世系, 교서敎書 등으로 나누어 국가 형성의 기본을 논한 다음 육조의 관할 사무를 규정하였다.

1397년에 이르러 조준은 개국 후의 교지와 조례를 중심으로 『경제육전』을 편찬하였다. 그 후 『경제육전』의 속전과 등록 등이 편찬되어 오다가, 세조 때 법전을 편찬하기 시작해 30년 만인 성종 16년에 『경국대전』의 골간을 이루었다. 이것을 『을사대전』이라 한다. 정도전의 『조선경국전』은 『경국대전』의 모태이며 조선 법령집의 시원이다.

1394년(태조 3년) 5월 30일

정안군을 전송하는 시권에 붙임
送靖安君赴京師詩序

생각하건대, 전하께서 하늘을 두려워하고 중국을 섬기면서 제후의 법도를 삼가고 조금도 어기는 일이 없으시자, 명나라 천자가 아름답게 여겨 "친아들을 조회시켜라." 하였다. 이에 정안군이방원이 가게 되었으니, 바로 6월 을해일이다.

전하께서는 신하들을 거느리고 수창궁에 납시어 표表에 절하는 의식을 행하고 의장을 좌우로 갈라 세운 다음, 악부가 앞을 인도하게 하여 선의문 밖까지 전송을 나가셨다.

도성의 부로들이 모여들어 거리를 메우고 우러러 바라보며 감탄하여 말하기를, "우리 임금께서 아들을 한 번 보내서 만백성이 그로 인해 편안히 살게 될 것이니, 어찌 노래를 지어 후손으로 하여금 잊지 말도록 하지 않을손가!" 하고 서로 함께 노래를 불렀다.

명나라 천자는 밝으시고 天子之明兮
우리 임금은 정성스럽네 吾君之誠兮
대군께서 행차하여 之子之行兮

문하시랑 성석린成石璘이 이 노래를 이어 시를 짓고, 시중 평양백 조준 이하 여러 대부들이 화답하였다. 운자를 나누어 시를 지은 것이 모두 28편이었다. 그 서문을 나 도전에게 부탁하기에, 불민하다는 이유를 들어 사양하였으나 들어주지 않았다. 이에 다음과 같이 말한다.

정안군은 천성이 총명하고 학문이 일찌감치 완성되었다. 이번에 국왕이신 부친의 명령을 받들고 명나라 조정에 조회하러 가게 되었다. 명나라 천자와 지척의 옥 섬돌에 서서 천자의 아름다운 광채를 가까이하고 자상하고 명백하게 아뢰어 우리 임금에게 내리는 천자의 명령을 받들어 가지고 돌아올 것이다. 이로써 집안에서는 효자가 되고 나라에서는 충신이 될 것이다. 이것은 정안군 스스로 기약하는 바이며, 여러 대부들 역시 이것을 바라는 바이다.

시절이 폭염의 철을 당한데다가 장마와 홍수가 연이어 산 넘고 물 건너느라 여행길이 대단히 고통스러운 것에 대해서는 모두 마음속으로 근심하고 있다. 그러나 정안군은 이것을 조금도 개의치 않으니, 아! 어진 분이로다.

명나라 태조 주원장은 조선에서 보낸 표表와 전箋이 거만스럽다고 트집을 잡아 요동에 조선의 사절을 들이지 못하게 하더니, 1394년에는 태조의 친아들을 보내라 하였다. 태조는 정안군 이방원을 적임자라 여겨, 표를 지참한 조반과 전을 지참한 남재와 함께 명나라에 보냈다. 이방원은 명나라 태조를 두세 차례 만나 외교 현안을 해결하였다. 『용비어천가』에 그 사실이 기록되어 있다.
당시 정안군을 위해 선의문 밖에 전송하러 나온 부로들이 노래를 짓자 성석린이 그것에 이어 칠언절구 시를 지어 『동각잡기』에 전한다.

아들과 신하 알아주시니 임금님 감식 밝으시고	知子知臣睿鑑明
하늘을 외경해 사대하는 정성은 백성을 위함이로다	畏天誠意爲生成
중국에서 멀리 떨어진 조선의 경사가	皆言萬里朝鮮慶
더위 장마 무릅쓰는 이번 걸음에 있다 하네	在此炎霖跋涉行

문신들은 이 시의 28자를 가지고 제비를 뽑아 각각 한 수씩 지었다. 첫 글자 '알 지知'를 가지고 지은 시는 이무방의 「지知 자 운을 얻어 정안군을 전송하는 시靖安君餞詩得知字」로, 『동문선』에 전한다. 정총은 '예睿'를 뽑아 거성 제8 제霽운으로 「정안군이 명나라 서울로 가는 것을 전송하다送靖安君赴京師」라는 제목의 시를 지었다. 정도전의 이 글은 그 시문들을 엮은 시권에 붙인 서문이다.
1396년 2월에 이르러 명나라는 다시 표전문을 빌미로 정도전을 압송

하라고 요구한다. 조선 국왕의 고명임명장과 인장도장을 청한 주청문 속에 은나라 마지막 임금으로서 폭군이었던 주왕을 인용한 것이 무례하다면서 정총을 억류하고, 글을 지은 자와 교정한 자를 모두 보내라고 요구하였다. 이것을 제2차 표전 문제라고 한다.

그 6월에는 다시 사신을 보내 제1차 표전을 지었던 정도전과 정탁을 보낼 것을 요구하였다. 태조는 7월 19일 판사역원사 이을수를 관압사管押使로 삼아 찬문자 권근·정탁과 교정자 노인도를 보냈다. 뒤이어 하륜을 파견하여 제1차 표전을 지을 때 정도전은 관여하지 않았으므로 보내지 않는다고 하였다. 제2차 표전 문제는 언급하지 않았다. 또 7월 27일에는 정도전을 판삼사사에서 해직시켜 봉화백에 봉하고, 설장수를 판삼사사로 교체 임명하였다.

명나라는 김약항·정총·권근·노인도 등을 억류하였다. 후에 권근은 귀환하고 다른 사람들은 명나라에서 죽었다. 11월 4일 계품사 하륜과 표문을 지은 정탁이 예부의 자문을 가지고 남경에서 돌아왔다. 1397년 광주목사 유호를 천추사로 보냈을 때, 12월 18일 명나라 예부는 표전의 계본을 잘못 쓴 사람을 조속히 보내고 조공은 3년마다 할 것을 통보해 왔다.

이에 격분한 정도전은 남은과 함께 요동 정벌을 추진하였다. 남은은 "사졸이 이미 훈련되었고 군량이 갖추어졌으므로, 동명왕의 옛 강토를 회복할 만합니다."라고 주장하였다.

1398년 윤 5월 29일 정도전은 자신이 작성한 『진도』를 여러 도의 절

도사와 군사들로 하여금 약속을 정해 갑자기 연습하게 하였다. 그러나 그 이듬해 명 태조가 죽고 황태손이 즉위한 데다가 정도전이 제1차 왕자의 난 때 죽음을 당함으로써 조선의 요동 정벌 계획은 무산되었다. **1394년(태조 3) 6월 7일**

천도에 관해 올리는 글

議遷都之地上書

▪ 무악은 나라 중앙에 위치하여 조운漕運이 통합니다. 한스러운 것은 한 골짜기에 끼여 있어서, 안으로 궁궐 및 침소, 밖으로 외조, 저자, 종묘, 사직을 세울 만한 자리가 없으므로 왕노릇 할 분이 요지에 거처하면서 신민을 통제할 수 있는 곳이 아닙니다.

▪ 신은 음양술수의 학설을 배우지 못하였는데, 지금 여러 사람들의 의논이 모두 음양술수의 설에서 벗어나지 않으므로 실로 말씀드릴 바를 모르겠습니다. 맹자는 "어릴 때 배우는 것은 장년이 되어서 행하기 위함이다." 하였습니다. 청컨대 평소 배운 바를 가지고 말씀드리겠습니다.

주나라 성왕이 겹욕에 도읍을 정하였는데, 곧 관중산시성의 옛 이름입니다. 처음에 8백 년을 점치고 30대에 걸쳐 복을 전하리라 하였지만, 주나라가 일어난 지 449년 만인 11대손 평왕 때 이르러 낙양으로 천도하였습니다. 진秦나라 사람이 서주의 옛 땅에 도읍을 정했는데, 주나라는 30대 난왕에 이르러 망하고 진나라 사람이 이를 대신하였습니다. 이것을 보면 30대 8백 년이라는 주나라 운수는 땅에 달려 있는 것이 아니었습니다.

한나라 고조가 항우와 함께 진나라를 칠 때, 한생韓生이 항우에게 관중에 머물러 그곳에 도읍을 정할 것을 권했지만, 항우는 궁궐이 타 버리고 사람이 많이 죽은 것을 보고 좋아하지 않았습니다. 어느 사람이 술수로 항우를 달래되, "벽을 사이에 두고 방울을 흔들면 소리는 듣기 좋지만 형체는 보이지 않는 법입니다. 이 말은 조상 대대로의 고국산천은 보고 싶어진다는 뜻입니다."라고 하였습니다.*

항우가 그 말을 믿고 동쪽 팽성으로 돌아갔습니다. 한나라 고조가 유경劉敬의 말을 따라서 그날로 서쪽 관중에 도읍을 정하여 마침내 항우는 멸망했으니, 한나라의 덕은 하늘과 짝하였던 것입니다. 이후로 우문씨의 후주와 양견의 수나라가 차례로 관중에 도읍을 정하고, 당나라 역시 그 지역을 그대로 도읍으로 사용하여 덕이 한나라와 짝하였습니다.

이것을 근거로 말하면, 정치의 성쇠는 사람에게 달려 있지, 땅이 결정하지 않는다는 사실을 알 수가 있습니다.

* 정도전이 인용한 "벽을 사이에 두고 방울을 흔들면 소리는 듣기 좋지만 형체는 보이지 않는다."는 옛말은 『사기』나 『한서』에 나오지 않는다. 무엇을 근거로 이 말을 했는지 알 수가 없다.

▪ 중국에서 천자가 된 사람이 많은데, 도읍으로 삼은 땅을 보면 서쪽은 관중으로, 앞서 말씀드린 바와 같습니다. 동쪽은 금릉으로, 진晉나라·송나라·제나라·양나라·진陳나라가 차례로 도읍하였습니다. 중앙은 낙양으로, 양나라·당나라·진晉나라·한나라·주나라가 계속하여 이곳을 도읍으로 삼았습니다. 송나라도 이곳을 도읍으로 삼았는데, 위대한 송나라의 덕은 한나라·당나라에 못지않았습니다. 북쪽은 연경으로, 요나라·금나라·원나라가 모두 이곳을 도읍으로 삼았습니다.

중국같이 천하의 큰 나라도 역대 도읍지가 이렇게 너덧 곳에 지나지 않았습니다. 한 시대의 나라가 일어날 때 어찌 술법에 밝은 사람이 없었겠습니까? 제왕이 도읍지로 삼을 곳은 저절로 정해진 곳이 있는 것이지, 술수로 헤아려 얻을 수 있는 것이 아닙니다.

▪ 우리나라를 보면 삼한 이래의 옛 도읍으로는 동쪽에 계림이 있고, 남쪽에 완산이 있으며, 북쪽에 평양이 있고, 중앙에 송경이 있습니다. 그런데 계림과 완산은 한쪽 구석에 처해 있으니, 어찌 왕업王業을 이곳에 치우쳐 안주하게 할 수 있겠습니까? 평양은 북방에 너무 가까우므로 도읍할 곳이 못 된다고 생각합니다.

▪ 전하께서 갓 즉위하여 지난 왕조의 멸망 뒤를 이으셨으므로, 백성들은 미처 소생하지 못하고 나라의 터전은 아직 굳지 못하였습니다. 마땅히 나라를 진정시키고 민력을 휴양하여, 위로 하늘의 때를 살피고 아래로 인간의 일을 살펴보면서, 땅의 적절함을 살피고 시기를 기다렸다가 움직이신다면 만전을 기할 수가 있을 것입니다. 그리하여 조선의 왕업이 무궁한 미래로 드리워지고 자손들도 더불어 영원할 것입니다.

▪ 지금 땅의 기운에 따라 성하고 쇠한다고 말하는 자들은 그 마음에 스스로 깨달은 바가 있는 것이 아니라, 모두 옛 사람의 설을 전해 듣고서 그러는 것입니다. 신이 말씀드린 바 또한 모두 옛 사람들이 이미 징험한 설입니다. 어찌 술수의 설을 말하는 자는 신뢰를 하고 유학자는 신뢰할 수 없단 말입니까?

삼가 바라옵건대, 전하께서는 깊이 유념하시고 잘 생각하셔서, 인간의 일들을 참고하시고 다 헤아리신 뒤에 점을 쳐 살피셔서 자칫 불길함이 없도록 하소서.

1394년 8월 12일 태조가 재상들에게 각각 도읍을 옮길 만한 터를 글월로 올리도록 했을 때 판삼사사로 있던 정도전은 위의 글을 올렸다. 정도전은 정치가 잘 되고 못 되고는 땅의 기운이나 형세에 달려 있는 것이 아니라, 사람에 달려 있음을 역설하였다.

태조는 처음에 도읍을 공주 계룡산 부근으로 옮기려 하였다. 경기 좌도 도관찰사였던 하륜은 계룡산은 남쪽에 치우쳐 있는 데다가 동북쪽이 막혀서 풍수지리상 좋지 못하다고 하면서 무악 남쪽으로 옮기자고 건의하였다.

서운관원들이 지금의 서울인 한양을 추천하자 태조는 마침내 그곳으로 도읍을 옮겼다. 정도전이 건의한 곳이기도 하였다.

1394년(태조 3) 8월 12일

하늘 신과 땅 신에게 바치는 제문
祭皇天后土之神文

조선 국왕 신臣 이단이성계은 문하 좌정승 조준과 우정승 김사형, 판삼사사 정도전 등을 거느리고서 한 마음으로 재계하고 목욕하고서 감히 밝게 황천하늘과 후토땅에 고하나이다.

엎드려 아뢰건대, 하늘은 덮어 주고 땅이 실어 주어 만물의 생성을 완수하고, 옛 것을 바꾸고 새 것을 이루어 사방의 도회지를 만들어 주었습니다.

그윽이 생각하니, 신은 외람되게도 어리석고 못난 자질로서 음덕의 도움을 입어, 고려가 장차 망하려는 때를 당하여 조선을 유신維新하는 명을 받았습니다. 그러나 맡겨 주신 것이 너무 무거워 항상 위태롭게 여기고 두려워해서 마음이 편하지 못하여, 아름다운 마무리를 영구히 도모하려고 하지만 요령을 얻지 못하였습니다.

일관이 고하기를, "송도의 터는 땅의 기운이 오래 되어 차츰 쇠해 가고, 화산삼각산의 남쪽은 형세가 좋고 여러 점들이 모두 길하다고 합니다. 마땅히 이곳에 나아가 새 도읍을 세우십시오." 하였습니다. 그래서 여러 신하들에게 묻고 종묘에 청하여 마침내 10월 25일 한양으로 천도하였습니다.

유사有司가 또 고하기를, "침묘종묘는 선왕들을 받들어서 그 신령을 봉안하는 곳이요, 궁궐은 신민에게 임하여 정치를 맡아보는 곳이니, 모두 어쩔 수 없이 지어야만 하는 것입니다." 하였습니다. 그래서 유사에게 분부하여 이달 초 나흗날에 기공하게 하였으나, 크나큰 역사를 일으키매 백성의 괴로움을 초래할까 염려되옵니다.

우러러 아뢰옵건대, 황천께서는 신 단의 마음을 굽어 보살피사, 비가 오고 개는 날을 때에 맞게 해 주시고 공사가 순조롭도록 하여 주십시오. 이로써 큰 도읍을 만들고 편안히 살게 해 주셔서, 위로 천명을 무궁토록 짝하고 아래로 민생을 영구토록 보호하여 주시옵소서.

신은 삼가 황천을 정성껏 대하며 바쁘게 일하여 제사를 받들어 더욱 경건히 할 것이며, 시기와 기미를 경계하여 정치를 부지런히 닦아서 신민과 더불어 태평을 누리겠나이다.

태조는 1394년 12월 3일 새 왕도 공사의 시작에 앞서 하룻밤을 재계하고 판삼사사 정도전에게 이 제문을 짓게 해서, 황천과 후토의 신에게 제사를 올려 사유를 고하였다. 이어 참찬문하부사 김입견을 보내 산천 신에게 새 왕도의 공사를 시작하는 사유를 고하게 하였다.

천도에 앞서 개성의 종묘에서 점을 치자 한양 신도는 2길 1흉, 송도와 무악은 2흉 1길이었다.

한양은 북쪽의 북악산, 동쪽의 낙타산, 서쪽의 인왕산, 남쪽의 목멱산남산으로 둘러싸인 내명당이 도성을 이루고, 그 바깥으로 북쪽의 북한산삼각산, 동쪽의 용마산, 서쪽의 덕양산, 남쪽의 관악산이 외명당을 이룬다. 내명당의 내수는 개천청계천, 외수는 한강이다. 내명당은 백호 가지인왕산가 청룡 가지낙타산보다 긴 우선국의 형세이다. 하지만 내수인 개천이 동쪽으로 흘러 중랑포에서 합해 서쪽으로 흐르는 좌선국이므로 서로 반대여서 길지이다.

뒷날 이중환이 『택리지擇里志』에서 밝힌 말이다. 1394년(태조 3) 12월 3일

조준의 초상화에 붙이는 찬

趙政丞浚眞撰

아아 우리 임금은 於惟我后
중신을 두셨으니 迺有重臣
중신이 누구인가 重臣伊誰
조 공 그 어진 이로세 趙公惟賢
뜻을 경세제민에 두어 志存經濟
세상 어려움을 구제하고 拯世之屯
손으로 해 바퀴를 지탱하여 手扶日轂
중천에 오르게 했도다 昇于中天
공적은 왕실에 있고 功在王室
은택은 백성에게 미쳤으니 澤被生民
옛 이름난 재상이라도 雖古名相
앞설 이 없어라 莫能或先
공의 마음이여 惟公之心
공의 화상이여 惟公之眞
슬픔과 기쁨을 나라와 함께하여 與國匹休
천년만년 영구하리라 於千萬年

* * *

멀리서 바라보면	其望之也
우뚝하게 산이 선 듯하고	巖然嶽峙
말갛게 물이 드넓은 듯한데	澄然淵渟
가까이 다가가면	其卽之也
윤기 도는 옥처럼 온화하고	溫然玉潤
따스한 봄볕처럼 포근하다	藹然春陽
누가 그렸는지	孰其狀之
단청이 환하게 빛나는구나	炳煥丹青
공적은 개국 공신으로서 높고	功高開國
지위는 재상 중 으뜸	位冠端揆
군주를 섬겨	其事君也
단단하고 굳센 절개를	堅確之節
어느 때고 변치 않았고	夷險不貳
백성을 사랑하여	其愛民也
낳고 길러 주는 부모 마음을	生育之心
시원하게 베풀었도다	霈乎厥施
악을 보기를 질병 앓듯이 하고	見惡如病
선을 갈구하기를 주린 듯이 하며	嗜善如飢
정도正道로 자처해서	自處以正
남들이 속이지 못했도다	人不忍欺

나의 찬미는 아첨이 아니니 我讚非佞
선비들은 이 사람을 본받으라 多士是儀

태조 이성계는 두 번이나 조준1346~1405의 진영초상화을 화공에게 그리게 해서 그것을 조준에게 하사하였다. 그리고 정도전한테 초상화의 빈 공간에 써 넣을 찬을 짓게 하였다. 두 개의 찬을 같은 날 지은 것인지, 각각 두 벌의 그림에 따로 붙인 것인지는 알 수 없다. 다만 첫째 찬과 둘째 찬의 형식이 다른 것으로 보아 서로 다른 시기에 지은 것으로 추정된다. 둘째 찬에서는 첫째 찬과 달리 『논어』와 『맹자』의 경구를 많이 사용하였다.

조선 왕조가 들어선 뒤 정도전은 남은과 함께 태조에게 조준의 단점을 고했지만 태조는 오히려 그를 극진히 대하였다. 태조가 조준의 초상화를 그리게 하고 정도전에게 찬을 써 넣게 하던 때는 조선 왕조를 세운 이들이 모두 태평시절을 구가하던 때였다. 하지만 그 기간은 무척 짧았다. 1398년 가을, 제1차 왕자의 난 때 정도전과 조준의 운명은 갈리게 된다. **1395년(태조 4)**

새 궁궐의 잔치에서

新宮凉廳侍宴作

궁궐에 봄 깊어 꽃들이 만발한 때 禁院春深花正繁
원로들 초대하려 금 술동이 두었더니 爲招耆舊値金尊
조물주가 때맞춰 비를 내려 주어 天工忽放知時雨
온몸에 우로의 은혜 함초롬함 깨닫겠네 便覺渾身雨露恩

태조가 1395년 3월 새 궁궐의 양청에서 친구로서 국가의 원로가 된 사람들을 초청해 주연을 베풀었다. 양청이란 여름에 더위를 피해 거처하는 궁전을 말한다. 이날 남양백 홍영통과 창녕부원군 성여완이 함께하였다. 정도전은 이 자리에서 시를 지어 올렸다.

정도전은 이 무렵 판삼사사로서 세자를 가르치는 세자이사世子貳師를 겸하고 있었다. 또한 태조 원년인 1392년 10월 13일 고려 역사를 편찬하라는 왕명을 받은 이래, 2년 4개월에 걸쳐 태조 4년인 1395년 1월 25일 정총과 함께 『고려국사』 37권을 올렸다. 이인복과 이색이 지은 『금경록』을 참고해서 고려 사관들의 사찬을 수록하여 편년체로 엮은 듯하다.

태종 이방원은 재위 14년인 1414년 『고려국사』를 개정할 것을 하륜에게 명하였다. 이후 아들 세종, 손자 문종에 이르기까지 『고려사』는 일곱 차례의 수정과 개수를 거치게 된다. 그런데 이때 정도전과 하륜이 엮은 『고려국사』는 참조하지 않고, 김종서가 엮은 『고려사절요』를 참고하였다. **1395년(태조 4) 3월 20일**

천문의 변고로 시책을 묻는 교서
求言教書

시절이 바야흐로 양기가 한창인 달을 맞았거늘, 이렇게 음기가 설치는 재앙이 있어 변고가 범상하지 않으므로 내 심히 두려워하노라.

더구나 사람의 하는 일이 옳고 그름에 따라 하늘이 재앙과 상서를 그 각각에 부응하여 내려 주게 되니, 옛날 슬기로운 임금은 하늘의 재앙이 닥칠 때마다 반드시 사람의 일에서 그 원인을 찾았다. 혹은 삼가고 두려워하는 마음으로 자신을 닦아 나가기도 하고 혹은 널리 여러 사람의 조언을 구하기도 하였으니, 그 근본으로 돌아가려고 한 것이었다.

과인이 하늘을 대신하여 백성을 다스리고 있으나, 나 홀로 다스릴 수가 없어 재상들과 더불어 다스리는 것이다. 그러니 정치의 잘잘못과 생민의 불편함을 숨김없이 말하여, 내가 과실을 고쳐 선으로 옮겨서 하늘의 변고를 그칠 수 있게 하라.

이 글은 태조가 정도전에게 명하여 짓게 한 교서로, 『태조실록』에 실려 있다.

근대 이전의 사람들은 하늘이 천문의 변고를 통해 군주의 잘못을 질책한다고 여겼다. 조선에서도 국왕들은 천문의 변고를 살펴 정치의 잘못을 깨닫고 스스로 반성하여 정치를 개선하였다.

조선 초에는 천문 등을 관장하던 관아를 고려 때 명칭을 이어받아 서운관이라고 불렀는데, 1433년세종 15 관상감으로, 연산군 때는 사력서司曆署로 부르다가 중종 때 다시 관상감으로 바꿨다.

한편 정도전은 이 무렵 『경제문감』을 저술하고 있었으며, 6월 6일에 그것을 태조에게 올린다. 1395년(태조 4) 4월 24일

새 서울의 팔경을 노래하다
進新都八景詩

기전의 산하 畿甸山河

기름지고 풍요로운 기전 땅 천리	沃饒畿甸千里
안팎으로 첩첩한 산하는 천하의 요새*	表裏山河百二
성덕의 교화에 지세마저 아울렀으니	德教得兼形勢
왕업은 천 세기를 길이 누리리라	歷年可卜千紀

도성의 궁원 都城宮苑

성은 높아 천 길 철옹과 같고	城高鐵甕千尋
구름 속 봉래궁*은 오색빛 아름답다	雲繞蓬萊五色
해마다 상원에 앵화 가득하고	年年上苑鶯花
금년도 도성 사람들 즐겁게 노니누나	歲歲都人遊樂

* 원문의 백이百二는 산하의 험고함을 말한다. 『사기』에 "진秦나라는 험고하여 2만 명만 있으면 족히 제후의 백만 군사를 당할 수 있다."고 하였다.
* 봉래궁은 당나라 대명궁으로, 여기서는 우리나라 궁궐을 말한다.

관청이 별처럼 늘어서다 列署星拱

관청들은 우뚝하게 서로 마주하여 列署岧嶢相向
별들이 북두칠성에 읍례하는 듯하다 有如星拱北辰
달이 밝자 관청 거리는 물같이 반짝이고 月曉官街如水
장식 매단 귀인 수레는 먼지조차 일지 않네 鳴珂不動纖塵

방이 바둑판처럼 깔리다 諸坊碁布

저택들은 구름 위로 솟아 있고 第宅凌雲屹立
민가는 땅에 붙어 이어져선 閭閻撲地相連
아침저녁 밥 짓는 연기 끊이지 않나니 朝朝暮暮煙火
한 시대가 번화하고 태평하다네 一代繁華晏然

동문에서 군사를 훈련하다 東門敎場

북과 쇠북 소리 둥둥 땅을 흔들고 鐘鼓轟轟動地
깃발은 펄럭펄럭 하늘에 닿았도다 旌旗旆旆連空
만 마리 말이 하나같이 정연하여 萬馬周旋如一
싸움터로 내몰아도 될 만하여라 驅之可以卽戎

서강에 배를 정박하다 西江漕泊

사방의 물건들 서강으로 폭주하니 四方輻湊西江
만 섬들이 큰 배로 끌어오누나 拖以龍驤萬斛

일천 곳간에 곡식 썩는 것을 보구려 請看紅腐千倉
정치란 먹을 것 입을 것 풍족하게 해야지 爲政在於足食

남쪽 나루를 건너오는 행인들 南渡行人

남쪽 나루의 강물은 넘실넘실 南渡之水滔滔
행인들 사방에서 연달아 이르네 行人四至鑣鑣
늙은이는 맨몸으로 젊은이는 짐을 지고 老者休少者負
앞에서 노래하고 뒤에서 화답하면서 謳歌前後相酬

북쪽 교외에서 말을 기르다 北郊牧馬

저 숫돌처럼 평평한 북녘 들은 瞻彼北郊如砥
봄풀이 무성하고 샘물은 딜구니 春來草茂泉甘
만 필 말들 구름처럼 모여 뛰노니 萬馬雲屯鶻厲
목동은 제 뜻대로 달리게 놓아 두는군 牧人隨意西南

태조는 즉위 3년째인 1394년 신도궁궐조성도감을 열어 궁 창건을 시작하였다. 1395년 9월 22일에는 정도전에게 새 궁궐의 침실 벽에 쓸 경계가 될 말을 모아 올리도록 하였다. 9월 29일 대묘종묘와 새 궁궐이 준공되었다. 윤9월 13일에는 도성조축도감을 처음으로 설치하고 그 직제를 정했으며, 정도전에게 성 쌓을 자리를 정하도록 하였다.

10월 5일 태조는 백관을 거느리고 종묘에 나아가 친히 신궁 입궐을 보고하였다. 운종가雲從街에 이르렀을 때 전악서典樂署의 여악들이 노래를 부르고 정재呈才를 드렸다. 그리고 오문午門에 장막을 치고 임시 행차소에 이르러 교서를 반포하였다. 그 교서를 정도전이 작성했는지는 확실하지 않다.

사흘 뒤 태조는 정유일 신궁에서 잔치를 베풀고 정도전에게 말과 금으로 장식한 각대를 하사하고 치하하였다. "경은 비록 제향에는 참례하지 않았으나, 종묘의 예식은 모두 경이 정한 것이다. 이제 아악을 들어 보니 경의 공이 적지 않았다."고 하였다.

10월 7일 태조는 정도전에게 분부하여 새 궁궐의 여러 전각의 이름을 짓게 하였다. 10월 30일 밤에는 정도전 등을 불러 술을 마시고 풍악을 잡혔다.

주연이 한창 벌어질 무렵에 임금이 정도전에게 말하였다.

"내가 왕위에 오르게 된 것은 경 등의 힘이니, 서로 공경하고 삼가서 자손만대에까지 이르기를 기약함이 옳을 것이다."

"전하께서는 말 위에서 떨어지셨을 때를 잊지 마시고, 신 역시 죄인이 되어 차꼬를 목에 찼던 때를 잊지 않으면, 자손만대를 기약할 수 있을 것입니다."

태조는 사람을 시켜서 「문덕곡」을 노래하게 하더니 정도전에게 눈을 껌벅이면서 말하였다.

"이 곡은 경이 지어 올린 것이니 경이 일어나서 춤을 추라."

정도전이 즉시 일어나 춤을 추자, 태조는 상의를 벗고 추라고 하였다. 마침내 귀갑구龜甲裘를 하사하고는 밤새도록 즐기다가 파하였다. 귀갑구는 거북의 등딱지 문양을 넣어 만든 갖옷이라고 한다.

이해 정도전은 「새 서울의 팔경을 노래하다進新都八景詩」라는 이 글을 지어 8가지 주제로 한양의 경관을 찬미하면서 국운이 영구하길 기원하였다.

제1수에는 새로운 도읍이 지리적 요충지임을 밝히고, 제2수에는 궁궐 정원과 도성을 친자연의 공간으로 묘사하였다. 그리고 새벽부터 일하는 관리들, 밥 짓는 연기가 피어오르는 풍요로운 집들, 전쟁에 대비할 수 있는 훈련된 병사들, 교양과 여유를 지닌 백성들, 전쟁과 교통에 이용되는 말들을 읊었다.

1398년 4월 26일 태조는 정도전의 이 시로 병풍을 만들어서 좌의정 조준과 우의정 김사형에게 한 폭씩 내리면서, 봉화백 정도전이 지어 바친 팔경시라고 밝혔다. 1395년(태조 4)

이요정에서 공신의 도리를 설하다

二樂亭記

전하께서 한양 도읍을 정하시고는 이듬해 친한 신하들을 나누어 보내서 지방의 고을을 다스리게 하였다. 대개 군졸과 백성들을 소중히 여겨서이다. 종맹宗盟, 공신의 우두머리인 문하좌정승 평양백 조준과 문하 우정승 상락백 김사형이 동맹한 여러 공신과 함께 새 서울의 남쪽에서 그들을 전송하면서, 이른바 이요정二樂亭이란 정자에 올랐다.

떠나는 사람은 나라 일이란 빈틈없이 수행해야 한다는 점에 생각이 미쳤으니, 사방을 경영하고자 하는 뜻이 어떠하였으랴! 보내는 사람은 왕명을 띠고 바깥으로 나가는 일의 중대함을 권면하였으니, 간곡하게 권계의 말을 주는 뜻이 또한 어떠하였겠는가!

그러나 연연해하며 이별을 서운해하는 정情과 강산을 바라보며 감상하는 흥興이 서로 얽혀, 말이 줄줄 흘러나와 그치려 해도 그칠 수 없었다. 이에 전하께서 내게 글을 지어 기록하라고 위촉하셨다.

나는 이렇게 말한다.

이요정은 곧 의안백義安伯, 이화의 별장이다. 산봉우리가 우뚝하니 한강 가운데 서 있고, 그 위에 정자를 지어 노닐며 관람하는 곳으로 삼았다. 산들은 단정하고 묵중하여 어진 자가 고요함으로 스스로를 지키는 것과 같고, 강물은 통하여 쏟아져서 지혜로운 자가 제약받지 않는 것과 같으므로, 군자가 당연히 즐길 만한 곳임에 분명하다.

게다가 구름과 안개가 들판 밖을 가리어 어슴푸레하고, 물새가 모래밭의 끝을 오르내리며, 나무숲이 우거져 그늘을 이루고 맑은 바람이 절로 불어오니, 승경의 아름다움이 지극하도다! 의안백도 왕실의 큰 아우로서 산수 간에 흥을 붙였으니, 역시 어질도다!

그렇지만 여러 공들은 국가의 조창기에 모든 정무가 분주하고 고생하여 온 힘을 다하느라 광경을 즐길 겨를이 없다.

옛날 송나라 범 문정공범중엄은 악양루에 올라 탄식하기를, "천하의 근심을 앞장서서 걱정하고 천하의 즐거움에 뒤져서 즐겨야 할 것이다." 하였다. 나는 고인을 흠모하나니 실로 나의 마음을 나보다 먼저 그대로 표현하였다.

내가 또한 여러 공들에게 기대하는 것도 왕실을 위해 온 힘을 다하고 백성을 안정시키고 공을 이룬 다음 벼슬을 사퇴한 뒤에, 술과 음식을 갖추고 지팡이 짚고 짚신을 신고서 이 정자 위에서 훨훨 노닐어 마음과 뜻의 오락을 한껏 다하고 강산의 경치를 마음껏 즐기는 일이다. 그때 다시 여러 공들을 위하여 시를 지으련다.

이요정은 왕족 이화?~1408의 정자이다. 이화는 이성계의 이복동생으로, 고려 말 이방원을 도와 정몽주를 죽이는 데 개입했으며, 개국 공신 1등으로 의안백에 봉해졌다.
왕의 지친至親은 관직 활동이 금지되었지만, 이화는 의정부찬성사를 거쳐 1407년 7월 영의정부사에 올랐다. 태종이 이성계의 직계가 아닌 왕족은 왕위 계승권을 박탈하는 한편, 일반 문무관처럼 벼슬길에 나갈 수 있도록 허용해 주었기 때문이다.
'이요'는 요산요수樂山樂水에서 따온 말이다. 곧 산수를 사랑하는 인자仁者와 지자智者의 태도를 추구한다는 뜻이다.
태조는 재위 4년인 1395년 3월 7일 사신을 각 도에 보내어 군적軍籍을 조사하도록 하였다. 또 11월 11일에는 각 도에 도관찰사를 내려보냈다. 이때 각 도에 파견되는 사람들이 이요정에 모여 모임을 가졌는데, 정도전이 그것을 기념하여 글을 쓴 것이다. **1395년(태조 4) 11월**

군주의 역할을 묻는다
殿試策

왕은 말하노라.

나는 아는 것이 적고 어두운 사람인데 역대 선왕들이 오래도록 쌓아 온 덕을 등에 지고 신하와 백성들이 추대하는 마음을 가슴에 안고 왕위에 오르매, 임무가 크고 책임이 무거워 어떻게 해 나가야 할지 알지 못해 진실로 두렵다. 우러러 앞 시대를 본받아 소강小康의 상태를 이룰 것을 생각해 보았다.

『서경』을 살펴보면, "문왕은 아침부터 한낮을 지나 저녁때까지 밥 먹을 여가도 없이 정치에 힘써서 만민을 모두 화평하게 하였다." 하였고, 또 "문왕은 여러 명령과 옥사는 마치 일삼지 않는 것처럼 했다." 하였다. 여기서 여가도 없었다는 것은 무슨 말인가?

예로부터 임금 된 이가 부지런히 힘쓰면 나라를 얻고, 편안히 놀면 나라를 잃었다. 하지만 그저 부지런할 줄만 알고 어떻게 부지런해야 하는가를 모르면, 그 폐단은 너무 가혹하게 살피는 데 빠지고 말아서 다스림에 소용이 없게 된다. 그렇다면 임금이 마땅히 부지런히 해야 할 것은 무엇인가?

나는 언제나 정사를 들을 때마다 단 하나의 일이라도 잘못 처리할까 두려워하지만, 정치의 온갖 사안들이 지극히 번잡하다. 어떻게 하면 마땅함과 마땅하지 못함을 분별하여 처리하는 데 실수가 없겠는가?

부지런히 찾아 물어 보지만 오직 백성들의 사정이 아래에서 꼭 막히지 않을까 두렵다. 어떻게 하면 나의 이목을 더욱 넓혀서 가려지는 곳이 없도록 하겠는가?

명령을 잘 닦는 것과 관련해서도 이미 내린 명령을 취하하여 실행하지 않게 될까 두렵다. 어떻게 하면 공리公理에 부합하게 해서 백성이 진심으로 복종하게 만들겠는가?

그대 대부들은 경학을 강론하고 밝혀서 옛일을 널리 알고 지금 시대의 일에 통달하므로, 반드시 이에 대하여 말할 수 있을 것이다. 덤덤하게 듣지 말고 소홀하게 여기지 말며 마음속에 있는 말을 모두 내어 대답하라. 내가 채택하여 응용하려 하노라.

정도전은 고려 창왕 즉위년에 권근과 함께 예부시禮部試를 관장하였다. 이때에도 책문을 작성했을 테지만, 그것은 남아 있지 않다. 조선조에 들어와 1396년 시관試官이 되어 두 개의 책문을 작성하였다. 하나는 회시책會試策이고 다른 하나는 전시책殿試策이다. 『삼봉집』

과 『동문선』에 수록되어 있다.

첫 번째 책문은 『주례』나 『서경』 같은 고전에 기초하여 예치禮治와 법치法治의 문제를 다룸으로써 법치보다는 예치를 우선시해야 한다는 이념을 토로하였다. 그리고 예치를 위해 예제禮制를 어떻게 제정하는 것이 옳은지 물었다.

두 번째 책문인 이 글에서 정도전은 군주가 무엇을 부지런히 해야 하는가 물었다. 이 책문을 통해 볼 때 정도전은 형옥刑獄을 공정하게 판결하고, 명령을 공리公理에 합당하게 내리는 일을 군주의 역할로 여겼음을 알 수 있다. **1396년(태조 5) 4월**

군은에 감사하며 올리는 글
謝恩箋

글은 서찰 하나를 보내셨기에 성군의 간곡한 말씀을 받들었고, 옷은 구중궁궐에서 내리셔서 신의 몸에 잘 맞습니다. 또 궁중 술 두 동이를 내리셨기에 감사의 마음과 부끄러운 마음이 어우러져 눈물이 말을 따라 흐릅니다.

생각하옵건대, 신은 성격이 어리석고 식견이 어두우며 학문이 거칠어서 걸핏하면 훼방이 일어나 거의 목숨을 보전하기 어렵습니다. 하지만 다행히 성상께서 부추겨 주시고 도와주시는 은덕을 입어서 겨우 숨만 헐떡거리고 있는 목숨을 보전할 수 있게 되었습니다. 그렇기에 성상께서 잠저에 계실 때부터 개국하시는 날에 이르도록 마음을 쏟고 힘을 다하여 한 치 한 자의 작은 충성이나마 바치고자 하였으나, 지혜가 모자라고 재주가 엉성하여 실 하나 터럭 하나만큼의 보탬도 없었기에 부끄럽습니다.

이번에 친히 밝은 명령을 받들어서 선왕의 능에 공경을 다하여 참배하였습니다. 그런데 성읍의 터는 남아 있으나 백성들의 산업은 회복되지 못하였습니다. 이에 인부를 징발하여 밤낮으로 경영하였습니다. 하루아침에 이루었다고는 할 수 없지만 열흘 만에 끝냈다고는 말할 수 있습니다. 이것은 바로 성상의 효성이 지극하고 간절한 데서 비롯된 것이요, 성상의 계책이 깊고 넓은 데서 나온 것입니다.

생각하면 신에게 무슨 공적이 있기에 막중한 은총에 젖으리이까! 이것은 주상 전하께서 정성으로 아랫사람을 통솔하시고 착한 일을 기록하여 작은 것 하나도 빠뜨리지 않으셔서, 마침내 성스러운 은혜가 변변치 못한 이 몸에까지 미치게 하신 것입니다.

신은 삼가 마땅히 이에 자문하고 헤아려서 성상의 혜택을 한 지방에 선포해야 할 것입니다. 자나깨나 성상의 만수를 곱절 기원하나이다.

1397년 12월 22일 태조는 정도전을 동북면 도선무찰리사로 삼았다. 도선무찰리사는 도선무순찰사라고도 한다. 이때 태조는 공적인 업무와 함께 함경도에 있는 덕릉과 안릉을 보살피라는 사적 임무도 맡겼다.

정도전은 동북면의 주·부·군·현의 조직을 정비하고 1398년 2월 3일, 그 내용을 종사관 최긍崔兢을 보내어 아뢰었다. 다음날 태조는 중추원 부사 신극공을 보내 정도전에게 두툼한 솜옷과 술을 내리면서 서찰을 내렸다. 서찰의 겉면에는 '삼봉 행차 개탁三峯行次開拆, '삼봉은 행차에서 열어 보아라' 라는 뜻' 이라고 적고, 서찰의 끝에는 '송헌 거사'라는 호를 썼다.

이 서찰과 선물에 대해 2월 29일 정도전은 이 글을 올려 감사의 뜻을 전했다. **1398년(태조 7) 2월 29일**

향약제생집성방 서문

鄕藥濟生集成方序

의술과 약으로 질병을 구제함은 어진 정사의 일 중에 하나이다. 예전에 신농씨는 기백으로 하여금 풀 잎사귀와 나무껍질을 맛보는 의원을 맡아 병을 고치게 하였다.

『주례』에는 "의사가 의약에 대한 정사를 맡아서 약품을 모아 병 고치는 일에 이바지한다." 하였다. 그 뒤 의약을 잘 아는 사람으로 황제 때의 유부兪跗, 전국 시대의 편작扁鵲, 춘추 시대의 의화醫和, 진秦나라의 의완醫緩 등 기록에 나타나 있는 사람이 많다. 그러나 그들의 저서는 모두 전하지 않는다.

당나라 이후부터는 의약의 방문方文이 시대마다 증가되었는데, 방문이 많아질수록 기술은 더욱 저하되었나. 상고 시대의 용한 의원은 한 가지 약으로 한 가지 병만 고쳤지만, 후세의 의원은 여러 가지 약을 섞어서 혹시나 효력이 있기를 바랐기 때문이다.

당나라의 유명한 의원 허윤종은 "사냥하는데 토끼가 어디 있는지 몰라서 온 들판에다 널리 그물을 치는 격이다."라고 비판하였으니, 참으로 절묘한 비유이다. 그렇다면 여러 가지 약을 모아서 한 가지 병을 고치는 것이 한 가지 약을 알맞게 쓰는 것만 못한 것이다. 다만 병을 똑바로 알고 한 가지 약을 제대로 쓰기가 어렵기 때문에 그러는 것일 뿐이다.

우리나라는 중국과 먼 까닭에 사람들은 이 땅에서 나지 않는 약을 쉽게 구하기 어렵다고 걱정한다. 그러나 나라의 풍속이 가끔 한 가지 약초를 가지고 한 가지 병을 치료하되 그 효력이 매우 신통하였다.

일찍이 삼화자의 『향약방』이 있었는데 이주 간단하게 요령만 뽑아 놓아서 병을 논하는 사람들이 지나치게 간략함을 결점으로 여겼다. 요전에 현 판문하 권중화가 서찬을 시켜 『향약방』에 내용을 추가하여 『간이방』을 엮었다. 그러나 책이 아직 세상에 널리 퍼지지 못하였다.

삼가 생각건대, 우리 주상 전하께서는 어질고 성스러운 자질로서 하늘의 명을 받아 나라를 세우시고, 은혜를 널리 베풀어 많은 사람을 구제할 생각을 미치지 않는 데가 없이 하셨다. 그러면서 항상 가난한 백성들이 병들어도 고칠 수 없는 형편임을 몹시 안타까워하여 측은하게 여기셨다.

좌정승 평양백 조준 공과 우정승 상락백 김사형 공이 위로 성상의 마음을 체득하여, "서울에 제생원을 설치하고 노비를 두어 본국에서 생산되는 약재를 채취해서 약을 제조하여 널리 백성들에게 편의를 하소서."라고 청하였으며, 중추 김희선

공이 그 일을 도맡았다.

각 도에도 의학원을 설치하고 교수를 보내어 방문대로 약을 쓰게 하여 영구히 그 혜택을 받게 하셨다.

또 방문이 미비한 곳이 있을까 염려하여 권중화 공에게 특명으로 약국관을 시켜 다시 여러 방문을 살피게 하시고, 우리나라 사람들의 임상을 뽑아서 부문별로 엮어 『향약제생집성방』을 묶게 하셨다. 끝에는 소와 말을 고치는 방문도 붙였다.

김희선 공이 강원도 관찰사가 되자, 인부를 모아 목판에다 글을 새겨서 책을 많이 찍어 널리 전하게 하셨다. 이 모두 구하기 쉬운 약물이요, 이미 임상 실험을 했던 방문이다.

> 진실로 이 방문만 잘 알면 한 가지 병에 한 가지 약으로 충분하니, 이 땅에서 나지 않고 구하기 어려운 약재를 찾을 것이 무어 있겠는가?
>
> 또 오방동서남북과 중앙은 모두 제각기 타고난 성질이 다르고 천리에 풍속이 같지 않는 법이다. 그러므로 사람마다 평소 좋아하는 음식이 시고 짜고 차고 더워, 각각 다르다. 따라서 병이 나서 약을 쓰는 것도 다를 것이므로 반드시 중국 방문과 같이 할 필요가 없다.
>
> 하물며 먼 곳의 물건을 구하려다가 얻지 못한 채 병이 깊어지거나, 혹시 많은 값을 치르고 구했다 해도 그 물건이 오

래 되어 썩고 벌레가 생겨 약효가 떨어진다면, 그 지방에서 산출하여 기운이 그대로 있는 것보다 못하다.

그러므로 향약의 처방을 써서 병을 고친다면 반드시 힘은 적게 들고 효력은 빠를 것이다. 그렇다면 『향약제생집성방』이 이루어짐으로써 백성에게 혜택이 돌아가는 것이 어떻다 하겠는가?

옛말에 "훌륭한 의원은 나라도 치료한다." 하였다. 지금 밝은 임금과 어진 신하가 서로 만나 원대한 국운을 열어서, 도탄에 빠진 백성을 고통에서 건지고 나라를 영구한 반석 위에 올려 놓으려고 밤낮없이 부지런히 행정에 마음을 다하면서, 백성을 살리고 국운을 장구하게 하는 방법을 깊이 연구하고 있다. 그리하여 백성을 사랑하는 정치와 나라를 풍요롭게 하는 도리가 본말과 대소를 모두 갖추어 시행되도록 힘쓰고 있으며, 이에 아울러 의약으로 병을 고치는 일까지 정성을 다하였다.

백성을 잘 보호하고 배양하기를 이토록 지극하게 하니 나라를 고침이 위대하도다! 어진 정치가 한 시대를 덮고 은택이 만세토록 흘러갈 것을 어찌 헤아리지 못하랴!

이 글은 『동문선』 권 91에 권근이 지은 것으로 되어 있다. 그러나 김휴의 『해동문헌총록』은 『향약제생집성방』을 해제하면서 정도전이 이 서문을 썼다고 밝혔다. 김휴는 위의 글 가운데 '진실로 이 방문만 잘 알면'부터 '백성에게 혜택이 돌아가는 것이 어떻다 하겠는가'의 부분을 채록하여 두었다.

그런데 『동문선』 권 103에는 「향약제생집성방발」 1399, 정종 원년 5월 상순도 권근의 작품이라고 실었다. 권근의 『양촌집』도 서문과 발문 두 글을 권근의 것으로 실었다. 하지만 한 책에 대해 권근이 서문도 쓰고 발문도 썼다는 것은 타당성이 없어 보인다.

아마도 이 책은 1398년 8월 이전에 1차로 편집되어 정도전이 서문을 썼으나 간행되지 못하다가, 이듬해 간행이 추진되어 그해 5월에 권근이 발문을 썼을 것이다.

태조는 제생원을 두어 일반인들을 치료하는 한편 『향약제생집성방』을 편찬하였다. 세종도 향약을 장려하기 위해 1431년 집현전 학사들에게 『향약집성방』을 편찬하게 한다. 1398년(태조 7)

스스로를 조롱하다

自嘲

양심 보존과 내면 성찰에 온 힘 다하여	操存省察兩加功
성현이 책 속에 남긴 뜻을 저버리지 않고	不負聖賢黃卷中
삼십 년 동안 부지런히 학문을 했건만	三十年來勤苦業
송정松亭에서 한 번 취해 허사가 되었도다	松亭一醉竟成空

정도전은 요동 정벌이란 대의명분으로 군제를 단일화함으로써 여러 왕자들과 공신들이 갖고 있던 사병을 관군으로 편제하려 하였다. 1397년 12월에는 동북면 도선무순찰사가 되어 함경도 지역의 행정구역을 조정하고 호구를 조사하며 성보를 수리하였다. 이 역시 전쟁 준비의 일환이었던 듯하다.

그러나 왕자들은 훈련에 자신들의 사병을 참가시키지 않았다. 이성계는 회안군 방간, 익안군 방의, 정안군 방원, 흥안군 이제 등 왕실 종친들의 부하 장수들에게 태 50대를 내렸다. 이로써 대부분 왕명에 복종했지만, 이방원과 이방간은 1398년 8월 부왕이 와병 중인 틈을 타 난을 일으켰다. 제1차 왕자의 난이다.

정도전은 자신의 집 현재의 종로구청 자리 지척인 남은의 첩 소동小洞의 집에서 이직李稷과 술잔을 나누고 있다가 이방원의 수족에게 끌려 나가 살해되었다. 1398년 8월 26일 밤이었다.

이후 남은·심효생·이근·장지화 등 북벌을 주장하던 인물들이 모두 피해를 입었다. 정도전을 증오한 이방원은 그의 수진방 자택을 몰수하여 말을 관리하는 사복시司僕寺로 사용하였다. 이로써 재상 주도의 정치 체제를 구축하고 요동을 정벌하여 우리나라의 옛 강토를 수복하려던 정도전의 꿈은 무위로 끝나고 만다.

혹자는 위의 시를 두고, 정도전이 8월 26일 밤에 지은 절명시라고 한다. 하지만 『삼봉집』의 편제로 보면 이 시는 1383년 가을 동북면 도지휘사 이성계의 함주 군막에 가기 전에 지은 것이다. 아마도 마지막 구의 송정을 남은의 송현정이라고 오인해서 이 시를 절명시로 간주하게 된 듯하다.

이 시는 정도전이 바깥의 명예에 연연해하지 않았던 심경을 잘 드러내준다. 역성 혁명과 신흥 국가의 건설에 주력했지만 그것이 과연 개인의 내면을 닦아 나가는 공부에 큰 의미가 있을지, 정도전은 늘 되물었을 것이다.

그렇기에 정도전이 마흔 남짓에 지었을 이 시를, 그의 일생을 되돌아보는 말미에 읽어 본다.

제5장

사상
思想

천지의 이理는 사람에게서는 성性이 되고, 천지의 기氣는 형形이 된다. 심心은 또 이와 기를 겸하여 얻어 한 몸의 주재主宰가 된다. 그러므로 이가 천지보다 앞에 있어 기가 그로 말미암아 생겨나고 마음도 또한 품부하여 덕德을 이루는 것이다.

보위를 바룸
正寶位

『주역』에 "성인의 큰 보배는 위位요, 천지의 큰 덕은 생生이다. 무엇으로 위位를 지키겠는가. 바로 인仁이다."라고 하였습니다.

천자는 천하 사람들이 받들어 올리는 것을 누리고 제후는 국경 안 사람들이 받들어 올리는 것을 누리므로, 둘 다 지극히 존귀한 사람들입니다. 현능한 사람들은 지혜를 바치고 호걸들은 힘을 바치며 백성들은 분주하게 각기 맡은 일에 종사하되, 오직 임금의 명령만을 따를 뿐입니다. 이것은 모두 위位에서 얻어지는 것이니 큰 보배가 아니고 무엇이겠습니까?

천지는 만물이 생육함에 있어 공평할 따름입니다. 그 일원一元의 기氣가 끊어지지 않고 두루 흐르므로, 만물이 생겨나는 것은 모두 그 기를 받아서 생겨나되, 어떤 것은 굵고 어떤 것은 가늘며 어떤 것은 높고 어떤 것은 낮아서, 각각의 형태를 지니고 각각의 본성을 갖게 됩니다. 그러므로 "천지는 만물을 생성시키는 것으로 본심을 삼는다."라고 말합니다. 이른바 만물을 생성시키는 마음이 바로 천지의 큰 덕인 것입니다.

임금의 보위는 높고도 귀합니다. 그러나 천하는 지극히 넓고 만민은 지극히 많습니다. 한번 그들의 마음을 얻지 못하면 반드시 크게 염려할 일이 생기게 될 것입니다. 백성은 지극히 약하지만 힘으로 위협할 수 없고, 지극히 어리석지만 지혜로 속일 수 없습니다. 그들의 마음을 얻으면 그들은 복종하고, 마음을 얻지 못하면 배반하게 됩니다. 그들이 배반하느냐 복종하느냐의 차이는 털끝만큼의 틈도 되지 않습니다.

마음을 얻는다는 것은 사사로운 뜻을 품고 구차스럽게 얻는 것이 아닙니다. 도리를 어겨가며 명예를 구하는 방법*으로 얻는 것도 아니요, 오직 인仁으로만 얻을 수 있는 것입니다.

임금은 천지가 만물을 생육하는 그 마음을 자신의 마음으로 삼아서, 백성을 차마 해치지 못하는 어진 정치*를 해야 합니다. 그러면 천하 사방의 사람들이 모두 기꺼이 임금을 자기 부모처럼 우러러볼 것입니다. 그런 연후에 평안함과 부유함, 존귀함과 영화로움의 즐거움을 오래도록 누릴 수 있게 될 것이요, 위태로워져 망하고 전복되어 추락하는 환난은 끝내 없게 될 것입니다. 인仁으로써 보위를 지킴이 어찌 마땅한 일이 아니겠습니까?

* 『서경』 「대우모」에 "도를 어기어 백성의 칭찬을 구하지 말라." 하였다.
* 불인인지정不忍人之政이란 『맹자』 「공손추·상」에 나오는 말이다. 사람을 차마 해치지 못하는 정치, 즉 인정仁政을 뜻한다.

삼가 주상 전하는 천리에 순응하고 인심에 부응하여 보위를 신속히 바루었으니, 인仁이 마음에 지닌 온전한 덕이고 사랑이야말로 인의 처음임을 아셨습니다. 이에 마음을 바루어서 인을 체득하고 사랑을 미루어서 백성에게 미쳤으니, 인의 본체가 수립되고 인의 응용이 이루어진 것입니다.

아! 보위를 보유하여 천세 만세에 길이 전하리란 것을 누가 믿지 않겠습니까!

정도전은 1394년 『조선경국전』을 올려, 조선 왕조의 이념적 지표와 정치 체제들을 제안하였다. 이 글은 그 가운데 임금의 도에 관해 정리한 내용으로 그가 구상한 왕도王道 정치의 사상이 잘 드러난다. 『주례』 천관 「대재大宰」와 『대명률』을 바탕으로 삼아, 치전治典·부전賦典·예전禮典·정전政典·헌전憲典·공전工典 등을 대강령으로 삼고, 각 전 밑에 세목을 열거하였다. 일부 내용은 원나라의 『경세대전經世大典』, 『원문류元文類』 권 41～42와 유사하다.

왕도라는 말은 주나라 무왕이 은나라를 무너뜨린 후 기자에게 천도에 대해 물었을 때 기자가 「홍범」을 가지고 아뢴 내용 속에 처음 나온다. 즉 『서경』 「홍범」 편에 보면, "치우침이 없고 공정하면 왕도가 광대하고, 공정하고 치우침이 없으면 왕도가 평평하며, 뒤집힘이 없고 기울이 없으면 왕도가 정직하다."라고 하였다.

왕도 정치에 대해서는 『서경』과 『논어』가 그 중요한 내용을 제시하고, 『맹자』가 논리적으로 설명한다. 곧 인격자인 통치자가 고대의 정전법을 기준으로 토지 제도를 사전과 공전의 체계로 확립하며 백성들을 교화시켜 백성에게 올바른 도덕관념이 형성되도록 해야 한다는 것이다.

국호를 정함

國號

해동은 국호가 일정하지 않았습니다. 조선이라고 일컬은 이가 셋 있었으니 단군, 기자, 위만이 바로 그들입니다. 박씨·석씨·김씨는 서로 이어 신라라 일컬었으며, 온조는 백제라고 일컫고 견훤은 뒤에 후백제라고 일컬었습니다. 또 고주몽은 고구려라고 일컫고 궁예는 후고구려라고 일컬었으며, 왕씨는 궁예를 이어 고려라는 국호를 그대로 사용하였습니다.

이들은 모두 한 지역을 몰래 차지하여 중국의 명령을 받지 않고 스스로 명호를 세우고 서로를 침탈하였으니, 비록 호칭한 것이 있다손 치더라도 취할 것이 무어 있겠습니까? 다만 기자는 주나라 무왕의 명령을 받아 조선의 제후에 봉해졌습니다.

지금 명나라 천자가, "오직 조선이란 칭호가 아름다울 뿐 아니라 유래가 아주 오래이므로, 이 이름에 뿌리를 두어 조술祖述하는 것이 좋다. 하늘의 덕을 본받아 백성을 다스리면 후손이 길이 창성하리라."라고 명하였습니다. 대개 주나라 무왕이 기자에게 명했던 식으로 전하에게 명한 것입니다. 따라서 이름이 이미 바르고 말이 이미 순조롭습니다.

기자가 무왕에게 「홍범」* 을 진술하고 그 뜻을 부연하여 8조의 가르침을 지어서 나라 안에 실시하니, 정치와 교화가 성대하게 행해졌고 풍속이 지극히 아름다웠습니다. 그러므로 조선이란 이름이 천하 후세에 이처럼 알려지게 된 것입니다.

지금 조선이라는 아름다운 국호를 그대로 사용하게 되었으므로, 기자의 좋은 정치도 또한 당연히 강구해야 할 것입니다.

아! 명나라 천자의 덕도 주나라 무왕에게 부끄러울 것이 없지만, 전하의 덕 또한 어찌 기자에게 부끄러움이 있겠습니까? 장차 「홍범」의 교훈과 8조의 가르침이 다시 시행됨을 보게 될 것입니다.

공자는 "나를 써 주는 사람이 있으면 나는 이 나라를 동주東周처럼 융성한 나라로 만들겠다."라고 하였습니다.* 그분이 어찌 우리를 속이겠습니까?

* 「홍범」은 하우씨가 요 임금과 순 임금 이래의 도덕 정치의 원리를 정리한 것으로, 『서경』의 편명이다. 이를 기자가 무왕에게 풀어서 가르쳤다고 한다. 기자가 제정하였다는 8조, 즉 여덟 가지 가르침 가운데 '사람을 죽인 자는 죽인다.' '사람을 상해한 자는 곡물로 보상케 한다.' '남의 물건을 훔친 자는 그 집 노비로 삼는다.' 세 가지 조목만 전한다.

* 『논어』 「양화」에 나오는 말로, 노나라를 동주처럼 융성한 나라로 만들겠다는 뜻이다.

이 글은 『조선경국전』 가운데 국호를 조선으로 정한 과정과 이유를 밝힌 부분이다.

『태조실록』 태조 원년1392 11월 29일자에 태조가 예문관 학사 한상질을 중국 남경에 보내 '조선'과 '화령' 가운데서 국호를 정하겠다고 청하는 공문이 실려 있다.

정도전 등 역성 혁명의 주역들은 단군 조선 이래의 조선이라는 국호를 염두에 두되, 이성계의 탄생지인 함흥을 뜻하는 화령을 국호로 사용할 수도 있다는 뜻을 내비쳤다.

1393년 정월 명나라 태조는 특명을 내려 국호를 '조선'이라 고치는 것이 좋겠다고 알려 왔다. 명나라 예부에서 보낸 외교 문서의 내용은 다음과 같다.

"성지를 받들건대 조선이라고 부르는 칭호가 아름답고, 또한 그 유래가 오래되었다. 그 칭호의 뜻을 잘 이어받아 하늘의 뜻을 체득하고 백성을 길러 길이 후사를 창성하게 하라."

명나라는 조선 조정의 의중을 헤아려 조선을 국호로 승인한 것이다.

재상의 권력
治典摠序

치전治典은 총재冢宰가 관장하는 것입니다.

사도司徒 이하는 모두가 총재의 소속이므로 교전敎典 이하가 또한 총재가 맡아보는 임무입니다. 총재의 자리에 적임자를 얻으면 육전六典이 잘 시행되고 모든 관직이 잘 다스려집니다. 그러므로 왕의 직책은 한 명의 재상을 정하는 데 있다고 하였습니다. 바로 총재에 대하여 말한 것입니다. 위로는 왕을 받들고 아래로는 백관을 통솔하고 모든 백성들을 다스리므로 그 직책이 막중합니다.

또한 왕의 자질은 어둡고 현명하고 강하고 약함이 한결같지 않습니다. 그 아름다운 점은 따르고 나쁜 점은 바로잡으며, 옳은 일은 왕에게 올리고 옳지 않은 일은 바꾸어, 왕이 대중大中의 영역에 들어가도록 해야 합니다. 그러므로 상相이라고 합니다. 도와서 바로잡는다는 뜻입니다.

백관은 서로 직책이 다르며 백성들은 저마다 맡은 일이 다르므로, 공평하게 하여 그들이 마땅함을 잃지 않도록 해야 하며, 고르게 하여 각기 제자리를 얻게 해야 합니다. 그러므로 재宰라고 합니다. 모든 일을 통괄한다는 뜻입니다.

궁궐 안의 비밀스러운 일이나 후궁들이 왕을 모시는 일, 측근에서 모시는 신하들의 업무, 수레나 말, 의복이나 장식과 같은 좋아하는 물건, 음식을 올리는 일에 이르기까지 총재는 이런 것들을 다 알고 있어야 합니다.

혹 "총재는 중신이므로 왕이 예절을 갖춰 대하는 상대인데, 몸소 이처럼 자질구레한 일까지 친히 한다는 것은 너무 번거로운 것 아닌가?" 하겠지만, 그것은 그렇지 않습니다.

후궁이나 왕을 측근에서 모시는 신하들은 본래 왕의 심부름을 맡은 사람들인데, 이들이 삼가지 않으면 간사하게 굴고 아첨을 하여 왕을 헷갈리게 만드는 일이 생기게 됩니다. 그리고 수레와 말, 의복과 음식은 본래 왕의 몸을 받드는 수단인데, 절제하지 않으면 사치해서 낭비하는 일이 생기게 됩니다. 그러므로 옛 왕은 법을 만들 때 이러한 것들을 모두 총재의 일로 규정하여, 그로 하여금 절제하고 한정하게 했으니 그 생각이 원대하였습니다.

왕은 아주 존귀하므로 신하들이 우러러보면서 왕을 바르게 하기는 어렵습니다. 지혜와 힘으로써 대응하는 것도 옳지 않고 말로써 다투는 것도 옳지 않습니다. 오직 자신의 정성을 쌓아서 왕을 감동시켜야 하고, 자신을 바르게 하여 왕을 바로잡아야 할 따름입니다.

수많은 백관과 모든 백성들을 왕이 홀로 다스리는 것 또한 어렵습니다. 귀를 잡고 가르치는 것도 불가능하고, 집집마다 다니면서 깨우쳐 주는 것도 불가능합니다. 오직 사람들 중에서 어짊과 불초함을 판단하여 등용하거나 물러나게 하면, 여러 공적이 이루어지고 백관이 다스려질 것입니다. 또 일이 마땅한지 아닌지를 살펴서 이를 구분하여 처리하면, 만물은 제자리를 얻게 되고 만민은 편안해질 것입니다.

중국 송나라의 대학자 진덕수가 재상의 일에 대하여 진술하기를, "자신을 바르게 하여 왕을 바로잡으며, 사람을 잘 판단하고 일을 잘 처리해야 한다." 하였습니다. 이 말은 뜻이 깊습니다.

신의 어리석은 생각으로는, 자신을 바르게 하여 왕을 바로잡는 것은 치전治典의 근본이고, 사람을 잘 판단하고 일을 잘 처리하는 것은 치전이 말미암아 행할 시초입니다. 그러므로 여기에서 아울러 진술합니다.

정도전이 『조선경국전』을 통해 제시한 새 왕조의 이념적 지표들 가운데 재상의 권력을 강조한 글이다.

정도전은 조선이 비록 국왕의 나라이지만 재상의 권력이 강해야 한다고 믿었다. 그는 천하의 인재 가운데서 선발된 재상이 정치 기구의 중심이 되어야 한다고 보았다. 그렇기에 태조의 계비 신덕 왕후에게서 태어난 어린 방석이 후계자로 책봉되길 바랐을 것이다. 그러나 결국 강력한 왕권을 세우려는 이방원에게 패하고 말았다.

재상의 직분
宰相之職

재상의 직분은 위로는 음양을 조화롭게 하고 아래로는 서민을 편안하게 하며, 안으로는 백성을 밝게 다스리고 밖으로는 사방의 오랑캐를 진정하고 무마하는 것이다. 그러므로 국가의 작위와 포상, 형법과 죄벌이 이와 관련이 있고, 천하의 정치와 덕화, 가르침과 명령이 여기에서 나온다.

궁전 계단 아래에서 정치의 도를 논하여 한 사람 국왕을 돕고, 조정에 서서 질그릇 제작틀을 잡아 그릇을 만들듯 만물을 주재하니, 그의 직책과 임무가 어찌 가볍겠는가! 국가의 치란과 천하의 안위가 항상 여기에서 비롯될 것이므로 진정 그 사람을 가볍게 고르지 못할 것이다.

요 임금과 순 임금 시대의 고요·직·설과, 상나라의 이윤·이척과, 주나라의 태전·굉요·주공·소공과, 한나라의 소하·장량·진평·주발과, 당나라의 방현령·두여회·요숭·송경·배도는 모두 맡은 직임을 잘 수행하였다. 그러므로 오늘날에 이르러서도 요 임금과 순 임금의 융성함을 본받고, 은나라와 주나라의 다스림을 미루어 나가며, 한나라와 당나라의 성대함을 칭송한다.

이런 사람들을 버리고 다른 사람들에게 자리를 맡긴다면 반드시 나라가 기울어져 위태로움에 이를 것이다. 그런데 후세에는 바르지 못한 사람을 재상으로 삼았다가 나라가 뒤집히고 망하는 일이 잇달았으니, 애석함을 금할 수 없다.

재상의 일을 맡기는 데는 반드시 재상의 재목을 구해야 한다. 마땅한 사람을 구하지 않으면, 혹은 유약하여 제압되기 쉽거나, 혹은 간사한 자가 아첨질을 하거나, 혹은 외척과 결탁하거나, 혹은 환관이나 궁녀에게 붙는 자가 곧바로 뭇사람이 우러러보는 지위에 거처하고 정치의 도리를 논하는 직책에 거처하게 된다. 간사한 자는 권세를 부려 복록을 짓고 벼슬을 팔고 법을 팔아 천하를 어지럽히며, 유약한 자는 임금의 뜻을 받들어 따르기만 할 뿐 입을 다물고 말하지 않아 은총만을 굳힌다. 그리하여 크게는 사직을 위태롭게 하고 작게는 기강을 무너뜨리게 된다. 그러므로 재상의 임무를 어찌 가벼이 주겠는가?

정도전이 『경제문감』에서 재상의 직분에 관해 서술한 부분이다. 정도전은 1394년 『조선경국전』을 올려 새 국가의 기강을 제시하고, 이듬해 『경제문감』을 올려 관직별 역할과 책임을 명시하였다. 정총이

「경제문감서」를 지었다.

정도전은 『경제문감』에서 재상으로부터 대관臺官, 간관諫官, 위병衛兵, 감사監司, 주목州牧, 군태수郡太守, 현령縣令의 순서로 각 직책의 역사적 변천 과정을 서술하였다. 중국 고대로부터 송나라, 원나라까지와 우리나라 고려, 조선의 경우를 망라하였다.

또 해당 직책을 맡았던 역사 인물에 대해 직무 수행의 성패를 기록하였다. 아울러 선유先儒의 설을 인용하면서 자신의 견해를 덧붙이되 따로 구분하지는 않았다.

정도전은 1395년 전라도 관찰사로 부임하는 이무李茂를 위해 『경제문감감사요략』을 정리해 주었다. 이것은 『경제문감』에서 감사 조항만 발췌한 것이다.

군주의 길
君道

고려 국왕 실기

공민왕

공민왕23년간 재위함은 천품이 엄숙하고 묵직하여 동작이 예법에 맞았고, 성격이 아주 총명하여 인자하고 후덕하므로 사람들의 신망이 모두 그에게 돌아갔다. 공민왕은 즉위하여 정신을 가다듬어 다스리기를 도모하므로 중외에서 크게 기뻐하여 태평한 시대가 되기를 바랐다.

그러나 노국 공주가 죽으면서부터는 지나치게 슬퍼하며 기운과 의지를 상실하였다. 정치를 신돈에게 위임하고 훈신과 어진 이를 내쫓거나 죽이며, 토목을 크게 일으켜 백성들의 원망을 사고, 완동頑童과 가까이 지내며 음란하고 외설스런 짓을 마구 저질렀다. 말년에는 시기하고 꺼리는 마음이 몹시 심해졌으니, 수시로 술에 취해 측근을 때리기까지 하였다.

또한 후손이 없는 것을 걱정하여 남의 아들을 데려다 대군으로 삼아 장차 뒤를 이으려 하다가, 외부 사람들이 믿지 않을까 염려하여 비밀리에 신임하는 신하로 하여금 후궁을 욕보이게 하고서, 그 후궁이 임신하자 그자를 죽여 말이 새나가지 않도록 하였다. 이렇게 패륜을 저질렀으니 망하지 않으려 한들 그럴 수 있었겠는가!

신우

신우14년간 재위함의 아명은 모니노牟尼奴이다. 아비는 신돈이요, 어미는 신돈의 비첩 반야이다. 공민왕이 후손이 없자, 신돈을 베고 신우를 태후의 궁에서 길러 자기의 아들이라 하면서 강녕대군에 봉하였다. 공민왕이 죽자 이인임이 신우를 왕으로 세웠다.

진秦나라 정政과 진晉나라 예睿의 일은 자취가 의심스럽고, 한나라 여태후의 경우는 남의 아들을 세워 혜제의 후사를 삼으려 하였다. 그래서 주문공주희은 『통감강목』에 직필로 특별히 기록하기를 가차없이 하였다. 천하와 후세를 위하여 엄하게 경계한 것이다.

공민왕이 일찍이 아들이 없음을 근심했다면 마땅히 종실 가운데 현명한 사람을 구하여 대를 이었어야 하였다. 그런데 바로 신돈의 아들을 데려다가 남모르게 궁중에서 길러 자기 뒤를 잇게 할 계책을 세웠으나 끝내 자기 몸도 보존하지 못하였다. 또 신우는 음란하고 포악하여 패가망신하였다. 아, 신우는 진실로 비난할 거리도 못 되지만 공민왕은 또한 무슨 마음이었던가!

공양왕

공양왕3년간 재위함은의 이름은 요瑤이니, 고려 신종의 7대 손자이다. 처음에 정창부원군으로 봉했는데, 기사년 1389년 11월 15일 우리 주상께서 심덕부·지용기·정몽주·설장수·성석린·조준·박위·정도전 등과 함께 계책을 정하여 공민왕의 정비定妃에게 고하고 왕으로 받들어 즉위하게 하였다.

아, 거짓 왕 신우가 왕위를 훔쳐 차지한 때에 이미 왕씨는 없었다. 16년이란 오랜 세월 동안 신우는 주색에 빠지고 포악한 짓을 했고, 신창은 어리석고 사리에 어두운 데다 유약하였다.

하늘이 미친 듯 날뛰는 철부지로 하여금 명기名器를 차지하여 더럽히도록 두지 않고 덕 있는 사람을 기다렸다가 그에게 주려고 하는 뜻이 아주 분명하매, 충신들과 의사들이 기필코 왕씨의 후손을 구하여 세우려고 하였다. 이리하여 공양왕은 있던 자리를 떠나지 않고 일어나 그대로 보위에 오르매, 왕씨의 제사가 끊어졌다가 다시 이어지고 왕씨의 나라가 망했다가 다시 일어나게 되었다.

이제 마땅히 공 있는 사람과 어진 이에게 정성을 다하며 충직한 말을 받아들이고 간하는 말을 용납하여, 서로 함께 유신의 정치를 도모해야 하였다.

그런데 어찌하여 오직 인척들의 감정 섞인 호소와 환관이나 궁중 여인들의 사사로운 간청만 들어주고 그들을 신임하며, 덕 있는 원로들은 멀리하고 꺼리며 충성스럽고 선량한 사람들을 모함하여 해쳤단 말인가!

정치가 어지러워지고 무너져 인심이 저절로 이탈되고 천심이 저절로 떠나가, 존귀한 임금으로서 필부처럼 달아나 왕씨의 제사가 사라지고 말았으니, 슬픈 일이다.

의논議論

군덕은 만물 위에 뛰어나야 한다

『주역』 건괘乾卦의 단사彖辭에 "만물 위에 뛰어나니 만국이 모두 편안하게 된다." 하였다.

하늘은 만물의 조祖가 되고 임금은 만방의 종宗이 되는 것으로, 건도乾道가 만물 위에 뛰어나매 오만 가지 것이 잘되어 가고, 군도君道가 임금의 자리에 존귀하게 임하매 사해가 따르게 된다. 따라서 임금 된 분이 천도를 본받아 행하면 만국이 두루 편안하게 되는 것이다.

군주는 지성으로 어진 이를 임용하여 그 공을 이루어야 한다

몽괘蒙卦의 육오六五 효사에 "동몽童蒙이니 길하다." 하였다.

육오六五가 유순한 덕으로 임금의 자리에 있으면서 아래로 구이九二에 호응하되, 유순하고 중정中正한 덕으로써 강剛하고 밝은 인재를 임용하여 천하의 어린 싹을 다스려 가게 된다. 그러므로 길한 것이다. 임금 된 분이 진실로 지성으로 어진 이를 임용하여 그 공을 이룰 수 있다면 그 자신이 직접 한 것과 무엇이 다르겠는가!

군왕이 친비의 도리를 천명하면 천하가 저절로 와서 친비하게 된다

비괘比卦의 구오九五 효사에 "친비親比를 나타낸다" 하였다.

임금이 천하를 친비하는 도리는 그의 친비하는 도리를 천명할 뿐이다. 지성스러운 뜻으로 사물에 임하고 자기를 용서하는 마음으로 사람을 대하여 성치하되, 인을 베풀어 천하로 하여금 그 혜택을 입게 한다면, 이것이 임금이 천하를 친비하는 도리이다. 이와 같이 한다면 천하에 누구라도 임금에게 친비하지 않겠는가?

만일 조그마한 인을 드러내어 도를 어겨 가면서 명예를 좇아 아랫사람들이 친비하기를 구하려 한다면, 그 도는 역시 좁은 것이다. 군왕이 친비의 도리를 천명하면 천하가 저절로 와서 친비하게 되므로, 오는 자를 돌보아 줄 뿐 온정을 베푸는 체하면서 남에게 친비하기를 바라지 않는다.

이것이 왕도의 위대함이니, 백성들은 편안하기에 그렇게 된 까닭을 모른다. 성인이 지공무사至公無私한 마음으로 천하를 다스린 사실을 "친비를 나타낸다"고 한 데서 볼 수가 있다.

성인은 일찍이 천하의 의논을 모두 들어 보지 않은 적이 없다

이괘履卦의 구오九五 효사에 "강결剛決하게 이행한다. 바름을 얻어도 위험하리라." 하였다.

옛 성인들은 천하의 높은 자리에 있으면서, 총명은 사리를 알고 강단은 선악을 판단하며 세력은 일을 마음대로 할 수 있었다. 그러나 천하의 의논을 다 들어 보지 않은 적이 없다. 땔나무를 하고 꼴 베는 사람의 하찮은 말이라도 반드시 취하였으므로, 이래서 성인이 성인인 것이다.

만약 스스로 그 강단이 있고 현명한 것만 믿어서 결행하고 돌아보지 않는다면, 비록 정당하게 해 나간다 하더라도 역시 위험한 길이거늘, 그것을 고수할 수 있겠는가? 강단이 있고 현명한 재주가 있더라도 만약 자기 마음대로 한다면 오히려 위험한 길이 된다. 하물며 강단과 현명이 부족한 자의 경우에야 더 말해 무엇하겠는가!

『경제문감별집』의 「군도君道」 가운데 일부이다. 권근은 1397년 7월 상순 정도전의 부탁으로 『경제문감별집』을 교정하고 그 서문을 썼다.

『경제문감별집』은 요 임금·순 임금으로부터 송·원 시대에 이르기까지 군주가 모범과 경계로 삼을 만한 중국 역대 군주의 사적을 기록하고, 고려 군주 30대의 득실을 함께 논하였다. 아울러 경전에 있는 성현들의 격언을 모아 책 뒤에 붙였다.

위의 글은 그 가운데 공민왕·우왕·공양왕에 대해 서술한 부분과 『주역』 괘의 제5효에 대해 정이가 지은 『역전』의 설명을 편집해 '의논'으로 부기한 것 일부를 소개한 것이다.

정도전은 정이의 의리역학을 근거로 군주의 도를 정중正中의 도로서 부각시켰다.

이단을 왜 물리쳐야 하는가

闢異端之辨

요 임금과 순 임금이 공공·환도·삼묘·곤 등 네 명의 악한을 벤 것은 그들이 말을 번드르하게 하고 얼굴빛을 좋게 꾸미면서 명령을 거스르고 인류를 무너뜨렸기 때문이었다. 우 임금 또한 말하기를, "말을 번드르하게 하고 얼굴빛을 좋게 꾸미는 자를 어찌 두려워하랴?" 하였다. 말을 교묘하게 하고 얼굴빛을 좋게 꾸민다는 것은 사람의 본심을 잃게 하는 것이고, 명령을 어기고 인류를 무너뜨린다는 것은 사람의 일을 망치는 것이다. 그러므로 성인은 이를 용납하지 않았다.

은나라 시조 탕 임금과 주나라 시조 무왕이 각각 하나라 마지막 왕 걸桀과 은나라 최후의 왕 주紂를 쳐부술 때, 탕 임금은 "나는 상제가 두려워 감히 치지 않을 수 없다." 하였고, 무왕은 "내가 하늘에 순종치 않으면 그 죄가 주紂와 같다." 하였다. 하늘의 명령과 토벌은 감히 사양할 수 없는 것이라는 뜻이었다.

공자는 "이단을 깊이 파고들면 해로울 뿐이다." 하였으니, 해롭다는 한마디가 읽는 사람으로 하여금 오싹하게 한다.

맹자가 변론을 좋아한 것은 양주와 묵적을 막기 위해서였다. 양주와 묵적의 도를 막지 않으면 성인의 도를 행할 수가 없다. 그러므로 맹자는 양주와 묵적을 물리치는 것을 자신의 임무로 삼았던 것이다. 맹자는 "양주와 묵적을 막자고 말하는 사람은 성인의 무리이다." 하면서까지 사람들이 동조해 주기를 간절히 바랐다.

묵적은 남들을 똑같이 사랑한다兼愛 하니 인仁과 같은 듯하고, 양주는 자기만을 위한다 하니 의義와 같은 듯하다. 하지만 그들의 해악이 아버지도 무시하고 임금도 무시하는 데까지 이르므로, 맹자가 이를 물리치고자 힘썼던 것이다.

불씨석가모니의 경우는 그 말이 고상하고 미묘하여 성명性命과 도덕道德 사이를 넘나들며 사람을 헷갈리게 하는 것이 양주와 묵적보다 더 심하다. 주자는 "불씨의 말은 아주 이치에 가까워서 진리를 크게 어지럽힌다." 하였으니, 그 사실을 두고 말한 것이다.

어리석기 짝이 없는 내가 힘이 부족함을 헤아리지 않고, 이단을 물리치는 것을 나의 임무로 삼은 것은 앞서 열거한 여섯 성인과 한 현인의 마음을 계승하고자 해서가 아니다. 세상 사람들이 이단의 설에 헷갈려 모두 빠져들어 사람의 도가 없어지는 데 이르지나 않을까 두려워해서이다.

아아! 난신亂臣과 적자賊子는 어느 누구라도 그를 잡아 죽여도 좋으니, 반드시 형벌 다스리는 관리를 기다릴 필요가 없다. 사특한 설이 횡류하여 사람의 마음을 무너뜨리면 어느 누구라도 그 설을 물리쳐도 좋으니, 반드시 성현을 기다릴 필요가 없다. 이것이 내가 여러 사람에게 바라는 바이며, 동시에 스스로 힘쓰고자 하는 일이다.

정도전은 새로운 나라를 설계하면서 사회 전반에 만연해 있던 불교의 폐해를 제거하기로 작정하였다. 마침내 그는 『불씨잡변 佛氏雜辨』을 저술해서 불교의 교리를 비판했는데, 이 글은 그 가운데 자신이 왜 이단을 물리치려고 나섰는지를 밝힌 부분이다.

고려 때 유학자 출신의 관료들은 모두 불교를 공부하고 숭상하였다. 따라서 불교와 유교가 조화할 수 있었다. 고려 초기의 최승로는 "불도를 행하는 것은 수신의 근본이고 유교를 행하는 것은 치국의 근원이다."라고 하였다. 고려 후기의 이제현도 "불교의 도는 자비와 희사를 근본으로 삼는다. 자비는 인仁에 속하고, 희사는 의義를 행하는 일이다."라고 하였다.

이곡은 "유학자는 정正을 주로 하니 그것으로 수신하여 제가, 치국, 평천하에 이른다. 불자는 관觀을 중시하니 그것으로 수행하여 견성성불 見性成佛에 이른다."라고 하였다.

하지만 고려 말에는 불교가 타락하였다. 최해는 불교가 어버이에 대한 친애를 끊어 인륜을 저버린다고 지적하였다. 백문보, 정몽주 등도 불교의 폐해를 비판하고 나섰지만, 이들의 불교 비판은 단편적이었다.

그런데 정도전은 『불씨잡변』과 「심기리편心氣理篇」 등을 통해 불교 사상을 조목조목 비판하였다.

『불씨잡변』은 모두 19편으로 이루어져 있다. 즉 「불교의 윤회설에 관하여」「불교의 인과설에 관하여」「불교의 심성론에 관하여」「불교의 작용이 성이라는 설에 관하여」「불교의 마음 이론에 관하여」「불교가 도道와 기器에 몽매함에 관하여」「불교가 인륜을 버림에 관하여」「불교의 자비에 관하여」「불교의 참과 거짓 이론에 관하여」「불교의 지옥설에 관하여」「불교의 화복설에 관하여」「불교의 걸식에 관하여」「불교의 선교종에 관하여」「유교와 불교의 같은 점과 다른 점에 관하여」「불교는 중국에서 유래한다」「불교를 믿어 화를 불렀다」「천도를 버리고 불교의 인과를 말한다」「불교 숭배가 극심해질수록 각박해졌다」「이단을 물리치는 일에 관하여」 등이 그것이다. 여기에 별도의 「심기리편」을 더하면 모두 20편이 된다.

이전 학자들은 대개 불교가 전답과 노비를 많이 소유하고 면세의 특권을 누려 국가 경제를 망친다고 지적하면서, 사원의 폐해나 불교를 숭상하던 중국 군주들이 나라를 망쳤던 사례들을 근거로 삼았다.

정도전도 불교의 걸식이 떳떳하지 않게 음식을 취하는 것이라고 지적하고, 승려들이 화려한 전당과 큰 집에서 지내고 전장과 노비를 소유하고 있다는 사실을 비판하였다. 당시의 불교에서 "세간을 떠나 청정하고 욕심 없이 수행한다."는 불교 본연의 정신을 찾아볼 수 없음을 지적한 것이다.

정도전은 불교를 배척하는 논리를 주자의 학설에서 끌어다 썼다. 불교의 윤회설·인과설·심성설·지옥설 등에 대해 조목조목 실례를 들어 주자의 학설에 견주어 비판하면서 불교의 논리가 허구임을 드러냈다. 하지만 이단을 배척해야 한다는 사명감이 지나쳐서 불교의 사상 체계를 전반적으로 파악하지 않고 성급하게 비난한 부분도 없지 않다.

나의 불씨잡변
佛氏雜辯識

내가 틈을 내어 『불씨잡변』 15편과 '전대의 사실' 4편을 지었다. 다 이루어지자 손님이 읽고 이렇게 말하였다.

"자네는 불씨의 윤회설을 반박할 때 만물이 생생生生하는 이치를 인용하여 밝혔군. 그 말이 근사하긴 하지만 불씨의 설에 '만물 중에 무정물無情物*은 법계성法界性으로부터 왔고, 유정물有情物은 여래장如來藏으로부터 왔다.' 하였네.

그러므로 '대개 혈기 있는 물物은 모두 지각이 있고, 지각 있는 물物은 다 같이 불성이 있다.' 했던 것이네.

그런데 자네는 물物의 정情이 있고 없음을 구별하지 않고, 모두 같은 격으로 동일하게 보고 말하였다네. 헛되이 말만 허비하여 천착하고 부회하는 병통을 면치 못한 것이 아닌가?"

나는 이렇게 대답하였다.

"아아! 불교의 그 주장은 바로 맹자가 말한 것처럼, 근본을

* 무정물이란 바위나 풀·나무같이 지각이 없는 것을 말하고, 유정물은 사람과 동물같이 지각이 있는 것을 말한다. 법계성은 진여의 이치와 일치한 부처의 참모습을 말하고, 여래장은 중생의 번뇌 속에 내재하는 본래 청정한 여래의 법신을 말한다.

둘로 삼는 것이라서 내가 그렇게 논한 것이오. 기氣가 천지 사이에 있는 것은 본시 하나일 뿐인데 동動과 정靜이 있어서 음陰과 양陽이 나누어지고, 변變과 합合이 있어 오행이 갖추어지는 것이오.

북송의 주돈이는 '오행은 하나의 음양이요, 음양은 하나의 태극이다.'라고 하였소.

대개 동하고 정하고 변하고 합하는 사이에 그 흘러 운행하는 것에 통通과 색塞, 편偏과 정正의 차이가 있게 되오. 통과 정을 얻은 것은 사람이 되고, 편과 색을 얻은 것은 물物이 되오. 또 편과 색 가운데서도 통을 조금 얻은 것은 금수가 되고 통이 전혀 없는 것은 초목이 되오. 이것이 바로 물物이 정情의 있고 없음으로 나누어진 원인이라오.

주돈이는 '동動하되 동함이 없고 정靜하되 정함이 없는 것은 신神이니, 기氣가 통하지 않음이 없으므로 신神이라 하는 것이다. 동하면 정함이 없고 정하면 동함이 없는 것은 물物이니, 형形과 기氣에 국한되어 서로 통할 수 없으므로 물物이라 하는 것이다.' 하였소.

동하여 정함이 없는 것은 유정물을 가리키고, 정하여 동함이 없는 것은 무정물을 가리키오.

이것을 보면 물의 정情이 있고 없음이 다 이 기氣 가운데에서 생기는 것이니, 어찌 둘이라고 할 수 있겠소?

또 사람의 한 몸에도 혼백이나 오장이나 귀·눈·입·코·손·발 등과 같은 것은 지각과 운동이 있고, 모발·손톱·치아 등은 지각도 운동도 없소. 그러면 한 몸뚱이에서도 정情 있는 부모로부터 온 것과 정 없는 부모로부터 온 것이 있게 되는데, 과연 부모가 둘이 있단 말이오?"

"자네의 말이 옳기는 하군. 그러나 이러저러 논변하면서 성명·도덕의 오묘한 문제와 음양·조화의 은미한 문제에 출입하여, 처음 배우는 선비들은 알기가 어렵네. 하물며 어리석고 용렬한 아래 백성들이야 어찌 알아듣겠는가? 자네 말은 정묘하지만, 한갓 변론을 좋아한다는 비방이나 얻을 뿐, 저쪽이나 이쪽의 학문에 함께 손해도 이익도 없게 되지 않을까 염려되네. 또 불씨의 설이 비록 황당무계하지만, 세간 사람들이 눈으로 익숙하게 보고 귀로 익숙하게 들어 와서 공헌한 말로는 깨뜨릴 수 없을 듯하네.

하물며 불교에서 말하는 방광放光의 상서나 죽은 후 사리로써 여러 몸으로 화생한다는 이적이 이따금 있기까지 하지 않는가? 그래서 세간 사람들은 감탄하고 기이하게 여겨 불교를 믿고 순종하는 것이네. 자네는 아직도 저쪽을 공격하고 반박할 말이 남아 있는가?"

"윤회 등의 설에 대해서는 내가 이미 다 논하였소. 비록 그 폐단이 깊어서 한번에 깨닫게 할 수는 없겠지만, 학문을 좋아하는 한두 사람의 선비라도 내 말로 인하여 돌이켜 구한다면 터득하는 바가 있을 것이니, 다시 덧붙여 말하지 않으리다.

방광放光이나 사리의 일에 대해서 어찌 반박할 설이 없겠소? 그리고 마음은 기氣의 가장 정미하고도 가장 신령스런 것인데, 저 불씨의 무리들은 생각의 착하고 나쁨과 옳고 그름을 따지지 않은 채, 한 겹을 깎아 버리고 또 한 겹을 깎아 버려 한결같이 수렴하려 하오. 마음이란 본래 광명한 것이라서 정일하기가 이와 같은지라, 가운데에 쌓여 밖으로 발하는 것은 역시 이치나 형세로 볼 때 당연한 일이오. 따라서 부처가 방광하는 것이 어찌 괴이한 일이겠소?

또 하늘이 마음을 내어 지극히 신령하고 지극히 밝음으로써 한 몸 가운데의 주인이 되어 여러 오묘한 이치로 만물을 주재케 한 것이지, 아무 쓸데없이 한갓 만물의 영장으로 만들어 낸 것은 아니라오.

그건 하늘이 불을 만든 것이 본디 사람을 이롭게 하기 위한 것임과도 같소. 그런데 어떤 사람이 불을 재 속에 파묻어 추운 사람은 따뜻함을 얻지 못하고 배고픈 사람은 밥을 지을 수 없다면, 아무리 불에 열기가 있다 하더라도 재 속에서 발한 것에 불과하니 무슨 이로움이 있겠소? 부처의 방광을 내가 대단하게 여기지 않는 까닭이 이것이오.

또 불이란 것은 만일 재 속에 파묻어 두기만 하고 때때로 꺼내 보지 않는다면, 처음에 비록 잘 피던 불이라도 마침내 꺼져 재가 되고야 말 것이오.

사람의 마음도 이와 같이 항상 애쓰고 조심하고 염려하는 생각을 간직하여야 마음의 작용이 죽지 않고 의리가 생길 수 있는 것이오. 만일 한결같이 수렴하여 속에만 둔다면, 비록 생동적인 것이라 할지라도 반드시 마르고 사라지고 말 것이오. 그럴 경우 광명한 것이 캄캄하게 되는 결과를 초래할 것이니, 이 또한 알아두지 않으면 안 되오.

무덤 앞 석물에도 역시 방광하는 것이 있소. 대개 썩은 풀이나 나무에는 야광이 있거늘, 하필 부처의 방광에 대해서만 신령스러워 한단 말이오?

사람에게 사리가 있다는 것은 이무기나 조개에게 구슬이 있는 것과 같소. 개중에는 선지식이라는 사람에게도 사리가 없을 수 있는데, 이것은 바로 이무기나 조개에게도 구슬이 없을 수 있는 것과 같은 부류라오.

세상에 전하길, "조개에 있는 구슬을 뚫지도 않고 찌지도 않고 그대로 오래 두었다가 꺼내 보면 여러 개가 더 생긴다." 하오. 생명의 의지가 있으면 자연히 불어나는 것은 이치이니, 사리가 여러 몸으로 나눠지는 것도 이와 같을 뿐이외다.

만일 '부처에게 지극한 영험이 있어서 사람의 정성에 감동하여 사리가 나누어진다.' 한다면, 석씨의 무리들이 그 스승의 모발이나 이·뼈 따위를 간직할 자가 많을 것이오. 그렇거늘 어찌 정성껏 그런 물건을 나눠 가질 것을 청하지 않고 하필 사리에 대해서만 몸이 나눠진 것이라 한단 말이오? 이것은 곧 사물의 본성이 아니고 무엇이겠소?

어떤 사람이 말하기를, '사리라는 것은 매우 견고해서 쇠방망이로 쳐도 깨뜨릴 수 없으니, 그만큼 신령하다.' 합디다. 그러나 영양의 뿔을 얻어 한 번 치면 사리는 가루가 된다 하오. 어찌 사리는 쇠보다 신령스러우면서 영양 뿔보다는 신령스럽지 못한 것이오? 이것은 진실로 본성이 그런 것이므로 괴이하다 할 것이 없소.

두 개의 나무를 서로 비비거나 쇠와 돌을 서로 쳐서 불을 일으키는 것은 어디까지나 사람의 힘으로 하는 작용이 있어서 그런 것이라오. 화정火精의 구슬을 햇빛에 향하고서 쑥 심지에 비치면 뭉실뭉실 연기가 나면서 활활 불이 피어나는 것은 사람의 힘으로 하는 것이 아니오. 처음에는 반짝반짝 조금씩 피지만 마침내는 활활 피어올라 곤륜산을 불사르고 돌과 함께 옥도 태울 수 있으니, 어쩌면 그렇게도 신묘하단 말이오? 이것도 그 사물의 본성이 그렇게 시키는 것이지 어떤 신령한 물건이 깜깜한 속에 붙어 있다가 사람의 정성에 감동되어 그렇게 하는 것이란 말이오?

불이 사람에게 유익한 것은 실로 지대하오. 음식을 익히면

굳은 것도 부드러워지고 온돌에 불을 피우면 찬 것도 따뜻해지며 약물을 끓이면 날것도 익으므로, 배고픈 자를 배부르게 하고 병든 자를 고칠 수가 있소. 쇠를 녹여 쟁기를 만들고 도끼를 만들며 솥과 가마를 만들어서 백성들의 일용에 이롭게 하고, 칼과 창, 검과 가닥진 창을 만들어 군대의 일용에 위엄이 서게 하오.

불이 생겨나매 신묘하기가 저와 같고 불의 쓸모 있기가 이와 같거늘, 그대는 모두 이것을 소중하게 여기지 않는구려.

저 사리라는 것은 추워도 옷이 될 수 없고, 배고파도 음식이 될 수 없으며, 전투하는 사람이 무기로 삼을 수도 없고, 병든 사람이 탕약으로 삼을 수도 없소.

만일 부처가 신령하여 한 번 기도하면 수천 개를 만들어 낸다고 하더라도 유익함이 없이 인간의 일을 망가뜨릴 따름이오. 죄다 불이나 물에 던져 버려 영원히 뿌리를 끊어 버려야 할 터이거늘, 되려 공경하고 받들어 귀의한단 말이오?

아아! 세상 사람들이 떳떳한 것을 싫어하고 괴이한 것을 좋아하며, 참된 이익은 버리고 헛된 법을 숭상하기가 이와 같으니, 어이 한탄스럽지 아니하오!"

손님이 자신도 모르게 몸을 낮추어 절을 하면서 이렇게 말하였다.

"이제 그대의 말을 듣고 비로소 유학자의 말이 옳고 석씨의 말이 그릇됨을 알겠소. 그대의 말은 양웅揚雄도 못 따르겠소."

이에 책 끝에 이 문답을 적어서 하나의 설로 갖추어 둔다.

『삼봉집』 제5권에 수록되어 있는 『불씨잡변』의 저자 발문이다. 1398년 여름 정도전은 병으로 며칠 동안 휴가를 얻었을 때 『불씨잡변』을 저술하여 권근에게 보여 주면서 다음과 같이 말하였다고 한다. "석씨의 해악이 인륜을 헐어 버린지라 앞으로는 반드시 짐승들을 몰고 와서 인류를 멸하는 데까지 이를 것이니, 명교名教를 주장하는 사람으로선 그들을 적으로 삼아 힘써 공격하여야 할 것이오.

언젠가 나는 '내 뜻을 얻어 행하게 되면 반드시 말끔히 물리쳐 버리겠다.' 생각했었소. 이제 성상께서 알아주셔서 말을 올리면 들어주고 계획하면 따라 주시니 뜻을 얻었다고 하겠는데, 아직도 저들을 물리치지 못하였으니, 끝내 물리치지 못할 것만 같소.

그러므로 내가 분을 참지 못해 이 글을 지어 먼 미래의 사람들까지 사람마다 모두 깨달을 수 있기를 바라는 것이오. 이 때문에 비유를 취한 것이 저속하고 자질구레한 것이 많고, 저들을 함부로 덤비지 못하게 하려고 글을 쓰다 보니 격정을 드러낸 곳이 많소.

그러나 이 책을 보면 유교와 불교의 차이를 환히 알 수 있을 것이오. 비록 당장에는 실행할 수 없다 하더라도 후세에 전할 수 있다면 나는 죽어도 편안하오."

권근은 1398년 5월 보름에 그 책의 서문을 지었다.

그런데 『불씨잡변』은 한동안 전하지 않았다. 1438년에 이르러 정도전의 족손이자 성균관에서 공부하던 한혁이 자기 집에 보관하던 이 책을 생원 윤기견에게 보여 주었다. 윤기견은 양양 군수로 있으면서 공무의 여가에 30여 자를 교정하고 각수를 시켜 간행하였다. 그리고 1456년 세조 2 5월 중순에 발문을 지었다.

정도전은 『불씨잡변』에서 윤회설과 인과설이 불교의 핵심 원리라고 보아 그 설의 불합리성을 비판하였다. 이때 불교의 윤회설을 "사람은 죽어도 정신은 죽지 않으니, 소생하는 데 따라 형체를 받는다."라는 윤회전생설로 풀이하였다.

정도전은 정신이란 사람이 생길 때 기氣가 모여 생기는 것이어서 죽을 때 기와 함께 흩어지며, 한번 흩어진 기는 다시는 원래의 모양으로 될 수 없다고 보았다. 또한 사람과 만물은 천지의 기운을 받아서 태어나므로, 기가 왕성하게 되면 일시에 번성하게 되고 기가 쇠퇴하면 일시에 감소하게 된다고 믿었다.

한편 정도전은 불교의 인과설에서 인과보응설 부분을 비판하였다. 자연 현상은 천도에 따라 무심한 가운데 음양오행의 작용으로 저절로 그렇게 되는 것일 뿐, 일정한 의지에 의해 결정되는 것은 아니라고 보았다. 사람의 운명이나 화복은 전생의 과업에 의해 결정되는 것이 아니라, 인간이 형성될 때 품부받는 기의 성향에 따라 결정된다고 여겼다. 또 불교에서 인과설을 이용하여 사람들의 선행을 권장하는 것에 대해서도 비판하였다. 사람을 교화시키려면 올바른 도리로써 해야 한다고 보았기 때문이다.

불교적 깨달음에서는 자연과 인간이 모두 가상이자 환망에 지나지 않는 것으로 간주한다. 하지만 정도전은 천지자연의 모든 현상을 실체라고 주장하였다. 그리고 불교가 인륜을 저버리게 되는 것은 바로 인륜을 일시적인 가합假合이라고 보는 관념에서 시작된다고 진단하였다.

불교에서는 마음을 성性이라 보지만 어떤 경우에는 심心과 성性을 둘로 나누어 보기도 한다. 정도전은 성리학의 주장에 따라 마음에는 지각知覺과 유위有爲가 있으나 성性에는 지각도 유위도 없다고 하여, 불교의 심성론을 불투명하다고 비판하였다.

이밖에도 불교가 지옥설, 자비설, 화복설 등으로 중생을 선도한다고 하지만, 그 교리 자체가 황당무계하고 또 효과도 적다고 비판하였다.

이가 심과 기를 타이르노라

理諭心氣

| 권근 | 이 글은 주로 유학의 바른 의리를 말하여 노씨노자와 불씨부처*를 타일러서 그들의 잘못을 알게 한 것이다. 이理라는 것은 마음이 선천적으로 타고나는 덕이요, 기氣는 그로 말미암아 생겨나는 것이다.

아, 지극히 맑은 그 이理여! 천지보다 앞에 있어, 아我는 기氣로 말미암아 생기고 심心도 또한 품부받았도다.

| 권근 | 이理가 순수하게 지극히 선하여 본래 잡된 바가 없으므로 찬미하기를 '아, 지극히 맑다.'라 한 것이다. 나我라는 것은 이理가 자기를 일컬은 것이다.

앞에서도 심心과 기氣를 말함에 바로 아我 혹은 여予라 이르고, 이곳에는 이理 자를 드러내고서 찬미한 후에 나我라 일컬었다. 이理는 공정한 도여서 상대가 없을 만큼 존귀하므로

* 노씨와 불씨는 각각 노자와 부처를 일컫는다. 노자는 도가道家의 시조로서, 상식적인 인의와 도덕에 구애되지 않고 만물의 근원인 도를 좇아서 살 것을 역설하고 무위자연을 존중하였다.

유학은 노씨와 불씨가 각각 편벽된 소견을 지켜 서로 나와 남을 구별하는 것과는 다르다.

○ 이것은 이理가 심心과 기氣의 본원이 됨을 말한 것이다. 이로써 이理가 있은 후에 기氣가 있으며, 그런 연후에 가볍고 맑은 양기는 위로 올라가 하늘이 되고 무겁고 탁한 음기는 아래로 엉겨 땅이 된 것이다.

이로써 사계절이 유행하고 이로써 만물이 화생한다. 사람은 그 사이에서 천지의 이理를 온전히 얻고 또 천지의 기氣를 온전히 얻어, 만물 가운데서 가장 존귀하다. 그래서 천지와 더불어 천·지·인 삼재三才에 참여하게 된 것이다.

천지의 이理는 사람에게서는 성性이 되고, 천지의 기氣는 형形이 된다. 심心은 또 이와 기를 겸하여 얻어 한 몸의 주재主宰가 된다. 그러므로 이가 천지보다 앞에 있어 기가 그로 말미암아 생겨나고 마음도 또한 품부하여 덕德을 이루는 것이다.

심心이 있고 내理가 없으면 이해로만 달려갈 것이요, 기氣만 있고 내가 없으면 혈육만의 몸뚱이로 구물구물하게 짐승과 같은 길로 돌아갈 것이다. 아아, 그 중에 조금이라도 다를 사람이 몇이나 될 것인가!

| 권근 | 주자가 말하기를, "지각과 운동의 구물구물한 것은

사람이 동물과 같지만 인의예지仁義禮智의 순수한 것은 사람이 동물과 다르다." 하였다.

○ 이것은 사람이 짐승과 다른 것은 사람에게는 의리가 있기 때문이라는 사실을 말한 것이다. 사람이고서 의리가 없으면 지각하는 바가 정욕과 이해의 사사로움에 지나지 않을 뿐이요, 움직이는 바 또한 구물구물하게 한갓 살아 나갈 따름이니, 비록 사람이라고 하지만 짐승에서 얼마나 멀 것인가! 그렇기에 유학자는 마음을 보존하고 기를 양성할 때 반드시 의리로 위주를 삼는 것이다.

저 석가는 적멸寂滅을 숭상하고 노자는 청정淸淨을 숭상하여, 인륜의 중대한 것과 예악의 아름다운 것도 반드시 제거하여 끊어 없애고자 한다. 흉중에 욕심이 없는 자는 이익을 향해 달려가는 자와 다른 듯하지만 천리의 공정함을 주장해 인욕의 사私를 제재할 줄 모르므로, 일상 언행이 번번이 이욕에 빠지면서도 깨닫지 못하는 것이다.

또 사람의 욕구하는 바는 삶보다 더한 것이 없고 싫어하는 바가 죽음보다 심한 것이 없다. 그러나 그들의 학설을 보면, 석씨는 반드시 삶과 죽음에서 벗어나려 하니, 이는 죽음을 두려워하는 것이다. 노씨는 반드시 장생을 구하고자 하니, 이는 삶을 탐하는 것이다. 이것이 이욕이 아니고 무엇이겠는가.

또 그 가운데에 의리를 주장하는 바가 없어서, 휑하니 엉음이 없고 어둑하게 알지 못할 뿐이니, 이는 껍데기인 몸뚱이 속에 피와 살이 들어 있는 것에 불과할 따름이다.

이 네 구절은 비록 덤덤하게 뭇사람을 가리켜 말한 것이지만, 노자와 부처의 실지 병통에 절실하게 들어맞는다. 읽는 이들은 상세히 살펴야 할 것이다.

어린아이가 엉금엉금 기어서 우물로 들어가는 것을 보면 측은한 정이 생긴다. 그러므로 유학자는 정념情念이 생기는 것을 두려워하지 않는다.

| 권근 | 맹자는 "사람들이 목전에 어린아이가 우물로 기어 들어가는 것을 보면 놀라 측은한 마음이 일어날 것이다." 하였다. 또 "측은한 마음은 인仁의 단서이다." 하였다. 이는 측은한 정이 마음의 고유함에 뿌리를 둔다고 말하여, 불가에서 생각을 없애고 정情을 잊어버리는 것이 잘못임을 밝힌 것이다.

사람은 천지의 생물지심生物之心을 지니고 태어났으니, 이른바 인仁이다. 인의 이치가 실지 내 마음에 갖추어 있으므로, 어린아이가 우물로 기어 들어가는 것을 보면 측은한 마음이 저절로 생겨남을 막지 못한다. 이 마음을 미루어 확충하면 인仁을 이루 다 쓸 수 없을 것이며, 천지를 모두 구제할 수 있을 것이다.

그러므로 유학자는 정념이 생기는 것을 두려워하지 않고,

천리가 나타나는 자연을 따를 뿐이다. 어찌 불가에서 정념이 일어나는 것을 두렵게 여겨 억지로 제어하여 적멸에 돌아갈 따름인 것과 같겠는가!

죽을 자리에 죽는 것은 의義가 몸보다 소중하기 때문이다. 그렇기에 군자는 몸을 희생하여 인仁을 이루는 것이다.

| 권근 | 『논어』에 "지사와 어진 이는 삶을 구하여 인仁을 해침이 없고, 몸을 희생하여 인을 이룸이 있다." 하였다. 이는 의義가 무겁고 생명이 가벼움을 말하여, 노자가 기氣만 기르고 생명을 탐하는 것이 잘못임을 밝힌 것이다.

군자가 실지의 이치를 보아 얻으면, 마땅히 죽어야 할 자리를 맞닥뜨리면 몸이 차마 하루도 삶을 편안히 여기지 못하거늘 삶이 더 중하겠는가, 의리가 더 중하겠는가. 그러므로 유학자는 더러 임금이나 어버이의 어려움을 구해야 할 때가 닥치면 신체와 생명을 버리고 달려간다. 노씨가 수련에만 종사하며 삶을 탐하는 것과는 다르다.

성인이 계셨던 때로부터 천년이나 지난 뒤라서 원리가 거짓되고 말이 난잡한지라, 기氣를 도道로 삼고 마음으로써 종宗으로 삼는도다.

| 권근 | 이단의 학설들이 성행하게 된 까닭은 성인의 세상

이 아득히 멀어져 도학이 밝지 못하기 때문이다. 그러므로 노씨는 기氣가 이理에 뿌리를 두고 있음을 알지 못하고 기氣를 도道로 삼으며, 석씨는 이理가 심心에 갖추어져 있음을 알지 못하고 마음을 종宗을 삼는다는 사실을 말한 것이다.

노씨와 석씨는 더할 나위 없이 고묘함에 대해 말하면서도, 형이상形理上이 어떤 물건인지도 알지 못하고 마침내 형이하形理下만을 가리켜 말하여, 천근淺近하고 오활迂闊한 가운데로 빠져들면서도 스스로 알지 못하는 것이다.

의롭지 못하고 장수하면 거북이나 뱀 따위일 것이요, 눈 감고 앉아만 있으면 흙이나 나무와 같은 겉껍질일 따름이다.

| 권근 | 앞의 구절은 노씨를 책망한 것이요, 뒷 구절은 석씨를 책망한 것이다. 곧 앞에서 말했듯이 '석씨는 심心만 있고 내我가 없으며, 노씨는 기氣만 있고 내我가 없다.'라는 뜻이다. 다만 앞에서는 넓게 여러 사람을 가리켜 말한 것이요, 여기서는 오로지 노씨와 불씨를 가리켜 말한 것이다.

내가 너의 심心에 주재하고 있으면 해맑고 허명虛明할 것이요, 내가 너의 기를 기르면 호연浩然의 기가 생길 것이다.

| 권근 | 맹자는 "나는 나의 호연한 기氣를 잘 기른다." 하였다.

○ 이는 성인의 학문이 안과 밖을 함께 기르는 공에

대해 말한 것이다.

의리로 심心을 보존하여 함양하면 물욕에 가려짐이 없어 마음 전체가 허명하고 마음의 쓰임이 어그러지지 않을 것이다. 의義를 모아 기氣를 길러서 확충하면 지극히 크고 지극히 곧고 단단한 기가 호연히 스스로 생겨 천지에 가득 찰 것이다. 이렇게 되면 본과 말이 아울러 갖춰지고 안과 밖이 둘 다 길러진다. 이는 노씨와 석씨의 편벽됨과는 달리 유학이 바른 학문인 이유이다.

옛 성인의 가르침에 '도는 둘이 함께 높을 수 없다.' 하였으니 심心이여 기氣여, 공경하여 이 말을 받을지어다.

| 권근 | 북송 때 호안국은 『예기』의 "하늘에는 두 해가 없고 땅에는 두 임금이 없다."라는 말을 인용하여, "도에는 두 길이 없다." 하였다. 이는 도술道術이 하나로 돌아가길 바라서 한 말이다.

○ 이는 윗글에서 논한 바가 모두 성현의 유훈에 뿌리를 둔 것이지, 나의 사사로운 말이 아니라는 사실을 말한 것이다. 또 도는 존귀하여 더불어 둘이 될 것이 없으므로 심心과 기氣에 견줄 수 없음을 말한 것이다. 그러므로 마지막에 심과 기를 특별히 불러 경계하였으니, 자상하게 열어 보인 뜻이 지극히 깊고 간절하다.

정도전은 세 편의 「심기리편」을 저술하여 유학의 이념이 올바르고 불교와 도교가 이단임을 밝혔다. 정도전은 "하늘이 사람에게 이치를 부여할 수는 있으나 사람으로 하여금 반드시 착한 일을 하도록 할 수는 없는 것이라서, 사람이 하는 바가 도道를 잃는 경우가 많아 천지의 조화를 손상시키는 것이다." 하였다. 선험적 결정론보다 인간의 의지를 중시한 논리이다.

권근은 1394년 여름 정도전의 「심기리편」에 주를 달고 서문을 작성하였다. 이 글은 권근이 주를 달고 정도전이 다시 설명한 「심기리편」의 일부이다. 권근은 서문에서 정도전의 이 저술이 지닌 의의를 다음과 같이 논평하였다.

"유학에서는 이理를 위주로 하여 심心과 기氣를 다스리므로, 하나를 근본으로 삼아 둘을 기르는 것이요, 도가는 기氣를 위주로 하여 양생養生을 도道로 삼고, 석씨는 심心을 위주로 하여 부동不動을 종宗으로 삼아, 각각 하나를 지키고 둘을 버린다. …… 유학은 심을 길러 의리를 보존하고 기를 길러 도의道義에 합하므로, 생각하는 바가 의리에 마땅하게 되고 잘못되거나 편벽되지 않는다. 동작하는 바가 마음의 영靈이 사물의 이理를 주관하고 기氣의 큰 것이 천지 사이에 가득하지만 모두 의리가 주인이 되고 마음과 기가 언제나 명령을 듣는다."

유학은 시대마다 특징이 있고, 또 한 시대의 유학이라도 유파마다 각기 다른 다양한 특성을 지니고 있다. 선진 유학은 수기치인修己治人의

철학적 인간학을, 한나라 때의 주역 사상은 정중正中을 중시하는 정치 윤리학을, 송대 정주학은 이기론의 형이상학을 각각 특징으로 한다. 정도전은 주자학을 공부하여 수기치인의 철학적 인간학을 기본으로 하면서 주역의 정중을 군주의 도리로 삼는 정치사상을 제시하고 이기론의 형이상학을 추구하였다.

제6장

경복
景福

『시경』에서 "술대접 받아 실컷 취하고 또 많은 은덕을 입었으니 군자께서 만년의 수를 누리시고, 하늘로부터 커다란 복을 받으시길 비옵니다."라는 시구를 인용하여, 새 궁의 이름을 경복이라 짓고자 합니다.

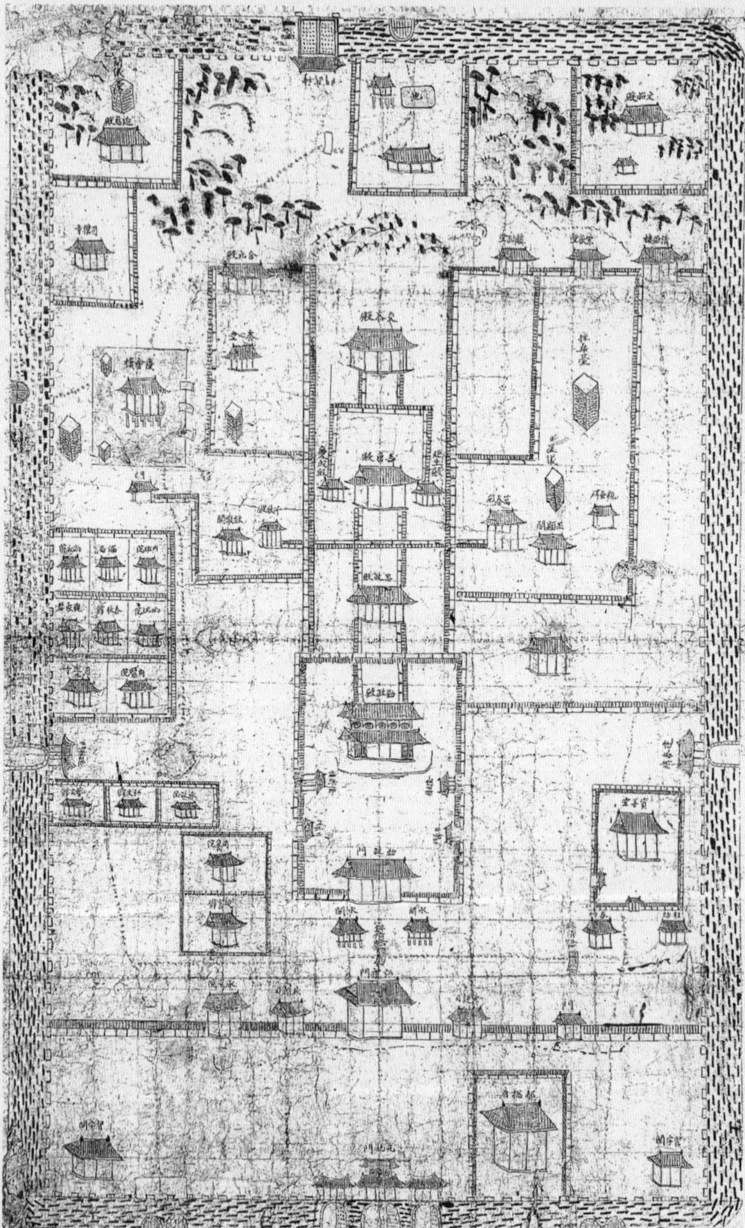

경복궁도 _ 조선 후기, 국립민속박물관 소장

경복궁의 이름
景福宮

신이 고찰하건대, 궁궐이란 임금이 정사政事를 보는 곳이요, 사방이 바라보는 곳이요, 신민들이 나아가는 곳입니다. 그러므로 규모를 크게 하여 존엄을 보이고 이름을 아름답게 지어 보고 듣는 자들을 감동케 해야 합니다. 한나라와 당나라 이래로 궁전의 호칭은 이전의 이름을 따르기도 하고 고쳐 부르기도 하였습니다. 하지만 존엄을 보이고 감동을 일으키는 것은 그 의의가 동일하였습니다.

전하께서 즉위하신 지 3년 되던 해 한양에 도읍을 정하신 후, 먼저 종묘를 세우고 다음으로 궁실을 지으셨습니다. 이듬해 10월 을미에 친히 곤룡포와 면류관을 갖추고 새 종묘에서 선왕과 선후에게 제사를 지내고, 새 궁전에서 군신들에게 잔치를 베푸셨습니다. 대개 신령들의 은혜를 넓히고 후손들의 복록을 편안히 하기 위한 것이었습니다.

술 석 잔이 돌아가자 신에게 명하셨습니다. "지금 도읍을 정하고 종묘에 제사 지내고 새 궁전을 낙성하고 군신들과 여기에서 잔치를 열게 되어 기쁘다. 그대는 빨리 궁전의 이름을 세워서 이 나라와 더불어 영구히 빛나도록 하라."

신은 명을 받들어 삼가 손을 모으고 머리를 조아려 절하고, 『시경』에서 "술대접 받아 실컷 취하고 또 많은 은덕을 입었으니 군자왕께서 만년의 수를 누리시고, 하늘로부터 커다란 복을 받으시길 비옵니다."라는 시구를 인용하여, 새 궁의 이름을 경복景福이라 짓고자 합니다.

여기에서 전하와 자손들께서 만년토록 태평한 왕업을 누리실 것이고 사방의 신민들도 영구히 감동하는 바가 있을 것입니다.

다만 『춘추』에서는 백성에게 부역시키는 것을 어렵게 여기고 토목 공사 일으키는 것을 무겁게 여겼으니, 임금 된 이가 그저 백성을 부려 자기를 받들라 할 수 있겠습니까? 한가로이 넓은 집에 있을 때는 가난한 선비를 덮어 줄 것을 생각하고, 전각에 서늘한 기운이 들 때에는 맑은 그늘을 나누어 줄 것을 생각해야 합니다. 그런 후에야 만민의 받듦을 저버리지 않게 될 것입니다. 그래서 아울러 언급합니다.

조선 초에 북악산 밑을 궁궐 터로 잡은 것은 정도전이었다. 이중환의 『택리지』 「팔도 총론」에 다음의 내용이 있다.

"태조가 무학대사 자초自超, 1327~1405를 시켜 도읍 터를 정하도록 하였다. 무학이 백운대에서 맥을 따라 만경대에 이르고, 다시 서남쪽으로 비봉에 갔다가 비석을 보니, "무학오심도차無學誤尋到此"라는 여섯 글자가 있었다. 무학이 산의 맥을 잘못 찾아서 여기에 왔다는 뜻이었다. 신라 말의 승려 도선이 세운 것이었다. 무학은 길을 바꿔 만경대에서 정남쪽 맥을 따라 백악산 밑에 도착하였다. 세 곳 맥이 합쳐 판 하나를 이룬 것을 보고 드디어 궁성 터를 정하였다. 곧 고려 때 오얏李을 심던 곳이었다."

처음에 무학은 인왕산으로 진산을 삼고 백악과 남산을 좌우의 용호로 삼아야 한다고 주장하였다. 그러나 정도전은 제왕이라면 남면南面하는 법이라고 하여, 북악백악을 주산으로 삼고 인왕과 낙산을 좌우 용호로 삼아야 한다고 주장하였다.

이성계는 결국 정도전의 의견을 따라 궁궐 터를 정하였다. 즉위 3년째인 1394년 신도궁궐조성도감을 세워 궁궐을 짓기 시작해 이듬해 완성하였다

1395년 10월 이성계는 종묘에 나아가 친히 신궁 입궐을 보고하고, 정도전에게 궁궐의 이름을 짓도록 명하였다. 정도전은 새 궁궐을 경복궁이라 하고, 연침燕寢을 강녕전, 동쪽에 있는 소침小寢을 연생전, 서쪽에 있는 소침을 경성전, 연침의 남쪽 전각을 사정전, 그 남쪽의 전각을 근정전이라 이름 지었다. 그리고 동쪽 누각을 융문루, 서쪽 누각을 융무루, 궁전문을 근정문, 남쪽 궁전문을 정문이라 하였다.

강녕전
康寧殿

신은 고찰하건대, 「홍범」의 아홉 번째에 나오는 오복五福, 곧 수壽, 부富, 강녕康寧, 유호덕攸好德, 고종명考終命 가운데 셋째가 강녕입니다. 대개 군주가 마음을 바루고 덕을 닦아 중정中正의 극을 세우면 오복을 누릴 수가 있습니다. 강녕은 오복 가운데 하나인데, 중앙에 있는 강녕만을 말한 것은 이것을 말하면 나머지를 모두 포괄할 수 있기 때문입니다.

그러나 마음을 바루고 덕을 닦는 일은 여러 사람이 보는 앞에서는 힘써 행하다가도 편안하게 혼자 있을 때는 쉽게 안일에 빠져서 경계의 뜻이 번번이 게으르게 됩니다. 그래서 마음에 바로잡지 못한 면이 있고 덕에 닦이지 못한 부분이 있게 되어, 중정의 극이 서지 못해서 오복이 이지러지게 됩니다.

『시경』에 보면, 춘추 시대 위나라 무공은 스스로 경계하는 시를 지어, "네가 군자와 벗함을 보니, 얼굴을 따스하고 부드럽게 하며 행여 과실이 있을까 두려워하는구나! 너는 집에 있을 적에 처마 구석에도 부끄러움이 없게 하여야 한다." 하였습니다. 무공은 이렇게 경계하고 삼갔으므로 나이 아흔을 넘기도록 장수하였습니다. 중정의 극을 세워 오복을 누린 확실한 증거입니다.

공력은 마땅히 한가하고 홀로 있는 곳에서부터 쓰기 시작해야 할 것입니다. 부디 전하께서는 무공의 시를 본받아, 안일을 경계하고 경외의 마음을 지켜서 중정의 무궁한 복을 누리소서. 그러면 성스러운 자손들이 계승하여 천세 만세에 전할 수 있을 것입니다. 그래서 전하께서 평상시 거처하던 궁궐인 연침을 강녕이라 이름 지었습니다.

연생전과 경성전
延生殿 慶成殿

천지는 만물에 대해 봄에는 낳아 주고 가을에는 이루게 합니다. 성인은 만민에 대해 인仁으로 길러 주고 의義로 다스립니다. 그러므로 성인이 하늘을 대신하여 만물을 다스릴 때 그 명령과 시행의 근본을 한결같이 천지의 운행에 둡니다.

그래서 전하께서 평소 거처하시는 동쪽 소침을 연생延生이라 하고 서쪽 소침을 경성慶成이라 하여, 전하께서 천지의 낳아 주고 이루어 주는 공덕을 본받아 정치의 명령과 규범을 밝히는 것을 표시합니다.

사정전

思政殿

천하의 이치는 생각하면 터득할 수 있지만 생각하지 않으면 터득할 수 없습니다. 대개 군주는 한 몸으로 숭고한 지위를 차지하고 있습니다. 많은 사람 중에는 지혜롭고 어진 사람과 어리석고 못난 사람이 뒤섞여 있으며, 많은 일 가운데는 시비와 이해가 뒤섞여 있습니다. 군주가 진실로 깊게 생각하고 세밀하게 살피지 않는다면 어떻게 일의 옳고 그름을 변별하여 처리하고, 어떻게 사람의 어질고 어리석음을 구분하여 등용하고 물리치겠습니까?

예로부터 어느 군주인들 존귀하여 영화롭고자 하지 않고 위태로움을 멀리하려 하지 않았겠습니까? 그런데도 옳지 못한 사람을 가까이하고 좋지 못한 계책을 세워 패망에 이르게 되는 것은 생각을 하지 않은 데서 말미암은 것입니다.

『시경』에 "어찌 너를 생각지 않을까만 집이 멀어서 못한다." 했는데, 공자는 "생각을 하지 않아 그런 것이지, 어찌 멀어서 그렇겠는가?" 했습니다. 또 『서경』에는 "생각은 슬기로우며, 슬기로우면 성인이 된다." 했습니다. 생각이 사람에게서 작용하는 것이 정말로 지극합니다.

이 전각은 조회 때마다 나랏일을 보는 곳입니다. 만 가지 일이 중첩해 이르러 와서 전하께 품달되어 전하께서 조칙을 내리고 지휘를 하시는 곳입니다. 그렇기에 더욱 전하께서는 생각을 하지 않을 수 없습니다. 이에 신은 그 이름을 사정전思政殿으로 짓고자 합니다.

근정전과 근정문

勤政殿 勤政門

천하의 일은 부지런하면 다스려지고 게으르면 폐기되는 것이 필연의 이치입니다. 작은 일도 그러하거늘 하물며 정치라는 큰일이야 어떠하겠습니까?

『서경』에 "근심이 없을 때 경계하여 법도를 잃지 말라." 하였으며, "안일과 욕심으로 제후들을 가르치지 말고 삼가고 두려워하소서. 하루 이틀 사이에도 위중한 일은 만 가지나 되니, 모든 관직을 비워 두지 마소서. 하늘의 일을 사람이 대신 처리하는 것입니다." 하였습니다. 이는 순 임금과 우 임금이 부지런히 애쓴 사실을 알려 줍니다.

또 『서경』에 "아침부터 해가 기울도록 밥 먹을 겨를도 없이 일하여 만민을 잘살게 하였다." 하였습니다. 이것은 문왕이 부지런히 애쓴 사실을 알려줍니다.

군주라면 부지런하지 않을 수 없는 것이 이러한데도, 남의 떠받듦에 안주한 지 오래되면 교만과 안일이 생기기 쉽습니다.

또 아첨하는 자들이 기회를 타서 유도하기를, "천하에서 나랏일 때문에 정력을 지치게 하고 수명을 덜어서는 안 됩니다."

하고, 또 "이미 가장 높은 자리에 있는데 어찌 홀로 자기를 낮추고 수고를 해야 합니까?" 합니다.

그래서 연회로 사냥으로 기호물로 토목土木으로 꾀어서, 정도를 벗어난 문란한 일이라면 죄다 유도하려 듭니다. 군주는 그것을 두고, 나를 두텁게 사랑해서 그런다고 여겨 자기도 모르게 태만과 황음에 빠지게 됩니다.

한나라와 당나라 군주들이 하·은·주 삼대의 성군만 못한 것은 바로 이 때문입니다.

군주가 되어 어찌 하루라도 부지런하지 않을 수 있겠습니까? 다만 부지런해야 한다는 것만 알고 그 까닭을 알지 못한다면, 그 부지런함이 번잡하고 세세한 데로 흐르게 되어 볼만한 결과가 없게 됩니다.

춘추 시대 때 자산子產은 "아침에는 정무를 처리하고 낮에는 어진 이를 방문하며 저녁에는 명령을 만들고 밤에는 몸을 편히 쉰다." 하였습니다. 이것은 군주가 부지런히 하는 일을 두고 말한 것입니다. 또 후한의 왕포는 "어진 이를 구하는 데 부지런하고, 어진 이를 임명하는 데 빨라야 한다."라고 하였습니다.

신이 그래서 근정전勤政殿이라 이름을 지어 올립니다.

융문루와 융무루

隆文樓 隆武樓

문文은 정치를 이룩하는 것이요, 무武는 난을 평정하는 것입니다. 두 가지는 사람에게 두 팔이 있는 것과 같아서 하나라도 없어서는 안 됩니다.

예악과 문물이 빛나 볼 만하고, 군사와 무기가 정연하게 갖추어져 있으며, 사람을 쓰는 데서도 문장과 도덕을 갖춘 선비와 과감하고 용기 있는 군사들이 안팎으로 포진하고 있습니다. 이것은 모두 문과 무의 숭상을 지극히 한 데서 나온 것입니다.

전하께서 문과 무를 아울러 활용하면 다스림이 장구하게 이어짐을 보게 되실 것입니다.

정문
正門

천자와 제후는 세력이 서로 다르지만 모두 남면南面*하고 다스립니다. 이것은 정正에 뿌리를 둔 것으로, 대개 그 이치는 같습니다. 옛글을 보면 천자의 문을 단문端門이라 하였는데, 단端이 바로 정正입니다. 그래서 오문남문을 정문正文이라 칭합니다.

명령과 정교政敎가 반드시 이 문을 통해 나가므로, 신실하게 살핀 뒤에 나가게 하면 참언이 힘을 얻지 못하고 거짓이 발붙일 곳이 없게 될 것입니다. 상주上奏와 계달啓達, 상서上書와 복명復命이 반드시 이 문을 통해 들어오므로, 신실하게 살핀 뒤에 들어오게 하면 사악한 말이 올라오지 못하고 공적도 분명하게 알아볼 수 있을 것입니다.

문을 닫아서 기이한 말을 하고 기괴한 짓을 하는 백성을 끊고, 문을 열어서 사방의 어진 이를 오게 하는 것이 모두 정正의 커다란 일입니다.

* 남면은 임금이 되어 나라를 다스림을 뜻한다. 임금이 남쪽을 향하여 신하와 대면한 데서 유래한다.

정도전은 국왕이 신하들과 나랏일을 보는 중심 전각을 근정전이라고 이름 지었다. 근정이란 말은 『논어』에서 공자가 자로에게 말한 뜻을 새겨 '정치를 근실하게 행한다.'는 뜻이다. 『논어』에 다음과 같은 대화가 실려 있다.

"자로가 정치의 도리에 대해 묻자, 공자는 '먼저 백성에게 모범을 보이고 백성들을 위로해야 한다.'라고 하였다. 더 가르쳐 달라고 청하자, '게을리하지 말라.'라고 하였다."

공자는 솔선수범과 애민愛民 두 가지가 정치의 요체라고 강조하였다. 군주는 백성이 해야 할 일을 몸소 먼저 실천해야 하고, 백성들을 위로하고 보듬어 덕정을 베풀어야 한다는 것이다. 이어 자로가 가르침을 더 청하자, 결과가 나타나지 않는다고 염증을 내어 게을리해서는 안 된다고 덧붙였다.

또한 정도전은 국왕이 신하들과 나랏일을 논의하는 편전을 사정전이라고 이름 지었다. 사정이란 정치를 생각한다는 뜻으로, 정치를 게을리하지 않는다는 뜻과 통한다. 세종 때 집현전 학사들이 『자치통감』을 연구하며 정치의 원리에 대해 생각했던 곳이 바로 이 사정전이다.

제7장

평가와 논쟁

성리의 학문과 정치의 공적으로 말하면, 이단을 배척하여 우리 도의 정대함을 밝혔고, 대의에 입각하여 국운의 융성을 도왔도다. 문장은 영구히 썩지 않을 것이요, 감화는 무궁토록 흡족하리니, 진실로 종묘사직의 중신이며, 후학의 종주로다.

권근이 쓴 진찬

삼봉 선생의 초상화에 찬하다 三峯先生眞贊

온후한 낯빛, 엄중한 외모.
쳐다보면 높은 산을 우러러보는 듯하며, 가까이 대하면 봄바람 속에 앉은 듯하도다.
얼굴이 윤택하며 등이 퍼진 것을 보면, 화순한 덕이 속에 쌓였음을 알 수 있으리라.
▪ 이것은 그의 용모를 말한 것이다.

광채는 일 만 길 솟아오르고, 기염은 긴 무지개를 뱉는 듯
궁한 때라도 뜻 꺾이지 않았고, 현달해서도 덕이 더욱 높았다.
이는 흉도가 드넓어 스스로 만족한 것이니, 반드시 정의를 집적하여 가득 채웠기 때문이리라.
▪ 이것은 그의 기상을 말한 것이다.

선을 좋아함이 독실하였고, 일에 대처함이 통달하였다.

관대함은 넓은 바다 같았고, 신뢰성과 과단성은 공정한 시초점과 거북점* 같았다. 그 국량과 규모의 드넓음은 고루하여 꽉 막힌 자가 따를 수 있는 것이 아니다.

▪ 이것은 그의 됨됨이와 도량을 말한 것이다.

성리의 학문과 정치의 공적으로 말하면,
이단을 배척하여 우리 도의 정대함을 밝혔고, 대의에 입각하여 국운의 융성을 도왔도다.
문장은 영구히 썩지 않을 것이요, 감화는 무궁토록 흡족하리니,
진실로 종묘사직의 중신이며, 후학의 종주로다.

▪ 이것은 그의 학문, 사업, 문장을 말한 것이다.

경숙 택주*의 초상화에 찬하다 慶淑宅主眞贊

남편을 섬김에는 순종하면서도 의로웠고, 자손을 가르침에는 자애롭고도 매서웠다.
친척을 대함에는 은혜로우면서도 주밀하였고, 노복을 다룸에

* 시초점 蓍草占 은 톱풀을 이용하여 치는 점이고, 거북점 龜占 은 거북의 등딱지를 불에 태워서 그 갈라지는 틈을 보고 길흉을 판단하는 점이다.
* 경숙 택주는 공의 부인으로 최습의 딸이다.

는 엄하면서도 너그러웠다.

이것은 자질의 아름다움에서 나온 것이되, 덕으로 서로 함께 하는 데서 얻은 바가 있어서이기도 하다.

* * *

정도전이 권근의 진찬 뒤에 적는다 題眞贊後

위의 진찬 두 편은 권가원권근이 지은 것이다. 못생긴 모습이 어찌 선생의 붓을 욕되게 할 만하랴. 그 말에 과분함이 있으므로 아주 부끄럽다. 그러나 함께 노닌 지 오래되었으므로 관찰한 것도 깊을 것이기에, 속일 수 없는 것이 있지 않겠는가! 아내 최씨에 대한 진찬은 그림 밖에서 정신을 전하는 듯하다. 이에 이를 기록하여 자손들에게 보이노라.

고려사와 태조실록

『고려사』

정몽주는 간관 김진양 등을 시켜 상소하기를, "정도전은 미천한 신분에서 몸을 일으켜 도당의 지위를 훔치고, 미천한 근본을 가리고자 하여 본주를 제거하려고 꾀하였습니다. 혼자 거사할 수 없었으므로 작은 죄를 큰 죄로 꾸며 많은 사람을 연루시켰습니다. 청컨대 귀양 간 곳에서 처형하여 후대의 사람들을 경계하소서."라고 하였다.

처음에 우현보의 친척 김진金戩이 중이 되어 자기의 종 수이樹伊의 처와 좋아지내다가 딸 하나를 낳았다. 남들은 모두 수이의 딸이라고 했지만, 김진 혼자 자기 딸로 인정하였다. 은근히 사랑하고 돌보아 주어 선비 우연禹延에게 시집까지 보냈다. 그들이 낳은 딸이 정운경에게 시집을 가서 정도전을 낳았기에 이렇게 말한 것이다.

『태조실록』

처음에 정도전이 이색을 스승으로 섬기고 정몽주, 이숭인과 친구가 되어 친밀한 우정이 실제로 깊었다. 하지만 뒤에 가서 조준과 교제하고자 하여 세 사람을 참소하고 헐뜯어 서로 원수가 되었다. 또 외조부 우연의 처부妻父인 김진이 일찍이 중이 되어 종 수이의 아내를 몰래 간통하여 딸 하나를 낳으니 이가 정도전의 외조모였다. 우현보의 자손이 김진의 인척이었기 때문에 그 내력을 자세히 들어 알고 있었다.

정도전이 당초 관직에 임명될 적에 조정에서 내리는 임명장인 고신이 지체되었는데, 정도전은 이것이 우현보의 자손이 그 내력을 남에게 알려서 그렇게 된 것이라 여겨 원망을 쌓아 두었다. 그러더니 뜻을 얻게 됨에 이르러 반드시 우현보의 집안을 무함하여 그 죄를 만들어 내고자 하여, 몰래 황거정黃居正 등을 사주해서 그 세 아들과 이숭인 등 다섯 명을 죽였다.

그러고서 남은 등과 더불어 어린 서자 이방석의 세력을 믿고 자기의 뜻을 마음대로 하고자 하여 종친을 해치려고 모의하다가, 자신과 세 아들이 모두 죽음에 이르렀다.

『고려사』 권 119 「정도전 열전」에 보면, 정몽주의 사주를 받은 김진양이 올린 상소에 정도전의 가계에 문제가 있다고 하였다. 또 『태조실록』 권 14, 태조 7년1398 8월 26일에서는 정도전이 가계 문제 때문에 벼슬살이에서 지장을 받은 것과 그 관계를 폭로한 것이 우현보의 집안이라고 여겨 원수처럼 대했다고 하였다.

정도전의 가계 문제는 부계 정씨와 관련된 것도 아니고 외가 우씨와 관련된 것도 아니며 어머니의 외할머니, 다시 말하면 모계를 따라 3대를 올라가 그녀가 종의 아내였다는 점에 있었다. 그녀는 양인이었을 텐데, 종의 아내 노릇을 하였다는 이유로 딸의 딸로 3대나 내려간 현손 정도전에게 이르러 가계 문제가 제기된 것이다. 고려 시대나 조선 초기에는 모계의 가계를 부계 못지않게 중시했는지 모른다. 그 시기에는 모계의 자손을 가리키는 특수 용어로 '여손女孫'이란 말도 있었다.

그러나 『고려사』에서 정도전의 가계에 대해 기록한 내용이나 정도전이 우현보와 다툰 것을 가계 문제로 축소시켜 쓴 것은 신뢰하기 어렵다. 정도전의 가계 문제는 정도전이 제1차 왕자의 난 때 살육된 이후에 만들어진 이야기일 가능성이 크다.

정도전은 그의 모친이 길에서 낳았기 때문에 이름에 길 도道 자가 들어 있다는 낭설도 있었다. 하지만 도道는 그 형제들의 항렬 글자이다. '도전'은 요, 순, 우, 탕, 문왕, 무왕, 주공, 공자를 거쳐 내려온 도를 전해 받는다는 뜻일 것이다. 『태조실록』은 정도전이 '세 아들'과 함께 죽음을 당했다고 하였다. 정도전은 정진과 정영, 정유 등 세 아들이 있었는데, 이들 모두 죽음을 당하지 않았다. 정진은 세종 때 형조판서에 이르고 정영은 세조 때 우의정에 이르렀다. 『태조실록』에 착오가 있는 듯하다.

왕자의 난 이후에 "저 남산에 가서 돌을 캐니 정이란 남음이 없네."라는 참요가 유행하였다. 이는 세자 책봉에 불만을 품은 이방원 형제가 거사를 해서 정도전과 남은이 죽게 될 것이라고 예언한 내용이다. '정'은 정도전을 가리키고 '남음'은 남은을 가리킨다.

정도전은 무참하게 살해되어 악역으로 폄하되고 말았다. 조선 초에 정도전은 『고려국사』를 편찬하였다. 이 역사서에는 김진양의 상소가 실려 있지 않았을 것이고, 정도전 자신의 가계 문제가 거론되어 있었을 리가 없다. 훗날 『고려사』가 다시 편찬될 때 저 두 가지 사항이 새로 삽입되고 과장되었을 것이다.

심광세의 수진방

壽盡坊

수진방에	壽盡坊
저택 열어	開甲第
재상으로서 한때 관직이 높았으니	相公一時官濟濟
부귀공명은 내 뜻에 맞았고	富貴功名稱吾意
백년토록 보존하기 바랐기에	但願百年長保此
거리를 수진이라 한 것은 이유 있었다만	壽進名坊良有以
수진방이	壽盡坊
북궐*에 연하여	連北闕
거리에 기마 먼지가 풀풀 일어	街前甲騎紛如雪
앙화의 기미가 위기일발이었다	禍機之來眞一髮
"제가 한 짓을 정말 알겠나이다." 했다만	小臣指使定可知
누가 너더러 이랬다 저랬다 하게 했더냐	誰使從前爾反覆
"잔말 마라	勿多言
입이 더럽다!"	口亦肉

* 북궐은 경복궁을 창덕궁과 경희궁에 대해서 이르는 말이다.

말이 미처 끝나기 전 목에서 피를 쏟았으니 言猶未已頸血注
수진방이여 壽盡坊
시체가 널브러졌도다 屍横路

서울 종로구 수송동 146번지, 지금 종로구청이 있는 자리가 바로 정도전의 저택이 있던 곳이다. 정도전은 자손이 번성할 자리라며 거기에 집을 짓고, 수명도 극진하기를 바란다는 뜻에서 그 일대를 수진방이라 이름 지었다. 수진壽進이란 수명이 더 뻗어 나가라는 뜻이다. 하지만 정도전이 1차 왕자의 난 때 이방원에 의해 죽음을 당한 뒤 그 일대는 궁궐의 말을 관장하는 사복시로 바뀌었다.

광해군 때 고성에 귀양 가 있던 심광세沈光世, 1577~1624는 우리나라 역사를 『해동악부』 44수로 노래했는데, 그 속의 「수진방」 시편에서 정도전의 일을 다루면서 "처신을 잘못하면 일상의 복을 바라기도 어렵다."라고 덧붙였다.

훗날의 사람은 수진방이 '수명이 뻗어 나간다'는 뜻의 '壽進'이 아니라 '수명이 다하였다'는 뜻의 '壽盡'이 되었다고 조롱하였다. 나아갈 진進은 다할 진盡 자와 음이 같기 때문이다.

이방원은 정도전이 강비 소생의 왕자를 왕으로 옹립하려 했다는 죄목을 걸어 정변을 일으켜 체포하였다. 정도전은 그의 말 머리 아래 무릎을 꿇고서, "제가 한 짓은 잘 알고 있습니다. 감히 다른 뜻은 없습니다.

부디 목숨만 살려 주십시오!"라고 하였다. 그러자 궁노 자근이 뒤에서 꾸짖기를, "잔말 마라, 입이 더럽다." 하고는 예리한 칼로 정도전의 목을 베었다고 한다.

허균의 평가

높은 벼슬의 경대부로서 영화와 이권을 누리던 사람은 나라의 혁명을 만났을 때, 의리에 죽거나 절개를 지키지 않는다면 반드시 삶을 도모하여 원수를 섬기게 된다.

삶을 도모하여 원수를 섬기는 자들에게도 또한 두 길이 있다. 거취의 형세를 엿보아서 임금과 나라를 팔아넘기며 계책을 종용하여 부귀를 도모하는 자가 있고, 겁 많고 나약하여 죽음을 두려워해서 욕되게 살기만 일삼으며 부끄러움을 참고 원수를 잊으면서 구차하게 딴 성씨를 섬기는 자가 있다.

죄악을 보면 얕고 깊고의 차이가 있지만 절개와 의리를 잃은 것은 같다. 겁이 많아 욕된 생명을 탐내고 수치를 참으며 타인을 섬기는 자들은 그 마음이 애당초 자신을 아끼는 데서 나왔으므로, 임금을 팔아넘기는 데까지 이르지는 않는다. 그러므로 하늘은 더러 그들의 남은 목숨을 살려 주기도 하였다. 위나라의 정충鄭沖·하증何曾* 같은 사람들이 그들이다. 두 사

* 정충은 진晉나라 개봉 사람으로 위나라에서 벼슬하여 태수를 거쳐 태보에 이르렀으며, 하증은 진나라 사람으로 위나라에 벼슬하여 사도를 거쳐 공작의 벼슬에 이르렀다.

람은 자기 집에서 늙어 죽었다.

거취의 형세를 엿보아 종용해서 나라를 팔아넘긴 자들은 마음이 애당초 부귀에 있어 그들의 몸만 이롭게 하였다. 그러므로 하늘이 문득 혹독한 화를 내려서 보복한다. 진晉나라의 사회謝晦·부량傅亮·서선지徐羨之* 등이 그들이다. 세 사람은 끝내 도륙되고 일족까지 목이 베였다. 이것은 옛날부터 지금까지 그랬던 행적이고 필연의 이치이므로 피할 수 없는 일이다.

정도전과 권근은 모두 고려 왕씨를 가까이 모시던 신하이자 고위직에 오른 벼슬아치였다. 둘 다 우리 조선에 들어와서 훌륭한 벼슬을 얻었는데, 권근은 천수를 누렸고 정도전은 죽음을 당하였다. 나는 여기에서 더욱 확증을 갖게 되었다.

정도전은 일찍이 우리 태조 대왕의 지우知遇를 입어, 외적을 정벌하던 무렵에는 반드시 막부의 계책 수립에 참여하였다. 대왕은 황옥임금 수레에 오르려고 마음을 두지 않았지만 정도전이 추대의 계책을 먼저 내었다. 비록 천명과 인심이 저절로 귀속하여 대왕은 느긋하게 대보왕위를 이어받았지만, 고려 왕씨에 대해 정도전은 충신이 아니었다. 그의 마음은 제 몸을 이롭게 하는 데 있었다. 그러므로 끝내 몸이 살육됨을

* 사회는 위나라 무제를 섬겨 시중을 역임했으나 송나라가 들어서자 좌명공신으로서 무창현공에 봉해졌다가 무제 때 죽음을 당하였다. 부량은 송나라 무제 때 좌명공신이 되었으나 뒤에 죽음을 당하였다. 서선지는 동진 말에 이부상서를 지내고 위나라 무제 때 산기상시에 올랐으나 반역죄로 몰려 자살하였다.

면하지 못한 것이다.

권근의 경우에는 이색 때문에 외방에 유배되었는데, 강헌왕태조의 부름에 행재소로 나아가 마침내 등용되고 벼슬이 더해졌다. 권근으로서는 물러나길 요구하기에 겨를이 없어야 하였는데, 겁을 내고 목숨을 아껴서 부득이 몸을 굽히지 않을 수 없었다. 그러므로 이름과 지위가 높아져 드러나게 되고 제 명대로 살다가 죽었다.

이것은 남의 신하 노릇하는 사람이 경계 삼아야 할 일이다.

고려가 망할 때 정도전이 만약 충忠에 죽고 권근이 돌아가길 애걸하여 벼슬하지 않았더라면, 사람들이 포은정몽주·야은길재을 숭앙하는 것과 어찌 달랐겠는가? 그런데 계책을 이쪽으로 내지 못하고 한 사람은 나라를 팔아넘겨 죽음을 당하기에 이르고, 한 사람은 비겁하게 죽었다는 비난을 끼치게 되었다. 그러니 사생과 존망의 기로에 선 사대부가 어느 쪽을 버리고 어느 쪽을 취하느냐 할 때 신중하게 결정하지 않아서야 되겠는가?

만약 정도전이 좌명의 날태종 이방원이 방간의 난을 평정한 날에 살육당할 것을 알았다면, 필시 수년 동안의 목숨을 아껴 이름을 훼손시키는 일은 하지 않았을 것이다. 오직 부귀만을 생각하여 지혜가 어두웠으므로, 자신의 공적만을 자부하고 임금에게 어린 아들강씨가 낳은 방석을 세자로 세우자는 계획을 권하여 세력을 굳히려고 하였다. 자신을 안정하게 하려던 것이 바로 자신을 위태롭게 만든 것이 되었다.

나는 두 사람 중에서 정도전에게 죄가 더 있다고 여긴다.

허균은 정도전과 권근을 모두 변절자로 규정하고 정도전이 부귀만을 생각했으므로 권근보다 더 악인이라고 비판하였다. 하지만 이것은 이방원이 왕자의 난 때 권력을 잡았고, 그 이후 조선의 역사가 정도전을 패자로 규정한 관념을 그대로 이어받았기 때문이다.

조선 건국에 지대한 공적을 세우고 조선의 정치 체제와 사상 체계를 수립한 정도전의 헌신을 부귀만 생각한 작태라고 비난할 수는 없다. 허균의 논평을 보면 조선 시대를 통틀어 정도전을 평가하는 방식이 관습적인 담론의 틀을 벗어나지 못했음을 짐작할 수 있다.

정도전을 위한 설단비

鄭道傳設壇碑

조선 개국 원훈 봉화백	朝鮮開國元勳奉化伯
문헌공 삼봉 정 선생 제단	文憲公三峯鄭先生 祭壇
배 경숙 택주 경주 최씨	配慶淑宅主慶州崔氏

공의 이름은 도전이고 자는 종지宗之이며 호는 삼봉이다. 봉화 정씨는 고려 때부터 대대로 고위 관직자들을 배출하여 혁혁하였는데, 공에 이르러 더욱 크게 현달하였다. 증조부 영찬은 밀직 부사 상호군에 올랐고, 할아버지 균은 봉익대부 검교밀직 제학 보문각제학 상호군에 추증되었다. 부친 운경은 봉익대부 검교밀직제학 보문각제학 상호군 중록대부 형부 상서를 지냈고, 시호는 염의이다. 어머니 정경부인 영주 우씨는 사족 산원 연의 따님이다.

공은 일찍이 형제 자매와 서로 재산을 분배할 때, 건장한 노비는 모두 아우와 누이동생들에게 주고 자신은 노약자들을 취하였다. 형제간 우애의 도타움이 이와 같았다. 일찍이 목은 선생이색의 문하에서 포은 선생정몽주과 가깝게 사귀었으며,

한 시대의 학자들이 공을 추대하고 존중하였다. 남을 따르고 남과 사귐의 정대함이 이러하였다.

1362년공민왕 11 진사에 급제하고, 이듬해 충주사록에 임명되었다. 전교시 주부에 임명되었고, 1365년에는 통례문 지후에 임명되었다. 그해 삼각산 아래에 띳집을 엮고 도학을 강론하며 후학을 가르쳐 이단을 배척하는 것을 임무로 삼았다. 삼봉이란 호는 대개 이 때문일 것이다.

1366년 친상을 당하였는데, 여묘 생활을 예제대로 끝마쳤다. 1371년 태상 박사에 임명되었다. 1375년우왕 원년 성균 사예에 임명되어 바른말을 하다가 권력 있는 귀족들의 뜻에 거슬려 회진으로 유배되었다. 1383년 태조를 따라 함주에 갔고, 1384년에는 포은정몽주을 모시고 남경에 사신으로 갔다. 1385년 사행에서 돌아와 태조의 추천으로 성균 대사성에 임명되었다.

1392년 천명이 있는 곳과 민심이 돌아가는 바를 알아, 태조를 보좌하여 왕으로 추대하였다. 그 공으로 분의좌명개국공신 숭록대부 문하시랑찬성사 동판도평의사사사 판호조사 겸 판상서사사 보문각태학사 지경연예문춘추관사 겸 의흥친군위절제사 봉화백에 봉해졌고 실 봉호를 더하였다. 또 비석을 세워 공을 기록하게 하고, 각을 지어 초상화를 모시게 하였다.

태조 3년1394 겨울 왕명을 받아 한양에 도읍을 정하고, 1395년 10월 한양 도읍이 완성되었을 때 각 궁과 각 전, 그리고 여러 문, 여러 방 등의 이름을 모두 공이 지었다. 임금께서 공을 불러 술자리를 벌이고 음악을 베풀었다. 술에 취하자 공에게 일어나 춤추라 하시며 귀갑구를 하사하여 영광을 베풀었으며, 또 유종공종儒宗功宗, 유학의 으뜸 스승, 공신의 으뜸 맹주이라는 네 글자를 크게 써서 하사하셨다. 1397년에는 동북면 도선무순찰사에 제수하고, 원릉을 수리하고 군현의 경계를 정하며, 성보를 고치고 참호를 설치하고 오라고 명하셨다.

공은 문무의 재능을 지니고 천인지제天人之際, 하늘과 인간의 관계의 학문을 하여 저술한 것이 아주 많은데, 대부분이 왕명에 응하여 시어 바친 것이다. 「심문」「천답」「정무도」「문덕곡」「몽금척」「수보록」「악사 3장」「경국전」「심기리편」「학자지남도」『경제문감』『고려사』 등의 찬이 있고, 또 문집 7책이 세상에 전하고 있다.

불행하게도 태조 7년1398 8월 26일 공소恭昭의 난*에 돌아가니, 광주 사리현에 장사 지내었다. 그러나 묘는 전하지 않는다. 배위는 경숙 택주에 봉해진 경주 최씨로 찬성 최습의 따님이다. 묘는 과천 양재역 상초리에 있다고 하지만 역시 전하지

* 이방번의 시호는 공순, 이방석의 시호는 소도이므로 제1차 왕자의 난을 공소의 난이라 부른다.

않는다.

아들 셋을 낳았다. 장남은 진津으로, 개국원종공신 자헌대부 형조판서를 지냈고, 후에 숭정대부 의정부 우찬성에 추증되었으며 시호는 희절이다.

둘째는 영泳으로, 소윤이었다. 그 다음은 유游로, 통례문 지후였다.

희절공 정진은 2남을 두었다. 장남은 내來로, 한성 판관과 용인 현령을 지냈다. 둘째는 속束으로, 직산 현감을 지내고 뒤에 의정부 영의정에 추증되었다.

판관 정영은 2남을 두었다. 장남은 장손長孫으로, 종사랑과 참봉을 지냈다. 둘째는 종손終孫으로, 제릉참봉을 지냈다.

영의정으로 추증된 정속은 2남을 낳았다. 장남은 문형文炯으로, 호는 야수野叟이고 우의정을 지내고 청백리에 뽑혔으며 시호는 양경이다. 둘째는 인형仁炯으로, 문과에 올라 군기시 부정을 지냈다.

나머지는 이루 다 기록하지 않는다.

아아! 공은 학업이 뛰어나고 훈업이 혁혁하면서도 원통함을 품고 분한을 곱씹으며 460여 년을 보냈다. 마침내 우리 고종 태황제 9년 임신년1872에 문헌공이라는 시호를 내리고, 관리를 보내어 제사를 지내게 하며, 16대손 응기應夔를 봉사손조상의 제사를 맡아 받드는 자손으로 정하여 사당을 세우고 이를 주관하게 하며 대대로 음직을 세습하게 하였다. 공의 원통함은 펴지고 분한은 씻겼으나, 묘소 있는 곳을 잃어버린 것은 자손들의 유감이었다.

임술년1922 봄에 18대손 종인鍾寅이 개연히 느낀 바 있어 여러 종친과 상의하기를, "묘가 실전되어 사모하는 마음을 붙일 데가 없으니 단을 설치하지 않을 수 없습니다. 단을 설치하여 제사 지낼 곳이 있게 되면 비석을 세우지 않을 수 없습니다. 비석을 세워 바라보며 우러러볼 표지가 있으려면 사실을 기록하지 않을 수 없습니다." 하였다. 그래서 단을 진위振威 치소의 북쪽 은산리 남쪽 산록에 세웠으니, 곧 공의 별묘가 있는 안산이다.

기록은 달리 부탁할 곳이 없다 하여 나 봉시鳳時에게 부탁하였다. 봉시는 늙고 병들어 이 임무에 사실상 부응할 수 없었다. 그러나 일찍이 공의 원통함을 슬퍼하였고, 또 지금 종인군의 성성에 감동하여 붓을 들어 기록하지 않을 수 없게 되었다. 다만 세대가 오래 되었고 입증할 문헌이 없으며, 사승개인이 쓴 역사과 가장에도 빠뜨리고 소략된 것이 많아 만분의 일만 대략 엮는다. 아아!

알봉 엄무임술년, 1943 5월 상한

가선대부 전 규장각 부제학 팔계 정봉시鄭鳳時가 삼가 짓다.

17대손 재훈在勳이 삼가 쓰다.

정도전 설단은 문중에서 1922년 현재의 경기도 평택에 세운 것이다. 설단비는 1943년에 정봉시가 지은 글을 새겼다. 경기도박물관에 비의 탁본이 있다. 비를 1882년에 세웠다는 설도 있으나 잘못이다.

| 연보 |

1342년 고려 충혜왕 복위 3, 1세

- 부친 제학공 정운경과 모친 우씨의 장남으로 태어났다.

1357년 고려 공민왕 6, 16세

- 부친이 강릉의 수령으로 나가 선정을 베풀었다. 정도전은 부친을 따라 강릉에 있다가 개경으로 돌아왔다.

1358년 공민왕 7, 17세

- 16, 17세 때 성률을 익혔다.
- 민안인의 말을 듣고 『대학』과 『중용』을 공부하였다.

1360년 공민왕 9, 19세

- 빈홍과에 장원한 정몽주를 찾아가 가르침을 받았다.
- 성균시에 합격하였다.

1361년 공민왕 10, 20세

- 홍건적의 난으로 공민왕이 복주안동로 피신하자 송경을 떠났다.

1362년 공민왕 11, 21세

- 난리 뒤에 송경으로 돌아왔다.
- 10월에 동진사에 합격하였다.
- 정몽주·박상충·이숭인·정도전·김구용 등과 교유하며 강론하였다.

1363년 공민왕 12, 22세

- 충주 사록에 임명되어 송경으로 부임하였다.

1364년 공민왕 13, 23세

- 전교 주부가 되었다.

1365년 공민왕 14, 24세

- 통례문 지후가 되었다.

1366년 공민왕 15, 25세

- 1월 부친상을 당하고, 12월 모친상을 당하였다. 부친을 영주에 장사 지내고 모친도 부장하였다.
- 영주에서 상기를 지낼 때 정몽주가 『맹자』 한 부를 보내 주어, 삭망에 제전을 지내는 이외에는 매일 한 장 또는 반 장씩 읽었다.

1368년 공민왕 17, 27세

- 영주에서 경전을 연구하며 삼년상을 마쳤다.

1369년 공민왕 18, 28세

- 삼봉三峯의 옛 집으로 돌아왔다.

1370년 공민왕 19, 29세

- 송경에 돌아오니, 이색이 재상으로서 성균관을 영도하여 성명의 학설을 제창하였다. 이색은 정몽주·이집·박의중·박상충·김구용 등을 천거하여 학관으로 삼고 경학을 강론하게 하였다. 정도전도 그들과 함께 성리학을 공부하였다.

1371년 공민왕 20, 30세

- 7월 신돈의 처형 소식을 듣고 개경에 갔다. 신돈은 7월에 수원부로 유배되었다가 역모를 꾸민다는 익명서에 따라 사형되었다.
- 전 지후로서 태상 박사에 제수되어 신돈을 처형한 연유를 태묘에 고할 예법을 강구하였다. 이후 5년 동안 전선銓選을 관장하였다.

1372년 공민왕 21, 31세

- 예의 정랑이 되고, 예문 응교로 옮기고 성균 사예에 올랐다.

1374년 공민왕 23, 33세

- 9월 공민왕이 시해되었다.

1375년 우왕 1, 34세

- 성균 사예로 지냈다.
- 국경에 이르러 원나라 사신을 맞이하는 것은 불가하다고 간하여 이인임 일파에게 견제를 받아 나주 회진현에 유배되었다. 나주 부곡인 거평의 소재동에서 황연의 집에 세 들어 살았다.

1376년 우왕 2, 35세

- 나주에서 지은 시들은 훗날 『금남잡영錦南雜詠』 시권으로 묶었다.
- 나주에서 「학자지남도學者指南圖」를 지었다. 전하지 않으나, 뒤에 권근이 공양왕 2년에 「입학도설入學圖說」을 참고할 때 큰 영향을 주었다.

1377년 우왕 3, 36세

- 7월 유배지에서 삼봉의 옛 집으로 돌아왔다.

1379년 우왕 5, 38세

- 하륜이 33세로 전교령 성균 대사성이 되어 떠나자 시를 지어 주었다.

1380년 우왕 6, 39세

- 하유종을 위해 「매천부梅川賦」를 지었다.

1382년 우왕 8, 41세

- 삼봉재三峯齋에서 글을 강하자 학자들이 많이 따랐다. 이때 향인으로 재상이 된 자가 재옥을 철거하자, 제생들을 데리고 부평 부사 정의에게 가서 의지하여 부의 남촌에 살았다. 그런데 전임 재상 왕 아무개가 그 땅을 자기 별장으로 만들려고 또 집을 철거하여 다시

김포로 거처를 옮겼다.

1383년 우왕 9, 42세

- 가을, 동북면 도지휘사 이성계를 찾아 함주함흥 군막으로 갔다.

1384년 우왕 10, 43세

- 함주에서 김포로 돌아왔다.
- 5월 왕명을 받들어 승습과 시호를 청하는 표문을 지었다. 7월 전교부령으로서 성절사 정몽주의 서장관이 되어 명나라에 가서 승습과 시호를 청하였다. 이때 쓴 시들을 『봉사잡록奉使雜錄』으로 묶고, 산문들을 『봉사잡제奉使雜題』로 엮었다.

1385년 우왕 11, 44세

- 4월 귀국한 당일로 성균관좨주 지제교가 되었다.
- 상인桑麟이 원나라 말기의 유민을 찾기 위해 왔다. 주탁周倬은 10월에 시책사로서 중국으로 돌아갔다. 이때 하륜이 사은표를 받들고 따라갔다.
- 남양 부사로 도임하였다.

1386년 우왕 12, 45세

- 이 무렵 문집을 엮었다. 권근이 봉익대부 성균 대사성 진현관제학 지제교로서 서문을 작성하였다.

1387년 우왕 13, 46세

- 외직을 청하여 남양 부사가 되었다.
- 이성계의 천거로 성균관 대사성이 되었다.

1388년 우왕 14, 47세

- 서연시독이 되었다.
- 5월 위화도 회군이 있고 나서, 우왕이 폐위되고 창왕이 즉위하였

다. 이보다 앞서 명나라에서 철령위의 설치를 통고해 오자 우왕은 이성계의 반대를 물리치고 최영의 주장에 따라 요동 정벌을 단행하였다. 그러나 5월 이성계가 위화도에서 회군하고 최영이 유배되면서 우왕은 폐위되어 강화도에 안치되었다. 뒤에 우왕은 여흥에 귀양 보내졌다. 11월 김저와 모의하여 이성계를 제거하려 했다는 혐의를 받아 강릉으로 옮겨졌고, 12월 그곳에서 아들 창왕과 함께 이성계에 의해 살해되었다.

- 밀직 부사가 되었다. 조준·윤소종 등이 그의 의견을 따라 전제 개혁 상소를 올렸고, 제조관으로서 전제 개혁을 주도하였다.
- 10월 지공거 지신사가 되었다.

1389년 창왕 1, 공양왕 1, 48세

- 11월 이성계·조준과 협의하여 우왕을 신돈의 자손이라 하여 폐위시키고, 왕족 가운데서 공양왕을 맞아들여 추대하였다. 봉화현 충의군에 봉해지고 수충논도좌명공신의 호를 받고 삼사 우사가 되었다.

1390년 공양왕 2, 49세

- 6월 성낭문학으로서 싱질사가 되어 명나라에 가시 윤이·이초 등이 이성계를 무고한 사실을 변명하였다.
- 명나라 사행 때 쓴 시들을 『중봉사록重奉使錄』으로 엮었다.

1391년 공양왕 3, 50세

- 1월 오군을 통합하여 삼군도총제부가 설립되자 우군총제사가 되었다.
- 4월 구언 교서가 내리자 형상刑賞의 득실을 상언하여 공양왕의 뜻에 거슬렸다. 같은 시기에 도당에도 글을 올렸다. 결국 우군총제

사를 사직하였다.

- 9월 평양 부윤으로 나갔다.
- 겨울, 반대파인 이색·우현보 등을 탄핵하다가 도리어 패하여 직첩職牒과 공신녹권을 환수당하고, 봉화로 유배되었다가 다시 나주로 이배되었다. 다시 봉화로 양이되고, 아들 전농정 정진과 종부부령은 서인으로 쫓겨났다.

1392년 조선 태조 1, 51세

- 봄, 귀양에서 풀려 나주에서 영주로 돌아갔다.
- 4월 정몽주·김진양 등의 단핵을 받아 보주, 즉 예천으로 압송되었다가 광주로 귀양 갔다. 이성계 일파는 정몽주를 격살하였다.
- 6월 소환되어 다시 충의군忠義君에 봉해졌다.
- 7월 조준·남은 등 50여 명의 신하들과 함께 이성계를 신왕으로 추대하여 역성 혁명을 이루었다. 분의좌명 개국 공신 1등에 책훈되고 문하시랑찬성사 겸 판상서사사가 되었다.
- 8월 의흥친군위절제사가 되었다.
- 10월 이성계의 표덕을 표덕설과 함께 지어 올렸다.
- 겨울, 문하시랑 찬성사로서 성은을 사례하기 위해 계품사로서 명나라에 갔다.

1393년 태조 2, 52세

- 명나라 수도에서 봉천전의 사은례에 참여하다.
- 봄, 조선으로 돌아왔다.
- 7월 「문덕곡文德曲」「몽금척夢金尺」「수보록受寶籙」 등 3편의 악사를 지어 바쳤다.
- 가을, 태조를 모시고 장단에 노닐고 시를 지었다.

1394년 태조 3, 53세

- 1월 판의흥삼군부사가 되었다.
- 3월 판삼 사사로서 경상전라양광 삼도도총제사가 되었다.
- 5월 30일 『조선경국전朝鮮經國典』을 「조선경국전을 지어 올리는 전撰進朝鮮經國典箋」과 함께 올렸다.
- 6월 7일 명나라 서울로 들어가는 정안군이방원을 전송하였다.
- 「심기리편心氣理篇」을 지었다.

1395년 태조 4, 54세

- 『경제문감經濟文鑑』을 이루었다. 권근이 주해를 붙이고 정총이 서문을 썼다.

1396년 태조 5, 55세

- 1월 정총과 함께 『고려국사』를 엮었다.
- 3월 16일 판삼사사로 좌정승 조준과 함께 고시관이 되었다. 도승지 민여익과 대사성 함부림이 성균 시원이 되었다. 동지공거로서 강경講經하는 법을 처음 만들었다.
- 6월 『경제문감經濟文鑑』을 올렸다. 이후 「감사요약監司要約」을 선집하여, 전라도 관찰사로 나가는 이부에게 주었다.
- 7월 봉화백奉化伯에 봉해졌다. 앞서 지은 표문이 불손하다는 명나라의 문책이 있자, 권근이 사절을 따라 명나라에 들어갔다.
- 10월 태조가 새 종묘에서 제사를 지내고 새 궁전에서 잔치를 열었다. 왕명으로 경복궁의 각 전과 문의 이름을 정하고 기記를 작성하였다.

1397년 태조 6, 56세

- 『경제문감별집經濟文鑑別集』을 지어 올렸다.

- 12월 동북면 도선무순찰사가 되어 공주로 부임하여 원릉을 살피고 동북면 고을의 경계선을 획정하고 성보를 수리하였다.
- 8월 아들 정진鄭津이 문집을 간행하였다. 정진은 부친의 시문 가운데서 『금남잡영』과 『금남잡제』 『봉사잡록』 등을 합해 2권의 『삼봉집三峯集』을 개간하였다. 이것을 홍무 초본洪武初本이라 한다. 시문은 성석린이 정선하고 권근이 비점을 찍었다.

1398년 태조 7, 57세

- 봄, 서울로 돌아오자 태조가 노고를 위로하였다.
- 권근과 함께 성균관 사예가 되어 4품 이하의 유사儒士들을 모아 경사經史를 강습하였다.
- 여름, 병으로 휴가를 얻었다. 수일 만에 『불씨잡변佛氏雜辨』 19편을 지었다.
- 8월 26일 왕자의 난 때 죽음을 당하였다.

* * *

1411년 태종 11

- 죄를 추정당해 서인庶人으로 되고, 자손들은 금고되었다.

1465년 세조 11

- 경상도 관찰사로 있던 증손 정문형이 홍무 초본에다가 『경제문감』 『조선경국전』 『불씨잡변』혹은 『불씨변설』이라고도 함 「심기리편」 「심문천답」을 합해 6책으로 편성하고 안동부에서 간행하였다. 이것은 중판본으로, 신숙주의 후서가 들어 있다.

1486년 성종 17

- 겨울, 정문형이 강원 감사로 있으면서 시부詩賦 1백여 수와 『경제

문감별집』 등 『삼봉집』의 1백 20여 장을 속간하였다. 이듬해 강원도에서 추각된 판목을 안동부의 중판본과 합쳐 모두 8책으로 만들었다. 8책 중 『경제문감』과 『경제문감별집』은 서울대학교에 소장되어 있다.

1791년 정조 15

- 정조의 명으로 문집이 간행되었다. 구본에 누락된 진법陣法과 시문들을 수록하고, 정도전의 사실事實에 대한 기록을 보완하였으며, 누락된 글자나 자구의 와류를 보충 또는 교정하였다. 또한 기사의 중첩된 부분을 깎아내고, 비점과 주석을 첨가하고, 편차를 재분류하여 모두 14권 7책으로 만들었다. 대구에서 개간하여 일명 대구본이라고도 한다.

1872년 고종 9

- 흥선 대원군에 의해 복권되고 문헌文憲이라는 시호가 내려졌다.

1914년

- 문집이 보간補刊되었다.

1977년

- 민족문화추진회현 한국고전번역원에서 『삼봉집』 국역본을 간행하였다.

| 참고문헌 |

『고려사』『고려사절요』『연려실기술』.

『태조실록』『태종실록』『영조실록』.

『열성어제』, 서울대학교 규장각, 2002.

권근, 『양촌집』 한국문집총간 9, 민족문화추진회, 1990.

김휴, 『해동문헌총록』, 한문각, 1969.

정도전, 『삼봉집』, 한국문집총간 5, 민족문화추진회, 1990.

최항, 『태허정집』, 한국문집총간 9, 민족문화추진회, 1990.

김성룡, 『여말선초의 문학사상』, 한길사, 1995.

도현철, 『고려 말 사대부의 정치사상 연구』, 일조각, 1999.

서울특별시사편찬위원회, 『서울의 문화재』, 2011.

심경호, 「운곡 선생의 시에 나타난 역사의식」, 운곡학회, 2009.

심경호, 『국왕의 선물』, 책문, 2012.

안장리, 「소상팔경시와 삼척팔경시의 차운 양상에 대하여」 『한국한시연구』 9집, 한국한시학회, 1997.

양택규, 『경복궁에 대해 알아야 할 모든 것』, 책과 함께, 2007.

이가원, 『조선문학사』, 태학사, 1995.

이민홍, 「조선 초기의 문화」, 『한국사』 27, 국사편찬위원회, 1996.

조동일, 『한국문학통사』 1·2, 지식산업사, 1999.

조유식, 『정도전을 위한 변명』, 푸른역사, 1998.

한영우, 『정도전사상의 연구』, 서울대학교출판부, 1999.

국사편찬위원회 조선왕조실록 http://sillok.history.go.kr

서울대학교 규장각한국학연구원 http://kyujanggak.snu.ac.kr

한국고전번역원 한국고전종합DB http://db.itkc.or.kr

한국금석문 종합영상정보시스템 http://gsm.nricp.go.kr

한국학중앙연구원 한국역사정보시스템 http://www.koreanhistory.or.kr

지은이 _ 정도전 鄭道傳, 1342~1398

이성계와 함께 조선을 개창한 주역으로서, 우리나라를 인본주의 국가로 도약하게 만든 혁명가이다. 인仁이 근본이 되는 민본 정치사상을 세우고, 땅을 백성에게 나눠 줄 구상을 하고, 한양을 설계하고, 만주를 호령하는 제국을 꿈꿨다. 시대를 앞서간 급진적인 사상과 역사의식은 제대로 꽃을 피우지 못한 채 개국 7년 만에 왕자의 난으로 꺾이고, 대원군 대에 와서야 복권되는 비운을 겪었다. 수많은 교서와 상소를 비롯해 『조선경국전』『경제문감』『불씨잡변』『심기리편』『심문천답』 등을 지어 조선의 정치·경제·사회·외교의 구도를 설계하였다. 시문에도 탁월하여 맑은 서정과 꼿꼿한 선비정신이 표현된 작품들이 『삼봉집』과 『동문선』 등에 전한다.

옮긴이 _ 심경호

한문 고전의 번역과 연구에 인생을 건 우리나라 대표 고전학자이다. 학문적 깊이를 지닌 학자로서는 드물게 자신이 경험한 고전의 매력과 고전 읽기의 즐거움을 대중에게 전하는 데 열정을 쏟아 온 저술가이기도 하다. 1955년 충청북도 음성에서 태어나 서울대학교 국문과에서 공부했으며, 일본 교토대학교에서 '조선시대 한문학과 시경론'으로 박사학위를 받았다. 고려대학교 한문학과 교수이다. 지은 책으로 『한시의 서정과 시인의 마음』『여행과 동아시아 고전문학』『김시습평전』『한시기행』『산문기행』『내면기행』『간찰, 선비의 마음을 읽다』『한국한시의 이해』『한문산문의 내면풍경』『한학입문』『국왕의 선물』『한국한문기초학사』『참요』『조선시대 한문학과 시경론』『나는 어떤 사람인가 : 선인들의 자서전』 들이 있다. 『주역철학사』『일본한문학사』『당시 읽기』『한자학』『한자, 백가지 이야기』『금오신화』『서포만필』『원중랑집』 들을 옮겼다.

감수 _ 정선용

1957년 충북 괴산에서 태어났다. 충남대학교 사학과를 졸업하고 성균관대학교 대학원에서 문학석사 학위를 받았으며, 민족문화추진회 국역연수원에서 수학하였다. 한국고전번역원 수석연구위원으로 재직 중이다. 『조선왕조실록』과 『승정원일기』의 번역에 참여하였으며, 번역한 책으로 『해동역사』『백제사자료집』『잠곡유고』『학봉전집』『지산집』『사계전서』『우복집』『청음집』『삼탄집』『동명집』 등이 있다.

삼봉집

정도전 지음 | 심경호 옮김

2013년 2월 25일 초판 1쇄 발행
2017년 8월 31일 초판 5쇄 발행

발행인 신승운
발행 한국고전번역원 | 등록 2008. 3. 12. 제300-2008-22호
주소 03000 서울시 종로구 비봉길 1
전화 02-6263-0464 | 팩스 02-6339-0724 | 홈페이지 www.itkc.or.kr

기획편집 한국고전번역원
책임편집 강옥순 | 편집진행 정진라 채미애 | 제작 김형석
편집 디자인 씨오디 | 인쇄 (주)동국문화

값 10,000원

ISBN 978-89-284-0186-4 04080

* 이 책은 2012년도 교육부로부터 인문학 진흥을 위한 저서출판지원을 받아 출간하였습니다.